TEACH YOURSELF BOOKS

DUTCH

DUTCH

A COMPLETE COURSE FOR BEGINNERS

Lesley Gilbert
and
Gerdi Quist

TEACH YOURSELF BOOKS

For UK orders: please contact Bookpoint Ltd, 130 Milton Park, Abingdon, Oxon OX14 4SB. Telephone: (44) 01235 827720, Fax: (44) 01235 400454. Lines are open from 09.00–18.00, Monday to Saturday, with a 24-hour message answering service. Email address: orders@bookpoint.co.uk

For U.S.A. order enquiries: please contact McGraw-Hill Customer Services, P.O. Box 545, Blacklick, OH 43004-0545, U.S.A. Telephone 1-800-722-4726. Fax: 1-614-755-5645.

For Canada order enquiries: please contact McGraw-Hill Ryerson Ltd., 300 Water St, Whitby, Ontario L1N 9B6, Canada. Telephone: 905 430 5000. Fax: 905 430 5020.

Long renowned as the authoritative source for self-guided learning – with more than
30 million copies sold worldwide – the *Teach Yourself* series includes over 300 titles in the fields of languages, crafts, hobbies, business and education.

British Library Cataloguing in Publication Data
Gilbert, Lesley
  Dutch
  I. Title II. Quist, Gerdi
  439.318

First published in UK 1994 by Hodder Headline Plc, 338 Euston Road, London NW1 3BH.

First published in US 1994 by Contemporary Books, A Division of The McGraw-Hill Companies, 4255 West Touhy Avenue, Lincolnwood (Chicago), Illinois 60712-1975 U.S.A.

The 'Teach Yourself' name and logo are registered trade marks of Hodder & Stoughton Ltd.

Typeset by Transet Ltd, Coventry.
Printed in Great Britain for Hodder & Stoughton Educational, a division of Hodder Headline Ltd, 338 Euston Road, London NW1 3BH by Cox & Wyman Ltd, Reading, Berkshire.

Impression number	20	19	18	17
Year		2004	2003	2002	2001

CONTENTS

Acknowledgements

The authors and publishers would like to thank the following for permission to use their copyrighted material in this book:

Algemene Nederlandse Vereniging van VVV's (anvv); Cordon Art B.V. Exclusive worldwide representative of the M.C. Esher Foundation®; W. Herrebrugh, Zuiderwoude; Prometheus, Amsterdam; Stichting: Fiets!, Amsterdam; Vervoer Bewijzen Nederland BV. Toon Hermans, Nederlandse Spoorwegen, Zorn Uitgeverij B.V., Dienst Omroepbijdragen, Vomar, KLM, Nederlandse Bank, Koninklijk Nederlands Geleidehonden Fonds, mevr. Strik

The authors would like to thank the following: Andrew Daly for his help in creating the book, Douwe Van Randen for his suggestions on the language content and Nico Quist for his proofreading.

—— INTRODUCTION ——

Where is Dutch spoken?

Dutch is the native language of approximately 20 million people living on the North Sea coast in an area around the Rhine delta. The majority of these Dutch speakers live in The Netherlands, about 15 million. The remaining Dutch speakers live in the northern area of Belgium, known today as **Vlaanderen**. There are some differences in pronunciation and accent between speakers who come from these two main areas and also one or two small differences in vocabulary but Dutch is the native language of all of them, although Belgian Dutch speakers often refer to their language as **Vlaams**.

The aim of this book

This is a practical course for beginners and requires no previous knowledge of Dutch and no previous language learning experience. It is designed to help you communicate in the practical situations you will encounter if you go to The Netherlands or Belgium. An assumption is made that most people will learn Dutch for the purposes of living and working in a Dutch-speaking area, since it is certainly true that many native Dutch speakers do speak some English and Dutch is not a language you will generally need for holiday purposes. However, this does not mean that the book cannot be used by those who are learning Dutch simply out of interest. You will learn how to introduce and talk about yourself, ask for things in shops, book hotel rooms and so on.

The course is intended to familiarise you with all the basic structures of Dutch and provide you with a basic working vocabulary. The emphasis is on helping you to use Dutch, not simply to understand it. It is no use pretending that you will be fluent when you have worked through this course: fluency does take time to acquire, and it is best to be realistic about this so that you avoid discouragement. When you are learning a foreign language, keeping going is the key to achieving fluency. If you keep at it you will become fluent, whatever the initial difficulties and pitfalls.

How to use this course

First read the introductory sections on pronunciation and spelling.

The course has 18 units; each unit is structured as follows:

An English summary of the functions to be covered opens each unit.

Gesprek (*Conversation*), marked 🔲, comes next and demonstrates in an everyday context the main expressions and grammatical structures you are going to study. Following the **Gesprek** you will find a box of the new words and expressions (indicated with 🔑) used in the **Gesprek**. Then there is an exercise based on the **Gesprek** which helps ensure you have understood it. There are two types of question **Waar of niet waar?** (*True or false?*) and **Beantwoord de vragen** (*Answer the questions*).

Wat u eigenlijk moet weten. (*What you really need to know*.) This section provides information in English about Dutch and Belgian culture which is necessary background to the subject of the **Gesprek**.

Belangrijke zinswendingen. (*Important phrases*.) In this section the language functions introduced in the dialogue are isolated and listed in a systematic way. The aim is to assist you in progressing from recognising the phrases in a specific context to recognising and using them in many different contexts. As you progress through the book you will find that this section also contains additional material grouped around the theme of the unit.

Hoe zit 't in elkaar? (*How does it work?*) This section, marked 🎲 , contains an explanation of the main new points of grammar introduced in the unit. Knowing about a language does not necessarily mean that you can use that language fluently and accurately. It is, however, generally recognised that most adult learners wish to acquire a conscious understanding of the way in which the foreign language works and that for most learners such an understanding provides the foundation on which to base a good command of the language. The grammar section does not presuppose any knowledge of grammatical terms and points are explained as clearly and simply as possible.

Oefeningen. (*Exercises.*) This is a very important section of the unit and should never be skipped. It is indicated with ☑. Here you practise using the things you have come across passively in the earlier sections of the unit. It is in this process that you learn how to use the language. Do not avoid doing the exercises because you think you will get them wrong. Making mistakes is part of the process of learning. Often, something you get wrong the first time will stick better than something you get right.

Finally there is a **Leestekst** (*Reading text*), marked 📖, which, with one exception, covers information about social, cultural and economic aspects of The Netherlands and Belgium. Although these texts are of graded difficulty, their context covers a wide range of vocabulary and sentence structure from a fairly early stage.

People all have their individual approaches to learning and some readers will be anxious to plunge into this **Leestekst** material right from the start. Others will feel that this is too difficult and that they prefer to stick to the main material of the units, at least at first. There is scope for all sorts of approaches. The vocabulary of the reading texts has been kept entirely separate from that of the main body of the units. It is not assumed that you will be acquainted with material in the reading texts in subsequent units. So, you can read the **Leeksteksten** right from the start or wait until you have worked through several units. However, do remember that extra reading is essential to making good progress.

Throughout the book you will find short comments designed to help you with your approach to learning the material. These are marked by ❊.

How to use the course with the cassette

The course is self-contained but if you have the accompanying cassette it will help you to improve your pronunciation and your understanding of spoken Dutch. The exercises are also intended to help you with fluency.

In each unit the whole of a **Gesprek** (*Conversation*) has been recorded. You can see what is on cassette from the symbol 🖭 next to the text in the book. Listen carefully to the **Gesprek**. In the early units it is best to do this while following the text. In later units try to follow the **Gesprek** without the text as far as possible.

All the conversations are followed by questions on their content to help you check that you have understood. The cassette also includes exercises from the unit which are designed as listening as well as written exercises. Answer the questions aloud and then listen to the answer that is given. Wherever you find it necessary use your pause button to listen to the conversations or exercise questions enough times for you to grasp a full understanding. The recorded conversations and exercises are all marked with the symbol 🖭 in the book. Try to do these exercises without reference to the text if you have the cassette but only attempt them once you have worked through the unit so that you have mastered the new vocabulary and structures.

How to study

- Read the summary to learn the purpose of the unit.
- Study the **Gesprek** carefully with the help of the vocabulary box. As you progress, try to understand things from the context and only use the vocabulary box as a last resort.
- Read the background information.
- Study the **Belangrijke zinswendingen** and the grammar points and try to make sure you have digested the information.
- Check the **Gesprek** again, do the questions and try acting out the dialogue.
- Now do the exercises to check whether you have grasped the

language points and are starting to retain vocabulary. Check your answers in the key.

Tips on how to study are offered throughout the book. However, here are some general points.

You are given all the vocabulary in this book in a context. Try to imagine the scene in the conversation and remember the words in relation to the situation. Learning words by heart from a list may suit some, but by no means all, people.

Learning whole phrases or sentences is valuable. You must try from the earliest possible moment to think in Dutch rather than trying to translate an idea from English. This will help to keep your Dutch sentences simple, manageable and correct.

Do not expect Dutch always, or even mostly, to be logical. Languages are not: English certainly is not but you feel quite at home in it. Understanding the grammar is important but you will have to learn to accept that some things cannot be explained.

Try to listen to the cassette and tune into Dutch stations on the radio if you can to improve your pronunciation and listening skills.

— PRONUNCIATION —

It is important to get your pronunciation right from the start. Here are a few suggestions about how to do this.

- Listen to the pronunciation guide on the cassette and try to imitate the sounds and words as often as you can. If you do not have the cassette then follow these written instructions very carefully.
- When you start work on the units, listen to the dialogues on tape as often as possible and repeat them aloud until your pronunciation comes as close as possible to that of the speaker on the cassette.
- Record your own voice and then check that it sounds similar to the version on the cassette. If you know a native speaker, ask them to correct your pronunciation.
- Listen to Dutch native speakers, the Dutch radio and television and even Dutch songs to familiarise yourself with Dutch sounds.
- Fortunately, you don't have to worry too much about the stress in words since this generally falls on the first syllable.
- Keep going: with practice you will develop a reasonable accent, so that you can be easily understood.

📼 Dutch sounds

The most difficult part of Dutch pronunciation is the vowels. The vowels in Dutch are different from those in English. Here is a list with the roughly equivalent sounds in English.

			rough English equivalent
ie	**hier**	(*here*)	s**ee**k
i	**dit**	(*this*)	p**i**t
ee	**steen**	(*stone*)	l**a**ne
e	**met**	(*with*)	p**e**t
oe	**boek**	(*book*)	b**oo**k
oo	**boot**	(*boat*)	as in b**oa**t but shorter
o	**tot**	(*until*)	c**o**t
aa	**kaas**	(*cheese*)	as in v**a**se, but longer
a	**dat**	(*that*)	as in h**u**t, but shorter

There are many vowel sounds that have no English equivalent:

uu	**minuut** (*minute*)	first say **ie** (as in s**ee**k), then keep your tongue in the same position and round your lips
	muur (*wall*)	same vowel, but before **r** it sounds twice as long
u	**bus** (*bus*)	as in b**i**rd but much shorter
eu	**neus** (*nose*)	start with **ee** as in l**a**ne then tightly round your lips
	deur (*door*)	same vowel but before **r** it sounds like **i** in b**i**rd
ei/ij	**trein** (*train*) **vijf** (*five*)	start with **e** in p**e**t, open mouth wider and press tongue against bottom teeth
ui	**huis** (*house*)	start with **u** as in b**i**rd, open mouth wider and round lips
au/ou	**blauw** (*blue*)	similar to **out** but shorter. Start with
	koud (*cold*)	mouth wide open, keep tongue at the back of your mouth and round lips

There is one vowel sound that can be spelled in different ways and appears only in unstressed syllables. It is like the English sound in the second syllable of moth**e**r:

e	**de**	(*the*)

ee	**ee**n	(*a / an*)
i	aar**d**ig	(*nice*)
ij	vrol**ij**k	(*cheerful*)

Consonants are in general similar to the English sounds with a few exceptions:

k, p, t	**k**at	(*cat*)	pronounced as in English but with less
	pak	(*suit*)	air escaping. Check by holding your hand in
	tas	(*bag*)	front of your mouth and saying **kat** and *'cat'* alternately. You should not feel air when saying **kat**.
ch	la**ch**	(*laugh*)	as in Scottish **loch**
sch	**sch**ip	(*ship*)	combination of **s** and **ch**
g	**g**oed	(*good*)	as in **ch** but not as harsh, more like a gurgle
w	**w**at	(*what*)	pronounced somewhere between the English **v** and **w**
	wreed	(*cruel*)	before **r** sounds like English **v**
v	**v**is	(*fish*)	sound is between **v** and **f**
r	**r**ood	(*red*)	either trill your tongue against the back of your top teeth or pronounce it at the back of the throat like the French **r**.

Spelling

Dutch spelling is for the most part extremely regular but you do need to understand the rules.

As you work through the units you will become familiar with spellings such as **heet**, **kool**, **buur**, **laan** but also with **heten**, **kolen**, **buren**, **lanen** and you may well become confused. Here is an explanation of what is going on.

Dutch has two sets of what are called 'pure' vowels, one '*short*', one '*long*'. The short ones are written as follows:

a, e, i, o, u

Examples: man, bed, dit, lot, bus.

The long ones are written as follows:
aa, ee, oo, uu

Examples: laan, been, boot, duur.

Listen to the cassette for what the difference between 'long' and 'short' means in practice.

Dutch spelling rules depend on a convention about what are called 'open' and 'closed' syllables. A syllable is called *open* when it ends in a vowel, and *closed* when it ends in a consonant. An open vowel is always long. When a word has only one syllable it is easy to see whether it is long or short: e.g. **'man'** is a single syllable word which is closed since it ends in a consonant; **'zee'** is a single syllable word which is open since it ends in a vowel.

It is more difficult to see whether a syllable is open or closed in words of more than one syllable. For these you need to know where to make the break between the syllables and for this you need to understand how the rules are applied.

It is easiest to illustrate this with examples of singulars and plurals. For example, **man** means *man* and, as has already been explained, this word contains a short **a** sound and a closed syllable. The word **maan** means *moon* and has a long vowel sound **aa** and is closed since it ends in a consonant.

In Dutch, most plurals are formed by adding -**en** (this will be dealt with properly in Unit 3.) The plurals of these two words are as follows:

man → man'nen
maan → ma'nen

The apostrophe marks the break between the syllables. From this you can see that in **mannen** the **a** sound remains short because the syllable still ends with a consonant. In **manen** the **aa** sound remains long because the syllable is open and ends in a vowel. For that reason it is no longer necessary to double up the **aa** to show that the sound is long and so *moons* is spelt **manen** not **maanen**. By the same token, to ensure that the **a** sound of **man** remains short it has been necessary to double up the final consonant of the first syllable so that you have **mannen**. You can already see what would happen if the extra **n** were not there.

If a vowel sound is followed by two consonants things are much simpler because the two consonants mean that the syllable always remains closed and so the spelling **a** or **aa** will have to remain even when a syllable is added, in order to indicate whether the sound is long or short, but it will not be necessary to add a consonant after a short vowel.

arm   *arm* → **arm'en**   *arms*

Here the sound is short and remains short in the plural. There is no need to add an extra **m**.

paard   *horse* → **paard'en**   *horses*

Here the sound is long and this long **aa** has to be retained in the plural because the syllable remains closed.

Another rule which may cause some confusion concerns the use of **f** and **v** and **s** and **z**. Single syllable words ending in **f**, and which do not double up if there is a following syllable, change that spelling and the sound to **v** when another syllable is added.

brie**f**   *letter* → brie**v**en   *letters*
wer**f**   *shipyard* → wer**v**en   *shipyards*

A similar change is made when a single syllable word ending in **s** and which does not double up before a following syllable, adds another syllable. The spelling and sound change then to **z**.

hui**s**   *house* → hui**z**en   *houses*
gan**s**   *goose* → gan**z**en   *geese*

These rules sound more complicated than they are in practice. Your attention will be drawn to their application at appropriate points throughout the text.

Sometimes it is necessary to split the sounds of the vowels in a word. This is done with a **trema** (two dots above the letter). For instance in the word België, the **i** and **e** are pronounced as separate sounds. Without the trema the **ie** would be pronounced as one sound (**ie** is pronounced as *ee* in English).

1
KENNISMAKING
Getting acquainted

In this unit you will learn how to

- introduce yourself
- say where you come from
- ask someone's name

Gesprek (*Conversation*)

David and Helen Thompson with their two children, Thomas and Lucy, have moved to The Netherlands. They have just moved into their new house. Here Helen meets some of her neighbours, Hannie Pieters and Saskia Groeneveld.

Hannie Hallo. Ik ben Hannie Pieters. Wat is jouw naam?

Helen Mijn naam is Helen Thompson. Wie is de vrouw aan de overkant?

Hannie Dat is Saskia Groeneveld. Saskia!

Saskia Hallo. Jij bent Helen Thompson, niet waar?

Helen Ja dat klopt en mijn man heet David. Hoe heet jouw man, Hannie?

Hannie Hij heet Freek. Waar kom jij vandaan, Helen?

Helen Ik kom uit Engeland. Jij komt uit Nederland, niet waar?

Hannie Ja. Ik kom uit Amsterdam en Freek komt uit Rotterdam. Wij komen allebei uit Nederland.

Helen   Kom jij ook uit Amsterdam, Saskia?
Saskia Nee. Ik kom niet uit Amsterdam, ik kom uit Utrecht. Mijn man heet Theo en hij komt uit België.
Hannie Komt jouw man ook uit Engeland, Helen?
Helen   Nee. Hij komt uit Schotland, niet uit Engeland.

ik ben *I am*	**hoe heet jouw man?** *what is your husband called?*
wat is jouw naam? *what is your name?*	**hij heet** *he is called*
mijn naam is ... *my name is ...*	**waar kom jij vandaan?** *where do you come from?*
wie is de vrouw? *who is the woman?*	**ik kom uit** *I come from*
aan de overkant *over the road* (Lit. on the other side)	**jij komt uit ... niet waar?** *you come from ... don't you?*
dat is *that is*	**wij komen uit** *we come from*
jij bent ... niet waar? *you are ... aren't you?*	**allebei** *both*
ja *yes*	**ook** *also*
dat klopt *that's right*	**nee** *no*
en *and*	**niet** *not*
mijn man heet *my husband is called*	

Vragen (*Questions*)

1 **Waar of niet waar?** (*True or false?*) Re-write those statements from the list below which are incorrect.

(*a*) Hannie Pieters komt uit Amsterdam.
(*b*) David Thompson komt uit Engeland.
(*c*) Saskia Groeneveld komt uit Rotterdam.
(*d*) Theo Groeneveld komt uit Nederland.
(*e*) Hannie en Freek Pieters komen allebei uit Nederland.

2 **Welk antwoord past?** (*Which answer is the most appropriate?*)

(*a*) Jij bent Helen Thompson, niet waar?
(i) Ja, dat klopt.
(ii) Mijn naam is Saskia Groeneveld.
(iii) Hij heet Freek.

(*b*) Waar kom jij vandaan?
(i) Hij komt uit België.

(ii) Ik kom uit Engeland.
(iii) Dat is Saskia Groeneveld.

(c) Komt jouw man ook uit Engeland?
(i) Mijn man heet Theo.
(ii) Nee, hij komt uit Schotland.
(iii) Ik kom uit Amsterdam.

(d) Hoe heet jouw man?
(i) Ik ben Hannie Pieters.
(ii) Hij komt uit Rotterdam.
(iii) Hij heet David.

— Wat u eigenlijk moet weten — (*What you really need to know*)

Names of towns and countries

You will see that the Dutch names for the cities in the conversation are the same as their English counterparts – but beware they are pronounced differently! Not all place names are the same, however, as you can see from these examples:

Den Haag	*The Hague*	**Antwerpen**	*Antwerp*
Londen	*London*	**Wenen**	*Vienna*

You will already have noticed some differences between Dutch and English names for countries. Here is a list of countries you may come across:

België	*Belgium*	**Nederland**	*The Netherlands*
Engeland	*England*	**Schotland**	*Scotland*
Frankrijk	*France*	**Denemarken**	*Denmark*
Duitsland	*Germany*	**Griekenland**	*Greece*
Italië	*Italy*	**Ierland**	*Ireland*
Spanje	*Spain*	**Noorwegen**	*Norway*
Australië	*Australia*	**Nieuw Zeeland**	*New Zealand*

Wales is the same as in English but the United States of America is **De Verenigde Staten van Amerika** or **de VS** in Dutch.

Formal and familiar forms

Dutch has two sets of pronouns for addressing people, whereas English has only one: *you*. **Jij**, which you have seen used in the conversation, is the informal word for *you* in the singular. It is used here because the characters address one another by their first names. **Jij** is used in all informal situations with family, friends and people of your own age encountered in informal situations as here. **U** is the formal pronoun for addressing others, both singular and plural. It is used in public and official situations, such as speaking to shop assistants or bus conductors, and in addressing more senior or older people.

✳ Even a short passage, like the conversation above, contains a large number of language functions and points of grammar. Only the most important are explained in this unit. Concentrate on one or two points, try to grasp them and come back to others later so that you do not become confused with too much information.

Belangrijke zinswendingen (*Important phrases*)

How to:

● ask someone's name and give your name

Wat is jouw naam?	*What is your name?*
Mijn naam is Liesbeth Pronk.	*My name is Liesbeth Pronk.*
Hoe heet jij?	*What are you called?*
Ik heet Jan Kok.	*I am called Jan Kok.*

● ask people where they are from and say where you are from

Waar kom jij vandaan?	*Where do you come from?*
Ik kom uit Londen.	*I come from London.*

● say good morning, good afternoon and good evening

Goedemorgen.	*Good morning.*
Goedemiddag.	*Good afternoon.*
Goedenavond.	*Good evening.*

Hallo   (an informal greeting used at
                                         any time of the day)

Hoe zit 't in elkaar?
(*How does it work?*)

1   *Statements and questions*

You will see from the conversation that basic statements in Dutch
are similar in form to English:

Ik ben Hannie Pieters.   *I am Hannie Pieters.*
Mijn naam is Helen Thompson.   *My name is Helen Thompson.*
Dat is Saskia Groeneveld.   *That is Saskia Groeneveld.*

Fortunately, some things in Dutch are more straightforward than in
English. Asking questions is one of them.

Basic questions are always formed according to this pattern:

Is dat Saskia Groeneveld?   *Is that Saskia Groeneveld?*
Ben jij Helen Thompson?   *Are you Helen Thompson?*

Never like this:

Does he come from Amsterdam?

This is simply:

Komt hij uit Amsterdam?

Note that when you turn the **jij** form round for the question you must
drop the **t** ending, although this does not apply to verbs like **heten**
where the **t** is part of the verb.

jij bent → ben jij?
jij komt → kom jij?
jij heet → heet jij?

There were examples of another type of question in the conversation:

Jij bent Helen Thompson, niet waar?

In this type of question a statement is followed by a 'tag'. Once again,

Dutch is simpler than English because the 'tag' is always **niet waar**, whereas in English there are lots of different ones:

Jij komt uit Nederland, **niet waar**?	*You come from The Netherlands, **don't you**?*
Jij bent Freek Pieters, **niet waar**?	*You are Freek Pieters, **aren't you**?*

'What', 'who', 'where', 'how' and 'when' questions are formed on the same pattern as the English ones:

Wie is de vrouw aan de overkant?	*Who is the woman over the road?*
Waar is Hannie?	*Where is Hannie?*
Hoe heet de man?	*What* (Lit. How) *is the man called?*
Wat is dat?	*What is that?*
Wanneer komt Hannie?	*When is Hannie coming?*

2 Negation

The conversation also provided several examples of how to negate a sentence – i.e. to introduce *not*. The Dutch word for *not* is **niet**.

Ik kom niet uit Amsterdam.	*I don't come from Amsterdam.*
Hij komt niet uit Schotland.	*He doesn't come from Scotland.*

Again, you will see that Dutch is simpler than English. There is no need to add the verb *to do* when you make a negative, any more than when you ask a question.

3 Komen *to come* and heten *to be called*

The boxes below show the various present tense forms of the verbs **komen** and **heten** with the subject pronouns (*I*, *you*, etc.). Many other verbs form the present tense in the same way. Note that the forms **komen** and **heten** are called infinitives because they do not indicate person or tense.

ik kom	*I come*	wij komen	*we come*
jij komt	*you* (informal) *come*	jullie komen	*you* (informal plural) *come*
u komt	*you* (formal) *come*	u komt	*you* (formal plural) *come*
hij komt	*he comes*	zij komen	*they come*
zij komt	*she comes*		

ik heet	*I am called*	wij heten	*we are called*
jij heet	*you* (informal) *are called*	jullie heten	*you* (informal plural)
u heet	*you* (formal) *are called*		*are called*
hij heet	*he is called*	u heet	*you* (formal plural) *are called*
zij heet	*she is called*	zij heten	*they are called*

Ik kom uit Nederland.   *I come from The Netherlands.*
Hij heet Jan.   *He is called Jan.*

You will see that the word for *she* and the word for *they* are the same in Dutch. There can be no confusion, however, because the verb ending tells you whether *she* or *they* is meant.

4 Zijn *to be*

The other verb used in the conversation is one of the most frequently used in Dutch and English. The Dutch verb **zijn** is extremely irregular, as is its counterpart *to be* in English, and so the forms must be learned carefully as soon as possible.

ik ben	*I am*	wij zijn	*we are*
jij bent	*you are* (informal)	jullie zijn	*you are* (informal plural)
u bent/is	*you are* (formal)	u bent/is	*you are* (formal plural)
hij is	*he is*	zij zijn	*they are*
zij is	*she is*		

☑——— **Oefeningen (*Exercises*)** ———

1   Lees het volgende gesprek. (*Read the following conversation.*)

Irene   Wat is uw naam?
Gerard   Mijn naam is Gerard Krol.
Irene   Waar komt u vandaan?
Gerard   Ik kom uit Nederland, uit Utrecht.

Look at the KLM baggage, label overleaf, and answer as if you were the owner of the baggage.

Johanna Brinkman
Oranjelaan 58
2586 AX Arnhem
Nederland

(a) Wat is uw naam?
(b) Waar komt u vandaan?

Now answer the same questions using the following information:

naam (*name*)   **land** (*country*)   **stad** (*town*)

(c) Lucy Brown   De Verenigde Staten   Washington
(d) Dieter Klein   Duitsland   Bonn
(e) Wim de Koning   België   Antwerpen
(f) Françoise Legrand   Frankrijk   Parijs

2   Zeg het op een andere manier. (*Say it another way.*) Replace the emboldened words with a suitable alternative.
Example: Hoe heet u? Wat is uw naam?

(a) **Ik heet** Frans Jansen.
(b) **Heet jij** Ada Rietveld?
(c) **Heet hij** Pieter?
(d) **Jij heet** Margriet van Gelder, niet waar?
(e) **Heet jij** Gerrit?

3   Welk antwoord past bij de vraag? (*Which answer fits the question?*)

(a) Heet hij Jan Blokker?   (i) Ja, ik kom uit Berlijn.
(b) Wie is dat?   (ii) Zij komt uit Italië.
(c) Komt u uit Duitsland?   (iii) Nee, zijn naam is Henk Smeets.
(d) Waar komt zij vandaan?   (iv) Dat is Linda Jones.

— **18** —

4 Maak het gesprek af. (*Complete the dialogue* using the sentences which follow it.)

- ● Wat is jouw naam?
- - ____
- ● Ik heet Huib Smit. Waar kom jij vandaan?
- - ____
- ● Dat is in Nederland, niet waar?
- - ____
- ● Nee. Ik kom uit België. Wie is de vrouw aan de overkant?
- - ____

(a) Dat is Lucy van der Veen. Zij komt uit Amsterdam.
(b) Ja. Kom jij ook uit Nederland?
(c) Ik heet Bernard van der Heide. Hoe heet jij?
(d) Ik kom uit Rotterdam.

5 Rearrange the words in this dialogue to make sense of the jumbled words said by Ingrid.

- ● Goedemorgen. Wat is jouw naam?
- - Mijn naam is Ingrid Ruding.
- ● Hoe heet jouw man?
- (a) man/Hans/mijn/heet
- ● Waar kom jij vandaan?
- (b) uit/kom/Amsterdam/ik
- ● Is dat in België?
- (c) Nederland/is/nee/in/dat
- ● Komt jouw man ook uit Nederland?
- (d) komt/uit/hij/Utrecht/ja

℘────────────── Gesprek ──────────────

Rob Meijer and Judith Wilson are staying at the same hotel. (Try to get the gist of the conversation; do not worry about understanding every word.)

Rob Goedemiddag. Komt u uit Nederland?
Judith Nee. Ik kom uit Engeland.

Rob Komt u uit Londen?
Judith Nee. Ik kom uit Leeds. En u, waar komt u vandaan?
Rob Ik kom uit Breda in Noord-Brabant.
Judith Is dat in Nederland of in België?
Rob Breda is in Nederland, niet in België.

Waar of niet waar?

Re-write the statements that are false.

1 Judith Wilson komt niet uit Nederland.
2 Zij komt uit Londen.
3 Rob Meijer komt uit Breda.
4 Breda is in België, niet in Nederland.

📖 ——— Leestekst (*Reading text*) ———

Read the following text and try to get the gist of it. You will find
extra vocabulary at the back of the book and you may find reading
aloud helps you to get the sense. Do not worry if you find this passage
difficult to read now. You can always come back to it when you have
worked through some more of the units.

Amsterdam en Den Haag

Amsterdam is de hoofdstad en ook de grootste stad van Nederland.
Het is een belangrijk cultureel en economisch centrum. Toeristen
komen vanuit de hele wereld om Amsterdam, met zijn vele grachten
(kanalen) en oude straten, te bezoeken. Het parlement en de regering
van Nederland zijn niet in Amsterdam maar in Den Haag.

De koningin van Nederland woont ook in Den Haag.

1 What special position does Amsterdam have?
2 Why is it important, and why do so many tourists go there?
3 What happens in The Hague?
4 Who lives in The Hague?

2
U BENT ZEKER ENGELSMAN?

You're English aren't you?

In this unit you will learn how to

- introduce someone
- talk about your family
- say what languages you speak
- say what nationality you are

Gesprek

David Thompson meets his colleague, Hans, at the office and is introduced to a colleague he has not yet met. They exchange personal information.

David Hallo Hans, hoe gaat het?
Hans Prima. Zeg David, dit is Ingrid den Bosch.
David Goedemorgen, mevrouw Den Bosch.
Ingrid Goedemorgen, meneer Thompson. U bent zeker Engelsman?
David Inderdaad, en u bent Nederlandse?

Ingrid Nee, ik ben Duitse. Mijn man is Nederlander. Bent u getrouwd, meneer Thompson?

David Ja, ik heb een vrouw en twee (2) kinderen. Onze zoon is tien (10) en onze dochter is acht (8).

Ingrid Mijn dochter is volwassen. Ze is net gescheiden. Ze heeft gelukkig geen kinderen. Uw Nederlands is erg goed.

David Ach, ik spreek nog maar een klein beetje Nederlands. Spreekt u vreemde talen?

Ingrid Ik spreek natuurlijk vloeiend Duits en ik ben vrij goed in Frans. Spreekt u nog andere talen, behalve Engels en Nederlands?

David Nee, jammer genoeg niet.

---

hoe gaat het? *how are you?* (Lit. how goes it) (see Greetings below)
prima *fine*
zeg David (Lit.) *say, David* (the word is used to attract David's attention)
dit is *this is*
mevrouw Den Bosch *Mrs Den Bosch*
meneer Thompson *Mr Thompson*
u bent zeker ..? *you are ... aren't you?* (Lit. you are surely...)
de Engelsman *the Englishman*
inderdaad *indeed* (see below)
ik ben Duitse *I am German*
getrouwd *married*
ik heb een vrouw *I have a wife*
de kinderen *the children* (**het kind** *the child*)
onze *our*
de zoon *the son*
de dochter *the daughter*

volwassen *grown up, adult*
net *just*
gescheiden *divorced*
gelukkig *luckily* (can also mean *happy*)
geen *no, not any*
uw *your*
het Nederlands *Dutch*
erg/vrij goed *very/rather (reasonably) good*
ik spreek *I speak*
nog maar een klein beetje *only a little bit as yet*
de vreemde talen *the foreign languages*
natuurlijk *of course, naturally*
vloeiend *fluent*
het Frans *French*
nog *as well, too*
andere *other*
behalve *except, apart from*
jammer genoeg niet *I'm afraid not*

Vragen

1 **Waar of niet waar?** Re-write the statements that are incorrect.

(a) David Thompson is Engelsman.

(b) Ingrid den Bosch is gescheiden.

(c) Ingrids dochter is volwassen.

(*d*) Ingrid den Bosch spreekt vloeiend Frans en een klein beetje Duits.

(*e*) David spreekt een klein beetje Engels.

2 Welk antwoord past?

(*a*) U bent zeker Engelsman?

(i) Ik spreek erg goed Nederlands.
(ii) Ik kom uit Frankrijk.
(iii) Inderdaad.

(*b*) Bent u getrouwd?

(i) Ja, ik heb twee kinderen.
(ii) Ja, mijn vrouw heet Helen.
(iii) Mijn dochter is volwassen.

(*c*) Spreekt u ook andere talen?

(i) Uw Nederlands is erg goed.
(ii) Nee, jammer genoeg niet.
(iii) Ik ben Duitse.

—— Wat u eigenlijk moet weten ——

Nationality

Note that Dutch speakers tend to refer to all British people as *English*, wherever they come from in the United Kingdom.

Greetings

As you saw in Unit 1, it is all right to use **goedemorgen**, **goedemiddag** and **goedenavond** in all situations (using the appropriate word for the time of day), although it is slightly formal.

Just plain **hallo** is used between people who know one another as it is an informal greeting. Even more informal is **hoi** as a greeting.

In the dialogue David knows Hans, so he says **hallo**. He does not know Ingrid yet, so he says **goedemorgen**.

Notice that in Dutch you always use **meneer** (*sir*) and **mevrouw** (*madam*) when addressing adults whom you do not know. This is an important rule of politeness.

Zeker In Unit 1 you saw that you could presuppose an answer by placing a 'tag' at the end: **U bent mevrouw Thompson, niet waar?** The Dutch also use the word **zeker** (Lit. surely, certainly) for this purpose: **U bent zeker mevrouw Thompson?** Note the position of **zeker** in the sentence.

Inderdaad The Dutch often use **inderdaad** to answer a question in the affirmative. It does not carry the slightly incredulous connotation of the English *indeed*.

Vrij goed **Ik ben vrij goed in Frans** will translate as *I am quite (rather) good at French*. English people tend to understate their abilities, but the Dutch are quite direct about them.

The word **vrij** is used frequently. Other words that could be used in the same context are: **tamelijk** and **redelijk**: **Ik ben tamelijk goed in Frans** (*I am reasonably good at French*). Both these words are slightly less strong than **vrij**.

Nog You will hear this word regularly; depending on the context, it will have various meanings.

Languages are often made up of little indefinable words, such as **nog**, which either cannot be translated at all or which have many different meanings. Do not worry too much about these.

—— Belangrijke zinswendingen ——

How to:

● ask how someone is

Hoe gaat het (met jou/met u)? *How are you? (Lit. How goes it with you? informal/formal)*

This question does not have to be answered with the standard *fine, thank you*; a variety of answers is possible.

uitstekend *excellent*

prima	*fine*
goed	*good*
't gaat wel	*so so*

● ask someone's nationality

Bent u Engelsman?	*Are you an Englishman?*
Nee, ik ben Nederlander.	*No I'm a Dutchman.*
Bent u Duitse?	*Are you a German woman?*
Nee, ik ben Nederlandse.	*No I'm a Dutchwoman.*
	(see below)

● ask someone's marital status

Bent u getrouwd?	*Are you married?*
Ja, ik ben getrouwd.	*Yes, I'm married.*
Ja, ik heb een vrouw en twee kinderen.	*Yes, I've got a wife and two children.*
Nee, ik ben niet getrouwd, ik ben gescheiden.	*No, I'm not married, I'm divorced.*

● ask what languages someone speaks

Spreekt u vreemde talen?	*Do you speak (any) foreign languages?*
Ja, ik spreek een beetje Duits.	*Yes I speak a little German.*
... erg goed Nederlands	*very good Dutch*
... vrij goed Frans	*quite good French*
... vloeiend Engels	*fluent English*
Nee, ik spreek alleen Nederlands.	*No, I only speak Dutch.*

◎——— Hoe zit 't in elkaar? ———

1 *Nationalities and languages*

In Dutch, unlike in English, most nouns referring to nationality have a masculine and feminine form:

Jan is Nederlander.	*Jan is a Dutchman.*
Ingrid is Duitse.	*Ingrid is a German woman.*

land (*country*)	man (*male*)	vrouw (*female*)	taal (*language*)
Nederland	Nederlander	Nederlandse	Nederlands
België/ Vlaanderen	Vlaming	Vlaamse	Vlaams
Duitsland (*Germany*)	Duitser	Duitse	Duits
Engeland	Engelsman	Engelse	Engels
Frankrijk (*France*)	Fransman	Française	Frans
Canada	Canadees	Canadese	
de Verenigde Staten (*US*)	Amerikaan	Amerikaanse	

Vlaams is the name often used to refer to Dutch when spoken in the Dutch-speaking region of Belgium. **Vlaams** is not different from Dutch and the official name of the language in Belgium is Dutch. Note that the feminine nouns end in -**e**.

People nowadays say: **Ik ben Engels**. (*I am English*.) using the adjective.

2 Geen

Geen is normally used to mean *no, not any*:

Ik spreek geen Duits. *I speak no German (I do not speak any German).*

Ik heb geen kinderen. *I have no children (I do not have any children).*

3 Hebben *and* spreken

Hebben (*to have*) is another irregular verb. Like **zijn** it is used very frequently and must therefore be learned by heart.

ik heb	*I have*	wij hebben	*we have*
jij hebt	*you have* (informal)	jullie hebben	*you have* (informal plural)
u hebt/heeft	*you have* (formal)		
hij/zij heeft	*he/she has*	u hebt/heeft	*you have* (formal plural)
		zij hebben	*they have*

Spreken (*to speak*) is another example of a regular verb.

As in all regular verbs a -**t** is added for **jij**, **u**, **hij**, **zij**. But remember that when the verb precedes **jij**, as in a question, you drop the -**t**.

This only happens with **jij** and not with any of the other person words (pronouns).

ik spreek	*I speak*	wij spreken	*we speak*
jij spreekt	*you speak* (spreek jij?) (informal)	jullie spreken	*you speak* (informal plural)
u spreekt	*you speak* (formal)	u spreekt	*you speak* (formal plural)
hij spreekt	*he speaks*		
zij spreekt	*she speaks*	zij spreken	*they speak*

4 De nummers 1–20

0	nul		
1	een	11	elf
2	twee	12	twaalf
3	drie	13	dertien
4	vier	14	veertien
5	vijf	15	vijftien
6	zes	16	zestien
7	zeven	17	zeventien
8	acht	18	achttien
9	negen	19	negentien
10	tien	20	twintig

Learn these numbers by heart.

 Oefeningen

1 Answer the following questions in Dutch. Make sure you understand the forms of the verbs **hebben** and **zijn** before you tackle this exercise. Re-read the dialogue if necessary.

   (*a*) What nationality is David?
   Hij _____

(b) What nationality is Ingrid?
     Zij _____
(c) How many children does David have?
     Hij _____
(d) What languages does David speak?
     Hij _____
(e) What languages does Ingrid speak?
     Zij _____

2 Read (or if you have the cassette listen to) the following information about Kevin Wilson.

Kevin Wilson is Amerikaans. Hij is gescheiden. Hij spreekt vloeiend Engels, vrij goed Frans en een beetje Nederlands.

Kevin is going to an employment agency to register for work. He has to answer some questions about his nationality (**nationaliteit**), and so on.

Imagine that you are Kevin. How would you answer the following questions? (If you have the cassette you can check your own answers with those given on the cassette.)

Receptioniste Wat is uw naam?
Kevin   _____
Receptioniste Wat is uw nationaliteit?
Kevin   _____
Receptioniste Bent u getrouwd?
Kevin   _____
Receptioniste Spreekt u Nederlands?
Kevin   _____
Receptioniste U spreekt zeker vloeiend Engels?
Kevin   _____
Receptioniste Spreekt u nog andere talen?
Kevin   _____

3 Read this introduction:

Dit is Marga Bos. Zij is Nederlands. Zij is getrouwd en heeft twee kinderen. Zij spreekt Engels en Frans en natuurlijk Nederlands.

Following the pattern of what you have just read use the information below to compose introductions for the following people.

	naam	land	getrouwd	talen	kinderen
(a)	Wilma Miller	Duitsland	ja	Nederlands	3
(b)	Brad McLain	VS	nee	Duits	geen
(c)	Chantal Bouquet	Frankrijk	ja	alleen Frans	4

4 Schrijf een introductie voor uzelf. (*Write an introduction for yourself* using similar information to that given above.)

Leestekst

Look at the form below. Look up the words you do not know in the Vocabulary at the back of the book.

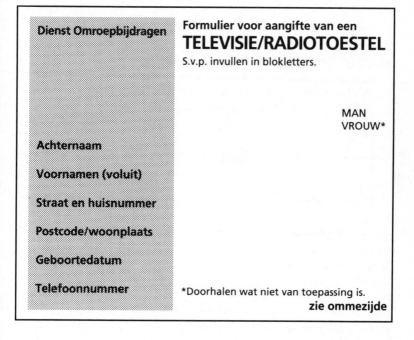

Dienst Omroepbijdragen

Formulier voor aangifte van een
TELEVISIE/RADIOTOESTEL
S.v.p. invullen in blokletters.

MAN
VROUW*

Achternaam

Voornamen (voluit)

Straat en huisnummer

Postcode/woonplaats

Geboortedatum

Telefoonnummer

*Doorhalen wat niet van toepassing is.
zie ommezijde

3

WAAR WOON JE EIGENLIJK?

Where do you live?

In this unit you will learn how to

- ask and answer questions about accommodation
- talk about the surrounding area

Gesprek

David Thompson talks to Hans about his house, the rent and the surrounding area.

Hans Waar woon je eigenlijk?

David Ik woon in Voorschoten, in de Meidoornstraat op nummer 16.

Hans Hoe bevalt je nieuwe huis?

David Ik ben zeer tevreden met ons huis.

Hans Wat voor woning is het?

David Het is een eengezinswoning.

Hans Hoeveel kamers heeft het huis?

David Er zijn 4 kamers. Er is een woonkamer met open keuken beneden en er zijn 3 slaapkamers boven.

Hans Zijn de kamers redelijk groot?

David Ja, de woonkamer is negen bij zes (9 x 6) en de slaapkamers zijn ook niet klein.

Hans O, dat is niet gek.

David Nee zeker niet. We hebben een badkamer met douche en een mooie grote achtertuin.

Hans Ligt het huis mooi?

David Ja, schitterend. Het ligt vlakbij de duinen. Het staat in een rustige straat, dus de kinderen kunnen lekker fietsen.

Hans En jullie zitten ook niet ver bij het strand vandaan. Betaal je een hoge huur?

David Nee, de huur is vrij laag.

---

waar woon je? *where do you live?*
eigenlijk *actually*
op nummer 16 (het nummer) *at number 16*
hoe bevalt ..? *how do you like ..?*
nieuw(e) *new*
het huis *the house*
tevreden *very satisfied*
met *with*
ons *our*
wat voor woning is het? *what kind of house is it?*
eengezinswoning *house suitable for one family*
hoeveel *how many*
de kamer *the room*
de woonkamer *the living room*
de open keuken *the open kitchen*
beneden *downstairs*
boven *upstairs*
de slaapkamer *the bedroom*
redelijk groot *quite big*
klein *small, little*
dat is niet gek *that's not bad* (Lit. crazy)

de badkamer *the bathroom*
de douche *the shower*
mooi(e) *beautiful*
de (achter)tuin *the (back) garden*
ligt het huis mooi? *is the house nicely situated?* (Lit. lies the house nicely?)
schitterend *beautiful, splendid*
vlakbij de duinen *close to the dunes* (**het duin** *the dune*)
het staat in een rustige straat *it is* (Lit. stands) *in a quiet street*
dus *so*
kunnen *can, to be able to*
lekker *nicely*
fietsen *to cycle*
zitten *are* (Lit. sit)
ver bij het strand vandaan *far away from the beach*
betaal je een hoge huur? (verb: **betalen**) *do you pay a high rent?*
laag *low*

Vragen

1 **Waar of niet waar?** Re-write the statements which are incorrect.

(a) David woont in een eengezinswoning.

(b) De kamers in Davids huis zijn tamelijk klein.

(c) De tuin is vrij klein.
(d) Het huis ligt mooi.
(e) Davids huis ligt niet ver bij het strand vandaan.
(f) De kinderen kunnen niet fietsen in de buurt.
(g) De huur is niet zo hoog.

2 **Beantwoord de vragen met zinnen.** (*Answer the questions in sentences.*)

(a) Is David tevreden met zijn nieuwe huis?
(b) Hoeveel (*how many*) slaapkamers zijn er boven?
(c) Ligt het huis mooi?
(d) Staat het huis in een rustige straat?
(e) Betaalt David een hoge huur?

——— Wat u eigenlijk moet weten ———

Woning   The word **woning** means the same as **huis**, but it is generally used when talking about accommodation. It comes from the verb **wonen**, which means *to live*, i.e. **ik woon in Amsterdam** (*I live in Amsterdam*).

Huis refers more to the building itself.

When the Dutch mention the size of their accommodation, they do not mention the number of bedrooms, but they count all the rooms in the house (except bathroom, kitchen, etc.). They talk in terms of a **driekamerwoning** or a **vijfkamerwoning** (*three-room* or *four-room house*).

As in England they give measurements as being nine by six. The unit they measure in is naturally metres. Measurements are also given in square metres (**vierkante meters**). Bathrooms do not necessarily have a bath because showers are very common in The Netherlands.

Woonvergunning   In The Netherlands you cannot buy a house anywhere you like. In many municipalities (**gemeenten**), you need to apply for a **woonvergunning**, if the sale price is below a certain level. Houses above this price limit are in what is called **de vrije sector**. For these no **woonvergunning** is necessary. The **woonvergunning** is different from the **verblijfsvergunning**, which people of other nationalities need to be granted permission to live in The Netherlands.

Something that everyone has to do after moving house is register at the town hall (**het gemeentehuis**) at the **afdeling bevolking** (*Department of Population*).

Lekker   The word **lekker** means *nice*. It is used to express pleasure, especially of anything that is pleasing to the senses. **Wat een lekker muziekje** means *what a nice tune*. You would not use the word **lekker** for any more uplifting kind of musical or gastronomical experience.

In de buurt   In the context of the dialogue above, **in de buurt** means *in the neighbourhood*. But the same expression is used equally frequently as a synonym of **vlakbij** (*close to*).

The dialogues contain many words which are new to you. At first glance you may feel it is hard to come to grips with the vocabulary. It is definitely worthwhile, though, for you to spend some extra time studying the vocabulary in relation to the dialogue. Many of the idioms and expressions used will keep on coming back as they are very common in Dutch. Even learning the text by heart will pay off as you will start to feel confident with the vocabulary.

—— Belangrijke zinswendingen ——

How to:
- express satisfaction

Hoe bevalt het nieuwe huis?	*How do you like your new house?*
Ik ben zeer tevreden met ons huis.	*I'm very pleased with our house.*

How to exchange information about:
- an address

Waar woon je eigenlijk?	*Where do you live, in fact?*
Ik woon in Haarlem.	*I live in Haarlem.*
Ik woon in de Laurierstraat op nummer 20.	*I live in Laurier Street at number 20.*

- types of accommodation

Wat voor een woning (huis) is het?	*What sort of house is it?*
Het is een eengezinswoning.	*It's a single family home.*
Het is een vijfkamerwoning.	*It's a five-room house.*

- size of accommodation

Hoe groot is het huis?	*How big is the house?*
Het is redelijk groot.	*It's quite big.*
Hoeveel kamers heeft je huis?	*How many rooms has your house?*
Het heeft (or: Er zijn) 4 kamers.	*It has (or: There are) 4 rooms.*
Zijn de kamers redelijk groot?	*Are the rooms quite large?*
Ja, de woonkamer is acht bij vijf.	*Yes, the living room is eight by five.*

- situation of the house

Ligt het huis mooi?	*Is the house in a nice location?*
Ja, het ligt vlakbij de duinen.	*Yes, it's close to the dunes.*

- the price of accommodation

Betaal je een hoge huur?	*Do you pay a high rent?*
Ja, de huur is hoog.	*Yes the rent is high.*
Nee, de huur is vrij laag.	*No the rent is quite low.*

Hoe zit 't in elkaar?

1 De, het, een *(the, a)*

You will have seen that words for things (nouns) are often preceded by **de** or **het**. These are the Dutch words for *the* of which there are two because about two thirds of Dutch words belong to what is called the common gender. These words use **de** for *the*. The remaining third of Dutch words belong to the so-called neuter gender: **het** words.

de kamer
het huis

It is generally impossible to tell from looking at a word whether **de** or **het** ought to be used. It makes sense to learn the articles that belong to the nouns by heart. In the Vocabulary at the back of this book the article will always be stated. It is important to use the right article, not only because it does not sound right if you do not, but because it can have further grammatical implications.

2 When there is more than one (plural)

The plural of nouns is altogether a bit more predictable than the articles.

There are three ways of making a noun plural. Normally the following rules apply:

- add **-s** when a noun has got at least two syllables and finishes with **-el**, **-en**, **-em**, **-er**, **-je**;
- add **'s** when the word finishes with **-a**, **-i**, **-o**, **-u**, **-y**;
- add **-en** to all other nouns.

Here are some examples for you to start off with:

add -s or -'s		add -en	
de tafel (*table*)	de tafel**s**	het boek (*book*)	de boek**en**
de gulden (*guilder*)	de gulden**s**	het ding (*thing*)	de ding**en**
de kamer	de kamer**s**	de stoel (*chair*)	de stoel**en**
het meisje (*girl*)	de meisje**s**	de fiets (*bicycle*)	de fiets**en**
de foto (*photo*)	de foto**'s**	de man	de mann**en**
de auto (*car*)	de auto**'s**	de maan (*moon*)	de man**en**
de hobby	de hobby**'s**		
de taxi	de taxi**'s**		

The Dutch word for *the*, with all plural words, is **de**.

    de stoelen   *the chairs*
    de boeken   *the books*

3 Liggen, zitten, staan

Even though these verbs have their specific meanings (*to lie down, to sit, to stand*) they often have an idiomatic use where English would only use a form of *to be*. Even so, the original meaning of the verbs is maintained in some way.

Liggen is used when you can visualise something lying down:

Het boek ligt op de tafel.	*The book is on the table.*
De krant ligt op de grond.	*The newspaper is on the floor.*

but **liggen** is also used to indicate a geographical location:

Ons huis ligt vlakbij het strand.	*Our house is close to the beach.*
Waar ligt Voorschoten?	*Where is Voorschoten?*

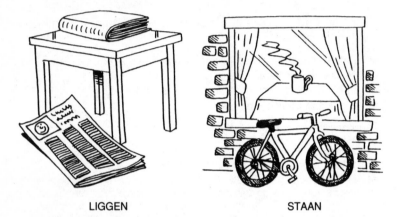

LIGGEN   STAAN

Staan is used for objects which you can imagine as standing upright:

De koffie staat klaar.	*The coffee is ready.*
De fiets staat in de tuin.	*The bike is in the garden.*

Zitten is used very frequently in many different contexts, but it often refers to *living* and *being* somewhere in a more or less settled situation. You can imagine someone sitting him/herself down and getting settled:

Mijn dochter zit in Amsterdam.	*My daughter is (lives) in Amsterdam.*
Hij zit in de gevangenis.	*He is in prison.*
Zij zit altijd thuis.	*She always is (staying) at home.*

Ik zit hier heel leuk.
I am quite comfortable here
(refers to accommodation).

4 More numbers

ZITTEN

20	twintig	30	dertig	128	honderd achtentwintig
21	eenentwintig	40	veertig		
22	tweeëntwintig	50	vijftig	282	tweehonderd tweeëntachtig
23	drieëntwintig	60	zestig		
24	vierentwintig	70	zeventig	465	vierhonderd vijfenzestig
25	vijfentwintig	80	tachtig		
26	zesentwintig	90	negentig	746	zevenhonderd zesenveertig
27	zevenentwintig	100	honderd		
28	achtentwintig	200	tweehonderd	1000	duizend
29	negenentwintig	300	driehonderd		

Note that in the mixed numbers from 20 the last number is mentioned first as in **vierentwintig** (Lit. four-and-twenty) and that the number is written as one word.

Note also that a **trema** (i.e. two little dots above the letter) is used in the numbers **tweeëntwintig, drieënzestig**, and so on. Check in the spelling rules on pages 8–10 why this is so.

Listen to the cassette for the pronunciation of these numbers. Do the accompanying exercise on the cassette and write down the phone numbers that are given. Check your numbers in the key to the exercises.

Oefeningen

1 Bekijk de plattegrond goed. *Have a good look at the plan (overleaf).*

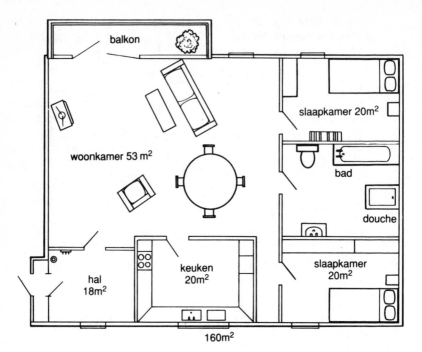

Beantwoord de vragen. (*Answer the questions.*)
Example Hoeveel kamers heeft de woning? De woning heeft 3 kamers.

(*a*) Hoeveel slaapkamers heeft de woning?
(*b*) Is er een bad of een douche?
(*c*) Hoe groot is de woonkamer?
(*d*) Is er een balkon of een terras?
(*e*) Is de hal 3 x 5?
(*f*) Is de oppervlakte van de woning ca. 160m²?

het balkon *the balcony*	**de oppervlakte** *the surface area*	
het terras *the patio*		

2 You know your colleague, Tilly, has recently moved house with her family and you question her about it. Here are her answers. What are your questions? (If you have the cassette do this

exercise while you listen. It provides a more realistic situation for you to practise.)

You —
Tilly Ik ben zeer tevreden met ons huis.
You —
Tilly Het is redelijk groot.
You —
Tilly Er zijn vijf kamers.
You —
Tilly Ja het ligt vlakbij het strand.
You —
Tilly Nee, de huur is vrij laag.

3 Someone you recently met through a course, Richard, asks you some questions. Use the information about Apeldoorn (given in exercise 5 below) for your answer, but extend the answer to the question about where you live by giving the full address: Hoogstraat 283.

Richard Waar woon je eigenlijk?
You —
Richard Hoeveel kamers heeft het huis?
You —
Richard Ben je tevreden met je nieuwe huis?
You —
Richard Ligt het huis mooi?
You —

4 Welk antwoord past bij de vraag? (*Match the questions and answers.*)

(a) Waar woont je zoon?
(b) Waar ligt dat?
(c) Zit je vlakbij het strand?
(d) Kunnen de kinderen fietsen in de buurt?
(e) Is het huis groot?

(i) De kamers zijn een beetje klein.
(ii) Ja, ons huis ligt vlakbij het strand.
(iii) Dat ligt vlakbij het strand.
(iv) Hij zit in Purmerend.
(v) Ja, het huis staat in een rustige straat.

5 Lees de onderstaande tekst. (*Read the text below.*)

Ik woon in Amsterdam. Ik heb een 3-kamer woning. Er is een keuken, douche en balkon. Het huis ligt vlakbij het strand.

Use the information below to construct sentences on the same pattern as those you have just read.

Woonplaats	hoeveel kamers	speciale kenmerken	vlakbij
(a) Rotterdam	4	een mooie grote achtertuin	de dierentuin
(b) Haarlem	3	2 grote balkons	de duinen
(c) Groningen	5	een mooie open keuken	het centrum
(d) Apeldoorn	4	een comfortabele woonkamer	de Veluwe
(e) Purmerend	2	een grote slaapkamer	Amsterdam

de woonplaats *the place of residence*	**het centrum** *the centre of town*
de speciale kenmerken *the special features*	**comfortabel(e)** *comfortable*
de dierentuin *the zoo*	**de Veluwe** *a wooded area near Apeldoorn*

6 Look at this advertisement and answer the questions in English:

> Te koop.
> Rotterdam. Luxe verbouwde
> bovenwoning, grote woonkamer
> met open haard, open keuken,
> luxe badkamer, 3 sl.kamers
> en riant balkon (totale oppervlakte
> 150m²), F 147.000
> 05998-18043

te koop *for sale*	**de bovenwoning** *the upstairs flat*
luxe *luxurious*	**de open haard** *the open fire*
verbouwd *renovated*	**riant** *spacious*

(a) What sort of dwelling is for sale?
(b) What special features does the house have?
(c) How big is the house?

7 Make up a few sentences about your own home, using the same pattern as in **Oefening 5**.

Leestekst

In Nederland is veel nieuwe woningbouw. Minstens de helft van de nieuwe woningen zijn koopwoningen. De rest is bestemd om te huren.

De overheid geeft in sommige gevallen subsidie voor het kopen of huren van een woning.

Sommige mensen wonen in een boot, de zogenaamde woonboten of arken.

De moderne woningbouw heeft soms een interessante architectuur. De paalwoningen van architect Blom in Heerlen en Rotterdam zijn heel bijzonder.

de woningbouw *the house-building (construction)*	**geeft** *gives*
minstens *at least*	**sommige gevallen** *certain situations*
de helft *half*	**kopen** *to buy*
de koopwoningen *the houses (that are owner-occupied)*	**zogenaamde** *so-called*
bestemd *intended for*	**de paalwoning** *the cube-shaped house on concrete pillars*
huren *to rent*	**bijzonder** *unusual, special*

Answer these questions in English.

1 Are there many new houses being built in The Netherlands?
2 How many of the new houses are for sale?
3 Does the Dutch government subsidise people when buying or renting a new home?
4 Which houses have a fairly special and unusual architecture?

4
BENT U HIER BEKEND?

Do you know the area?

In this unit you will learn how to

- ask for information
- ask and give directions

Gesprek

The new term has started and Helen has to take the children to their new school. She asks Saskia how to get there. After leaving the children at the school, she asks someone in the street how to find the shops.

Helen   Hallo, Saskia. Mag ik je iets vragen?

Saskia   Ja, hoor.

Helen   Waar is de Prinses Julianaschool? Is hij ver weg?

Saskia   Nee, hij is niet ver weg. Je moet hier rechtdoor lopen. Bij het kruispunt moet je linksaf en de Prinses Julianaschool is aan de rechterkant.

Helen   Dus, ik loop rechtdoor tot de hoek van de straat, daar sla ik linksaf en de Prinses Julianaschool is aan mijn rechterhand.

Saskia	Ja, dat klopt.
Helen	Hartelijk bedankt, Saskia.
Saskia	Graag gedaan, hoor.
Helen	Pardon, meneer, bent u hier bekend?
Meneer De Jong	Ja, mevrouw. Kan ik u helpen?
Helen	Ik zoek de winkels. Weet u de weg naar de winkelstraat?
Meneer De Jong	Nou, dat is een eind lopen, mevrouw. U moet rechtdoor tot het stoplicht. Bij het stoplicht steekt u over. U gaat rechtsaf, de brug over en de winkelstraat is de tweede straat links.
Helen	Dank u wel, meneer.
Meneer De Jong	Niets te danken, mevrouw.

---

mag ik je/u iets vragen? *may I ask you something?*

waar is de school? *where is the school?*

hij is niet ver weg *it isn't far away*

je moet hier rechtdoor lopen *you must go straight on*

bij het kruispunt moet je linksaf *at the crossroads you must turn left*

aan de rechterkant *on the right*

tot (aan) de hoek van *to the corner of*

daar sla ik linksaf *there I turn left*

aan mijn rechterhand *on my right*

hartelijk bedankt *thanks very much*

graag gedaan *it's a pleasure*

pardon, meneer *excuse me (sir)*

kan ik u helpen? *can I help you?*

ik zoek de winkels *I am looking for the shops*

weet u/je de weg naar de winkelstraat? *do you know the way to the shopping street?*

nou *eh*

dat is een eind lopen/weg *it is quite a long walk/long way away*

tot/bij het stoplicht *to/at the traffic lights*

steekt u/steek je over *you cross over*

u/je gaat rechtsaf *you turn right*

dank u/je wel *thank you very much*

niets te danken *not at all*

Vragen

1 Waar of niet waar? Re-write the sentences that are incorrect.

(a) De school is ver weg.
(b) Bij het kruispunt moet Helen rechtsaf.
(c) De school is aan de rechterkant.
(d) Helen moet bij het stoplicht linksaf.
(e) De winkelstraat is de eerste straat rechts.

2 Beantwoord de vragen.

(a) Waar is de school?
(b) Wat zoekt Helen?
(c) Is de winkelstraat ver weg?
(d) Waar moet zij rechtsaf?

—— Wat u eigenlijk moet weten ——

Hoor You will see that Saskia uses **hoor** in her replies to Helen. Literally this means *hear* but it is frequently used as a tag at the end of a reply, to give emphasis.

Notice the various ways of expressing thanks and responding to thanks which are given in the conversation. Again little expressions are important forms of politeness.

Directions

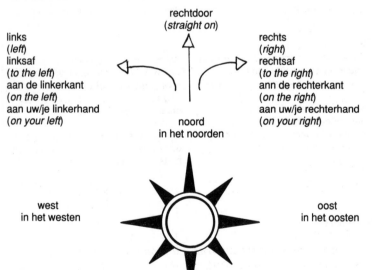

rechtdoor
(*straight on*)

links
(*left*)
linksaf
(*to the left*)
aan de linkerkant
(*on the left*)
aan uw/je linkerhand
(*on your left*)

rechts
(*right*)
rechtsaf
(*to the right*)
ann de rechterkant
(*on the right*)
aan uw/je rechterhand
(*on your right*)

noord
in het noorden

west
in het westen

oost
in het oosten

zuid
in het zuiden

Ik woon in Noord Londen.	*I live in North London.*
Saskia woont in het westen van Nederland.	*Saskia lives in the West of The Netherlands.*
Londen ligt in het zuiden van Engeland.	*London is in the South of England.*
De landen van West-Europa zijn lid van de EU.	*The countries of Western Europe are members of the EU.*

—— Belangrijke zinswendingen ——

How to:

- request information (politely)

Mag ik u/je iets vragen?	*May I ask you something?*
Bent u hier bekend?	*Do you know the area?*

- ask the way

Waar is de school?	*Where is the school?*
Weet u/je de weg naar de winkelstraat?	*Do you know the way to the shopping street?*
Ik zoek de winkelstraat.	*I'm looking for the shopping street.*

- ask if you can help

Kan ik u/je helpen?	*Can I help you?*

- give directions

U/Je gaat/loopt rechtdoor.	*You go / walk straight on.*
U/Je gaat/loopt/slaat linksaf/rechtsaf.	*You go / walk / turn left / right.*
U/Je gaat/loopt tot ...	*You go / walk to ...*
Het is aan de linker/rechterkant.	*It is on the left / right.*
Het is aan uw/je linker/rechterhand.	*It is on your left / right.*

Giving directions and following them is quite a complicated task. Don't be surprised if it takes some practice to get this right. When asking directions in real-life situations, it's probably a good idea to repeat the instructions as Helen does, to check you've got them right.

Hoe zit 't in elkaar?

1 Pronouns

These are words like *I*, *he*, *it*, which stand in for the names of people and things. You have already seen lists of these in verb tables but now they must be looked at more closely.

Stressed	Unstressed		Stressed	Unstressed	
ik	–	*I*	wij	we	*we*
jij	je	*you* (informal)	jullie	je	*you* (informal)
u	–	*you* (formal)	u	–	*you* (formal)
hij	ie	*he*	zij	ze	*they*
zij	ze	*she*			
het	't	*it*			

The first point to note is that most of the pronouns have stressed and unstressed forms. The stressed form is usually used in formal writing and to give emphasis in spoken and informal written language.

Je loopt tot de hoek van de straat.	*You walk to the corner of the street.*
Weet **jij** de weg naar de winkelstraat?	*Do **you** know the way to the shopping street?*

You should note, however, that the unstressed form of **hij**, which is **ie**, is more colloquial than the others.

The second point concerns the pronouns **hij** and **het**. Dutch words for things are divided into **de** and **het** words, so the pronouns which refer to things also have to correspond to whether the word is a **de** or **het** word. If the word is a **de** word, the pronoun which refers to it is **hij**. If the word is a **het** word the pronoun which refers to it is **het**.

Waar is de school?	*Where is the school?*
Hij is niet ver weg.	*It is not far.*
Waar is het stoplicht?	*Where is the traffic light?*
Het is op het kruispunt.	*It is at the crossroads.*

You will have to get used to referring to a lot of things as **hij**.

2 Possessives

These are the words like *mine, yours* which indicate *belonging to*. You have seen several of these in the first four conversations.

Mijn man is een Nederlander.	*My husband is Dutch.*
Onze zoon is tien.	*Our son is ten.*

Here they all are:

Stressed	Unstressed	Stressed	Unstressed
mijn	m'n	ons/onze	–
jouw	je	jullie	je
uw	–	uw	–
zijn	z'n	hun	–
haar	d'r		

You will note that there are also stressed and unstressed forms of the possessives and the rules for their use are the same as for pronouns.

The word for *our* changes its form if the word following it is a **het** word. So:

	onze dochter	*our daughter*
but	ons huis	*our house*

However, in the plural:

onze dochters	*our daughters*
onze huizen	*our houses*

3 Moeten, mogen, kunnen

The verb **moeten** (*must, to have to*) is set out below. It is *regular* in the present tense.

ik moet	*I must*	wij moeten	*we must*
jij moet	*you must* (informal)	jullie moeten	*you must* (informal)
u moet	*you must* (formal)	zij moeten	*they must*
hij/zij moet	*he/she must*		

The verb **mogen** (*may, to be allowed to*) is set out below. It is *irregular* in the present tense.

ik mag	*I may*	wij mogen	*we may*
jij mag	*you may* (informal)	jullie mogen	*you may* (informal)
u mag	*you may* (formal)	zij mogen	*they may*
hij/zij mag	*he/she may*		

The verb **kunnen** (*can, to be able to*) is set out below. It is *irregular* and needs to be learned carefully.

ik kan	*I can*	wij kunnen	*we can*
jij kan/kunt	*you can* (informal)	jullie kunnen	*you can* (informal)
u kan/kunt	*you can* (formal)	zij kunnen	*they can*
hij/zij kan	*he/she can*		

Note that the two forms **kan** and **kunt** for **jij** and **u** can be used interchangeably.

These three verbs (called modal auxiliary verbs) express the idea that an action needs to be done, or that it is wished that it be done. They do not themselves convey the idea of action; they are used with the infinitive of an action verb, which in Dutch goes to the end of the sentence:

Ik **moet** naar de winkelstraat **gaan**.	*I **have to go** to the shopping street.*
Mag ik iets u **vragen**?	*May I **ask** you something?*
Kan ik u **helpen**?	*Can I **help** you?*

In Dutch, however, unlike English, you can often leave out the action verb and simply express the idea with these so-called modal auxiliaries.

Ik moet naar de school.	*I have to go to the school.*
Mag ik een bier?	*May I have a beer?*
Kan ik naar de winkelstraat?	*Can I go to the shopping street?*

4 Ordinal numbers 1–20

1st	eerste		11th	elfde
2nd	tweede		12th	twaalfde
3rd	derde		13th	dertiende
4th	vierde		14th	veertiende
5th	vijfde		15th	vijftiende
6th	zesde		16th	zestiende
7th	zevende		17th	zeventiende
8th	achtste		18th	achttiende
9th	negende		19th	negentiende
10th	tiende		20th	twintigste

Ordinal numbers are the form of numbers used to describe things:

Het is de eerste straat links.   *It is the first street on the left.*
Zij woont op de vierde etage.   *She lives on the fourth floor.*

As you can see, Dutch forms these by adding **-de** or **-ste**, whereas English forms them with **-st**, **-nd** and **-th**.

5 Gaan *to go and* lopen *to walk*

Here are two more present tense verbs. Note that **gaan**, a very common verb, is irregular:

Gaan

ik ga	*I go*	wij gaan	*we go*
jij gaat	*you go* (informal)	jullie gaan	*you go* (informal)
u gaat	*you go* (formal)	zij gaan	*they go*
hij/zij gaat	*he/she goes*		

Lopen

ik loop	*I walk*	wij lopen	*we walk*
jij loopt	*you walk* (informal)	jullie lopen	*you walk* (informal)
u loopt	*you walk* (formal)	zij lopen	*they walk*
hij/zij loopt	*he/she walks*		

✔ ——— Oefeningen ———

1 Look at the map below and identify the places marked on it from
the key.

1 de bushalte *the bus stop*
2 het station *the station*
3 de supermarkt *the supermarket*
4 het ziekenhuis *the hospital*
5 de bioscoop *the cinema*
6 het politiebureau *the police station*
7 de kerk *the church*
8 het stoplicht *the traffic lights*
9 de school *the school*
10 het restaurant *the restaurant*
11 het museum *the museum*
12 het park *the park*
13 de markt *the market* (*place*)
14 het gemeentehuis *the municipal offices*
15 het postkantoor *the post office*
16 de bank *the bank*
17 het hotel *the hotel*
18 het stadhuis *the town hall*

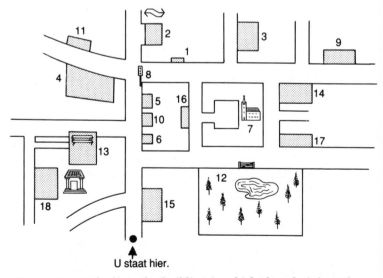

U staat hier.

The **gemeentehuis** is the building in which the administrative
offices of the local **gemeente** (*municipality*) are found. The **stad-**

huis, where it exists, is often a large, old building in the centre of the town which used to be the administrative offices but is often nowadays no more than a museum. The **markt** can refer to a market or to a square, often in the centre of the town, where the market was traditionally held.

Now look at the map and imagine you are walking in the street and someone asks you the way. Give appropriate directions in response to the questions.

(a) Pardon, meneer/mevrouw, ik zoek het museum.
(b) Mag ik u iets vragen? Waar is de markt?
(c) Meneer/mevrouw, bent u hier bekend? Weet u de weg naar het hotel?
(d) Pardon, meneer/mevrouw, waar is het park?
(e) Mag ik u iets vragen? Waar is het gemeentehuis?
(f) Ellen, mag ik je iets vragen? Weet je de weg naar het postkantoor?
(g) Weet jij de weg naar het restaurant?
(h) Pardon meneer/mevrouw, ik zoek de bank.

2 Express the meaning of the following sentences in different words. **Example** Mag ik iets vragen? *becomes* Bent u hier bekend?

(a) Waar is de school?
(b) De school is aan uw rechterhand.
(c) Hartelijk bedankt.
(d) Graag gedaan.
(e) De winkelstraat is ver weg.
(f) Bij het stoplicht gaat u linksaf.

3 In the sentences which follow replace the nouns, in bold type, with the appropriate pronouns. Some new vocabulary is overleaf. **Example:** **Het huis** is aan de linkerkant, *becomes* **Het** is aan de linkerkant.

(a) **De school** is niet ver weg.
(b) **Het stoplicht** staat op rood.
(c) **De winkelstraat** is de derde straat links.
(d) **De winkel** is aan de overkant.
(e) **De brug** is aan de linkerkant.
(f) **Het kruispunt** is een heel eind lopen.

rood *red*	**de winkel** *the shop*

4 Bent u hier bekend? Below, five situations are described in English. Provide suitable questions or answers in Dutch.

(a) You are walking in the street when a man asks you if you know the way to the park. You know that the park is straight ahead and the second street on the left. Give him directions.

(b) You are looking for the museum. Ask a lady you see on the street for directions.

(c) A lady approaches you and asks for the way to the shops. You tell her that the shopping street is a long way away.

(d) You see a friend, Ria, on the street and ask her the way to the school.

(e) A man on the street asks you for the way to the hotel. You tell him he needs to turn right at the traffic lights and it's on his left.

5 Look at the map on page 50.

Read the following statements, each describing the location of a particular place on the map. Which place is being referred to?

(a) U moet de eerste straat rechtsaf en het ligt op de hoek van de tweede straat links. Wat is het?

(b) Het is even voorbij het stoplicht aan uw rechterhand. Wat is het?

(c) Het staat tegenover het park. Wat is het?

(d) Het staat tussen het politiebureau en de bioscoop. Wat is het?

(e) Het staat tegenover het ziekenhuis. Wat is het?

(f) Het staat tegenover de kerk. Wat is het?

voorbij *past, beyond* **tegenover** *opposite*	**tussen** *between*

Leestekst

Nederland is een klein maar dichtbevolkt land. Nederland telt (heeft) ongeveer 15 miljoen inwoners. De meeste inwoners wonen in het westen van het land. Vooral het gebied tussen de vier grote steden – Amsterdam, Rotterdam, Den Haag en Utrecht – is dichtbevolkt. Dit gebied heet de Randstad-Holland of kortweg de Randstad.

In de Randstad zijn er veel grote bedrijven zoals Koninklijke Shell n.v. en de haven van Rotterdam is de grootste haven ter wereld. Veel mensen werken ook als ambtenaar bij de overheid in Den Haag.

De Randstad is dichtbevolkt maar de inwoners willen ook ruimte hebben voor recreatie. Het gebied in het centrum van de Randstad heet 'het groene hart' en daar zijn geen huizen of bedrijven.

Buiten de Randstad in het zuid-oosten van het land is een vijfde grote stad – Eindhoven. Deze stad is het hoofdkwartier van de multinational Philips.

1 What is the population of The Netherlands?
2 Which area of The Netherlands is heavily populated?
3 What are the four large cities called?
4 What is the area called in which these cities are located?
5 What sort of companies are found in this area?
6 Why is Rotterdam important?
7 What jobs do many people in The Hague do?
8 Why do the inhabitants of the area want space?
9 What is the area called where there are no houses nor companies?
10 Why is the city of Eindhoven important?

5

WIE IS ER AAN DE BEURT?

Who's next?

In this unit you will learn how to

- ask for things in food shops
- deal with weights and measures and money
- say you need something
- say please and thank you

Gesprek

Helen and David go out to do their weekly grocery shopping.

David	Wat moeten we vanavond kopen, Helen?
Helen	We hebben vlees, eieren en kaas nodig.

Bij de slager.

Verkoopster	Wie is er aan de beurt?
Helen	Ik. Mag ik 500 gram rundergehakt?
Verkoopster	Mag het een ietsje meer zijn, mevrouw?
Helen	Ja, dat kan.
Verkoopster	Anders nog iets?
Helen	Nee, dank u. Ik heb verder niets nodig.
Verkoopster	ƒ 12,50 alstublieft.

Bij de kruidenier.

Verkoper	Meneer, zegt u het maar.
David	Verkoopt u kaas?
Verkoper	Jazeker, meneer.
David	Een pond belegen kaas, alstublieft.
Verkoper	Een ietsje minder, meneer?
David	Nou, liever een ietsje meer.
Verkoper	Anders nog iets?
David	Ja, een doosje eieren, alstublieft.
Verkoper	En dat was het?
David	Ja, dat was het.
Verkoper	Dat wordt f 10,25.

Bij de groenteboer.

Verkoopster	Wie mag ik helpen?
Helen	Heeft u sperziebonen?
Verkoopster	Nee, helaas. Vandaag hebben we geen sperziebonen.
Helen	Dan neem ik een bloemkool ... oh, en een kilo aardappelen, alstublieft.
Verkoopster	Anders nog iets?
David	Ja, Helen. Wij hebben sinaasappels nodig. 500 gram sinaasappels, alstublieft mevrouw.
Verkoopster	f 18,50 bij elkaar, meneer.
David	Kunt u f 50 wisselen?
Verkoopster	Heeft u het niet kleiner?
David	Nee, het spijt me, ik heb geen kleingeld.

---

vanavond *this evening*	**bij de kruidenier** *at the grocer's*
het vlees *the meat*	**de verkoper** *the* (male) *sales assistant*
het zuivel *dairy products*	**zegt u het maar** *what can I do for you*
bij de slager *at the butcher's*	**verkopen** *to sell*
de verkoopster *the* (female) *sales assistant*	**jazeker** *certainly*
mag ik 500 gram rundergehakt? *may I have 500 grams of minced beef?*	**een pond belegen kaas** *a pound of matured cheese*
mag het een ietsje meer zijn? *can it be a bit over?*	**een doosje eieren** *a box of eggs*
liever een ietsje minder *I'd prefer a little less*	**en dat was het?** *is that all?*
ja, dat kan *yes, that's all right*	**dat wordt f 10,25** *that comes to f10.25*
anders nog iets? *anything else?*	**bij de groenteboer** *at the greengrocer's*
ik heb verder niets nodig *I don't need anything else*	**wie mag ik helpen?** *can I help anyone?*

heeft u sperziebonen? *have you got green beans?*	**wij hebben sinaasappels nodig** *we need oranges*
nee helaas *no, I'm afraid not*	**wisselen** *to change*
vandaag hebben we geen sperziebonen *we haven't got any green beans today*	**heeft u het niet kleiner?** *do you have anything smaller?*
dan neem ik een bloemkool *then I'll have a cauliflower*	**nee, het spijt me** *no I'm sorry*
oh, en een kilo aardappelen *oh, and a kilo of potatoes*	**het kleingeld** *change*

Waar of niet waar?

(a)   Helen koopt eieren bij de slager.
(b)   Helen neemt een ietsje minder dan 500 gram rundergehakt.
(c)   Helen heeft verder niets nodig bij de slager.
(d)   David koopt een halve kilo belegen kaas bij de kruidenier.
(e)   David koopt liever iets minder kaas.
(f)   David koopt verder niets bij de kruidenier.
(g)   De groenteboer heeft vandaag sperziebonen.
(h)   Helen koopt een bloemkool.
(i)   David en Helen hebben geen sinaasappels nodig.
(j)   David heeft veel kleingeld.

—— Wat u eigenlijk moet weten ——

De supermarkt   Major shopping for groceries in The Netherlands is done at supermarkets (**de supermarkt**) and the best-known chain is **Albert Heijn**. However, the Dutch are still much more used to buying food at specialist shops, and even in supermarkets there are usually counters for buying meat, fruit and vegetables, fish and so on. There is much less pre-packaged food than in Britain and certainly very little in the way of prepared meals. Most towns also have a fairly large market where food is sold on certain days of the week.

Shopping in The Netherlands takes place within strictly controlled hours. Do not expect to be able to pop out at 8.30 pm or on Sunday for something you have forgotten to buy. Hours are 9 to 6 (some shops now to 6.30) on most weekdays. Shops are closed on Mondays until

12 noon and open until 9 pm one day in the week, usually Thursday. This is called **de koopavond** (*shopping evening*).

Dutch cheese   David bought **belegen kaas**. Dutch cheeses are not of different consistencies, they vary according to their maturity – **jong, belegen, oud belegen** (*young, matured, strong*) – and some types are flavoured with caraway seeds, etc. An adjective which is frequently used to describe **belegen kaas** is **pittig** (*tangy*).

Alstublieft, alsjeblieft, graag   The word for *please* in Dutch is **alstublieft** in the polite form and **alsjeblieft** in the informal form (Lit. *if you please*). You will often see **alstublieft** abbreviated to the letters **a.u.b.** It is often used where English uses *thank you*. For example if you hand someone something, you say **alstublieft**.

An alternative form of *please* is **graag**, but this is not used where English uses *thank you*.

Dank u/je (wel), Bedankt   *Thank you* in Dutch is **dank u** (formal) and **dank je** (informal). This can be intensified with **wel** and becomes the equivalent of *thank you very much*. You can also use **bedankt** and this can be intensified with **hartelijk bedankt**.

Het geld (*Money*)   The Dutch unit of currency is the guilder, **de gulden**. The sign for the guilder is *f* = **florijn**, an obsolete Dutch coin. Honderd cent (100 cent) = een gulden.

> **de munten**   *the coins*
> de stuiver = vijf cent
> het dubbeltje = tien cent
> het kwartje = vijfentwintig cent
> de gulden
> de (rijks)daalder = tweeëneenhalve gulden (*two and a half guilders*)
> vijf gulden
> **de briefjes**   *the notes*
> het tientje = tien gulden
> vijfentwintig gulden
> vijftig gulden
> honderd gulden
> tweehonderdvijftig gulden
> duizend gulden

Saying the price of something is similar to English:
   f 3,00 = drie gulden

f 3,50 = drie gulden vijftig cent *or* drie gulden vijftig *or* drie vijftig

De gewichten en maten (*weights and measures*)   The Dutch use metric weights, but pre-metric terms are still applied to some of them in conversation.

het/de gram

de liter

100 gram = het ons
500 gram = het pond
1000 gram = het kilogram *or* het/de kilo

Note how you say *one and a half* in Dutch: **anderhalf.**

Etenswaren en dranken (*food and drink*)

- **dranken**   *drinks*
de thee   *the tea*
de koffie   *the coffee*
het sinaasappelsap   *the orange juice*
het bier   *the beer*
de wijn   *the wine*

- **vis**   *fish*
de scholvis   *the plaice*
de schelvis   *the haddock*
de kabeljauw   *the cod*
de haring   *the herring*

- **vleessoorten**   *meat*
het rundvlees   *the beef*
het lamsvlees   *the lamb*
het varkensvlees   *the pork*
de kip   *the chicken*

- **zuivel**   *dairy products*
de kaas   *the cheese*
de melk   *the milk*
het ei (plural **de eieren**)   *the egg*
de boter   *the butter*

—— Belangrijke zinswendingen ——

How to:

- ask whose turn it is

Wie is er aan de beurt?	*Who's next?*
Zegt u het maar/ zeg het maar (more informal).	(Lit. Just say it.)
Wie mag ik helpen?	*Who can I help?*

- ask for what you want

Mag ik 500 gram rundergehakt?	*May I have 500 grams of minced beef?*
Een pond belegen kaas, alstublieft.	*A pound of matured cheese, please.*
Heeft u sperziebonen?	*Do you have any green beans?*

- ask whether a smaller or larger amount is acceptable and give the reply

Mag het een ietsje meer zijn?	*May I have a little more?*
Een ietsje minder?	*Can it be a little less?*
Ja dat kan.	*Yes, of course.* (Lit. Yes, that can.)
Liever een ietsje meer/minder.	*I'd rather have a little more / less.*

- ask whether anything more is required and give the reply

Anders nog iets?	*Anything else?*
Ja, een doosje eieren, alstublieft.	*Yes, a box of eggs, please.*
Nee, dank u, ik heb verder niets nodig.	*No, thank you, I don't need anything else.*
En dat was het?	*Was that all?*
Ja, dat was het.	*Yes that was all.*
Nee, mag ik ook een pond sinaasappels?	*No, could I have a pound of oranges, please?*

- say how much something comes to

(Dat is) *f* 12,50 bij elkaar.	*That's f 12.50 altogether, please.*
(Dat wordt) *f* 10,25.	*That's f 10.25.*

- say you need/don't need something

Ik heb een doosje eieren nodig.   *I need a box of eggs.*
Ik heb geen sperziebonen nodig.   *I don't need any green beans.*
Ik heb (verder) niets nodig.   *I don't need anything (else).*

Hoe zit 't in elkaar?

1   Expressions of quantity

You will have noticed that Helen and David ask for **500 gram rundergehakt, 500 gram sinaasappels**. In Dutch expressions of quantity there is no need to use an equivalent of the English word *of*.

een kopje koffie	*a cup of coffee*
250 gram pâté	*250 grams of pâté*
een kilo aardappelen	*a kilo of potatoes*
een halve kilo sinaasappels	*half a kilo of oranges*

2   Word order

You have seen that basic Dutch statements have a structure similar to that of English. However, there are some differences and the position of the verb is one of them. In a simple Dutch sentence the verb must be the second idea in the sentence.

Vandaag **hebben** wij geen sperziebonen.	*Today we **have** no green beans.*
Dan **neem** ik een bloemkool.	*Then I'll **take** a cauliflower.*
Morgen **ga** ik naar Amsterdam.	*Tomorrow I'm **going** to Amsterdam.*

You will notice from these examples that the expression of time often comes first in Dutch. This leads us to a second difference in word order in basic Dutch sentences as compared with English ones. The sequence of ideas in the Dutch sentence is *when? how? where?* whereas in English it is *where? how? when?* Look at these examples.

Subject/When – Verb – Subject/When – How – Where

Helen en David gaan vanavond
met de auto naar de supermarkt.

*Helen and David are going to
the supermarket by car
this evening.*

Ik koop vandaag sperziebonen
bij de groenteboer.

*I am going to buy beans at the
greengrocer's today.*

Oefeningen

1 Boodschappenlijst (*shopping list*): You go to the shops with the following shopping list. Respond to the assistant along the lines indicated in English.

250 gram koffie
400 gram belegen kaas
een kilo aardappelen

Verkoopster	Wie is er aan de beurt?
●	*Say you are and that you want 250 grams of coffee.*
Verkoopster	Anders nog iets?
●	*Say yes, you want 400 grams of matured cheese.*
Verkoopster	Een ietsje meer?
●	*Say you would rather have a little less.*
Verkoopster	En dat was het?
●	*Say no, you need a kilo of potatoes.*
Verkoopster	Anders nog iets?
●	*Say no, you do not need anything else.*
Verkoopster	f 19,25 bij elkaar, alstublieft.
●	*Ask if she can change f 100.*
Verkoopster	Heeft u het niet kleiner?
●	*Say you are sorry but you have no change.*

2 De Groentekar (*the Greengrocer's barrow*)

Here are the names of some fruit and vegetables:

- **groente** *vegetables*
  de aardappel *the potato*
  de kool *the cabbage*
  de sperzieboon *the green bean*
  de tomaat *the tomato*
  de bloemkool *the cauliflower*
- **fruit** *fruit*
  de appel *the apple*
  de aardbei *the strawberry*
  de framboos *the raspberry*
  de sinaasappel *the orange*

Look at the illustration. You are given four situations (*a*) – (*d*) opposite. Create the appropriate dialogue between the greengrocer and customer (**de klant**) for each one.

(a) The assistant asks the customer to say what she wants. Mevrouw De Boer wants 2 kilos of potatoes, 500 grams of apples and 350 grams of tomatoes. The greengrocer gives her these and tells her the price.

(b) The assistant asks who is next. Mevrouw Vrolijk wants 250 grams of tomatoes, a cauliflower and 3 kilos of potatoes. The greengrocer gives her these and tells her the price. She offers *f* 100 and he asks if she has anything smaller.

(c) The assistant asks who he can help. Meneer Prinsen wants 500 grams of apples, 500 grams of tomatoes and a cabbage. The greengrocer gives him these and asks if he wants anything else. He says no and the greengrocer tells him the price.

(d) The greengrocer asks who he can help. Meneer Van der Voort wants a pound of oranges, 100 grams of raspberries, and a cauliflower. The greengrocer asks him if that is all and he says yes. The greengrocer tells him the price.

het stuk	*the piece*

3 Zet de zinsneden in de goede woordvolgorde. (*Put the following sentences into correct word order.*)

You may find it handy to play a little game with this exercise. Take a piece of paper and cut it into six strips; colour each of the strips – blue, white, green, red, yellow, purple. Use the blue strip to identify who is doing something, the white strip to identify the verb, the green strip for the part of the sentence that tells you when things happen, the red one for the part that tells you how, the yellow one for the part that tells you where and the purple one for the part that tells you what.

(a) naar de Breestraat / ik / met de kinderen / vandaag / moet
(b) hebben / geen aardappelen / wij / vandaag
(c) een bloemkool / neem / dan / ik
(d) moet / naar de supermarkt / morgen / ik
(e) met een vriendin / ik/ naar de winkelstraat / loop
(f) melk en kaas / hebben / vandaag / nodig / wij
(g) moeten / naar de school / David en Helen / vanmiddag
(h) sperziebonen en aardappelen / koop / op de markt / ik / vandaag

(*i*)   geen rundergehakt / de slager / vandaag / verkoopt
(*j*)   bij de groenteboer / Saskia / appels en frambozen / koopt /
        vanochtend

| **de vriendin** *the girlfriend* | **vanmiddag** *this afternoon* |
| **vanochtend** *this morning* | |

4   Wat heeft hij/zij nodig? (*What does he / she need?*)

(*a*) to (*d*) below list some products and quantities. The person
named needs the items in the quantity given. Express the information in sentences in Dutch.

Example   Meneer Dobber: 100 grams of strawberries, a cauliflower and 200 grams of beans.

Meneer Dobber heeft 100 gram aardbeien, een bloemkool en 200
gram sperziebonen nodig.

(*a*)   Mevrouw Veenstra: 150 grams of raspberries; 500 grams of
        mature cheese; a dozen eggs.
(*b*)   Meneer Hummelen: 2 kilos of potatoes; 400 grams of toma-
        toes; 600 grams of fish.
(*c*)   Mevrouw Dreesman: 1 litre of milk; 250 grams of butter; a
        cabbage.
(*d*)   Meneer Jacobs: 400 grams of green beans; 200 grams of cof-
        fee; 1/2 litre of orange juice.

5   Wat is de vraag? (*What is the question?*)

Give the appropriate question to go with the answers given here.

(*a*)   Nee, dank u. Ik heb verder niets nodig.
(*b*)   Liever een ietsje meer.
(*c*)   Ik heb geen kleingeld.
(*d*)   Dan neem ik een bloemkool.

6   Maak de tekst compleet. (*Complete the text.*) Fill in the gaps in
the text with the appropriate word from the list given below.

Mevrouw Spaans gaat ___ de groenteboer. De verkoopster
vraagt, 'Wie is er aan de ___?' Mevrouw Spaans ___ een kilo
aardappelen en 300 gram sperziebonen maar de groenteboer
heeft vandaag ___ sperziebonen. De verkoopster vraagt, '___ nog
iets?' Mevrouw Spaans heeft ___ niets nodig. De aardappelen en

de kool zijn *f* 18,50 bij ___. Mevrouw Spaans geeft een ___ van
f 150 maar de verkoopster vraagt, Heeft u het niet ___?'

| verder | briefje | kleiner | elkaar | anders | geen | beurt | neemt | naar |

| **in plaats van** *instead of* | | **geeft** *gives* |

Leestekst

Sinds 1945 is Nederland een tamelijk rijk land. De Nederlandse
economie is sterk met verschillende bedrijfssectoren, waaronder de
tuinbouw en het goederenvervoer.

Nederland produceert veel groenten en fruit maar ook bloemen,
bloembollen en sierplanten. Veel van deze produktie is voor de
export. Het belangrijkste gebied voor de tuinbouw in Nederland is
langs de kust in de provincies Zeeland en Zuid-Holland. Daar zie je
overal grote broeikassen. Ieder jaar vanaf medio april tot medio mei
komen duizenden bezoekers naar de Keukenhof, vlakbij Haarlem, om
de bloemen en planten te bekijken.

De haven van Rotterdam is de grootste haven ter wereld, het wereld-
centrum van de markt in ruwe olie en ook de grootste container-
haven. Maar Nederland heeft ook een belangrijk netwerk van bin-
nenlandse waterwegen en van auto- en spoorwegen. Geen wonder,
dus, dat Nederland een belangrijk aandeel in het Europese goederenvervoer heeft. De regering en het bedrijfsleven doen hun best om deze
situatie te handhaven.

rijk *rich*	**het goederenvervoer** *the freight*
sterk *strong*	**de bloem** *the flower*
verschillend *various*	**de bloembol** *the bulb*
de bedrijfssector *branch of industry*	**de sierplant** *the garden plant*
waaronder *among which*	**het gebied** *the area*
de tuinbouw *the market gardening*	**langs de kust** *along the coast*

zien *to see*	**de weg** *the road*
de broeikas *the greenhouse*	**de spoorweg** *the railway*
vanaf medio april/mei *from*	**het aandeel** *the share*
mid-April/May	**het bedrijfsleven** *the business*
de bezoeker *the visitor*	**handhaven** *to maintain*
de ruwe olie *the crude oil*	

1   Since when has The Netherlands been relatively prosperous?
2   What two branches of industry are strong in The Netherlands?
3   What happens to much of the produce grown in The Netherlands?
4   Where is the most important area of production?
5   What do you see there?
6   What happens each year from mid-April to mid-May?
7   What important trade is centred on Rotterdam?
8   What else is Rotterdam important for?
9   How are goods moved about in The Netherlands?
10   What do the government and businesses try to do?

6
IK ZOEK EEN GROENE ROK

I'm looking for a green skirt

In this unit you will learn how to

- buy clothes and shoes
- talk about colours and sizes
- say whether you like or dislike something

Gesprek

Helen and Saskia go shopping for clothes.

In het warenhuis.

Helen Op welke etage vinden we damesmode, Saskia?

Saskia Op de tweede, dacht ik. Zullen we de roltrap nemen of de lift?

Helen Nou de roltrap, die is dichterbij. Wat zoek je eigenlijk, Saskia?

Saskia Ik zoek niets speciaals, ik wil even rondkijken. En jij?

Helen Ik zoek een groene rok. Ik draag vaak rood en ik wil nu graag iets anders.

Op de afdeling damesmode.

Verkoopster	Dames mag ik u helpen?
Helen	Ja misschien. Ik zoek een rok.
Verkoopster	In welke kleur, mevrouw?
Helen	Groen.
Verkoopster	Welke maat heeft u mevrouw?
Helen	Ik dacht 38 maar kunt u voor alle zekerheid mijn maat nemen?
Verkoopster	Ja zeker. U heeft inderdaad maat 38. Hier is een groene rok. Vindt u hem mooi?
Helen	Nou, eigenlijk niet met al die plooien. Ik zoek eigenlijk iets strakkers.
Verkoopster	Zoiets, mevrouw?
Helen	Ja, die is mooier dan de andere.
Saskia	Wat vind je van deze, Helen?
Helen	O enig. Die is het mooist.

In de paskamers.

Verkoopster	Wilt u hem passen, mevrouw?
Helen	Ja, graag. Waar zijn de paskamers?
Verkoopster	Achterin links, mevrouw.
Saskia	Zit hij goed, Helen?
Helen	Volgens mij wel, of is hij een beetje te klein?
Verkoopster	Nee, mevrouw. Hij staat u goed.
Helen	Nou, ik neem deze rok. En Saskia, koop jij ook wat?
Saskia	Ja, een blauwe blouse.
Helen	Zo, allebei tevreden!

---

het warenhuis *the department store*
op welke etage vinden we damesmode? *on which floor will we find ladies' fashions?*
op de tweede, dacht ik *on the second, I think* (Lit. I thought)
zullen we de roltrap nemen of de lift? *shall we take the escalator or the lift?*
die is dichterbij *it is nearer*
niets speciaals *nothing special*
ik wil even rondkijken *I want to look around*
een groene rok *a green skirt*

dragen *to wear*
vaak *often*
ik wil nu graag iets anders *I want something else for a change*
op de afdeling *in the department*
dames *ladies*
misschien *perhaps*
in welke kleur? *what colour?*
welke maat hebt u? *what size are you?*
kunt u mijn maat nemen? *could you take my measurements?*
voor alle zekerheid *just to be sure*

vindt u hem mooi? *do you like it?*	**wilt u hem passen?** *do you want to try it on?*
met al die plooien *with all those pleats*	**achterin links** *at the back on the left*
iets strakkers *something straighter*	**zit hij goed?** *does it fit?* (Lit. sit well)
zoiets *something like this*	
die is mooier dan de andere *that is better than the other one*	**volgens mij wel** *I think so*
wat vind je van deze? *what do you think of this?*	**hij staat u goed** *it suits you*
	hij zit prima *it fits well*
enig *gorgeous*	**een blauwe blouse** *a blue blouse*
die is het mooist *that's the best* (Lit. most beautiful)	**zo allebei tevreden** *so, we're both satisfied*
de paskamer *the fitting room*	

Waar of niet waar?

(a) De damesmode is op de derde etage.

(b) Helen en Saskia nemen de lift.

(c) Saskia zoekt een groene blouse.

(d) Helen zoekt een blauwe rok.

(e) Helen vindt de rok met plooien mooi.

(f) Helen zoekt een strakke rok.

(g) Helen wil een rok passen.

(h) Hij zit haar goed.

(i) Saskia vindt ook een rok.

(j) Helen en Saskia zijn allebei tevreden.

—— # Wat u eigenlijk moet weten ——

In The Netherlands clothes are bought either in a department store (**het warenhuis**) or in specialist shops. The two best-known chains of department stores are **Vroom en Dreesman** and **De Bijenkorf**. You will need to look for **damesmode**, **herenmode** or **kindermode** (*ladies'*, *men's* and *children's wear*).

Measurements are different from those used in Britain and because Dutch people are on average much larger than British people small sizes are not easy to obtain.

De maten *(the sizes)*

Vrouwen

Nederlandse maten	34	36	38	40	42	44	46
Engelse maten	8	10	12	14	16	18	20

Mannen
Herenconfectie maten *(men's fashion sizes)*

Nederlandse maten	34	36	38	40	42	44	46
Engelse maten	8	10	12	14	16	18	20

Boordmaat *(collar sizes)*

in centimeters	36	37	38	39	40	41	42	43	44	45
in inches	14	14½	15	15½	15¾ 16	16½	17	17½	17¾	

maten	*sizes*

—— Belangrijke zinswendingen ——

How to:

- ask where something is in a building and give the reply

Op welke etage vind ik de damesmode?	*What floor are the ladies' fashions on?*
Op de eerste etage/ op de begane grond/ in het souterrain/in de kelder.	*On the first floor/ on the ground floor/ in the basement.*
Waar zijn de paskamers?	*Where are the changing rooms?*

Achterin links.	*At the back on the left.*
Vooraan rechts.	*At the front on the right.*

● say whether or not you are looking for something

Ik zoek een groene rok.	*I'm looking for a green skirt.*
Ik kijk even rond.	*I'm just looking around.*

● ask, and give, your size and ask to be measured

Welke maat hebt u?	*What is your size?*
Ik heb/draag maat 38.	*I am / wear size 38.*
Kunt u mijn maat nemen alstublieft?	*Could you take my measurements, please?*

● ask someone to give an opinion about clothes, and give a reply

Vindt u hem/het mooi?	*Do you like it?*
Ja, hij/het is wel mooi / hij/ het is enig.	*Yes, it's nice / it's gorgeous.*
Nee, eigenlijk niet.	*Not really, no.*
Nee ik vind hem/het niet mooi.	*No I don't like it.*
Zit hij/het goed?	*Does it fit?*
Ja, hij/het zit prima.	*Yes, it fits really well.*
Nee hij/het zit slecht.	*No, it fits badly.*
Hij/het is een beetje/veel te groot/klein.	*It's a bit / much too big / small.*
Staat hij/het me goed?	*Does it suit me?*
Hij/het staat u/je goed.	*It suits you.*
Nee, hij/het staat u/je niet.	*No, it doesn't suit you.*

● ask about trying on clothes

Wilt u hem/het passen?	*Do you want to try it on?*
Mag ik hem/het passen?	*May I try it on?*

● say that something is larger/smaller, and so on than something else

Deze rok is mooier **dan** die rok.	*This skirt is nicer **than** that skirt.*

❋ Fashion styles and colours are so varied, and change so rapidly, that this is an area where vocabulary is constantly changing and being added to. It is more important at this stage to get to grips with basic vocabulary and with the correct use of adjectives and other language points than to be able to describe accurately everything you wear.

🎞 ——— **Hoe zit 't in elkaar?** ———

1 Deze, die, dit, dat

As well as referring to something by saying for example 'the book' or 'a book' you can also say 'this book' or 'that book'. This frequently happens when comparing or contrasting things.

In Dutch, there are two sets of words for *this* and *that* and which you use depends on whether you are referring to a **de** or a **het** word.

For **de** words the pair is **deze** and **die**.

De stoel is groen.	*The chair is green.*
Deze stoel is groen.	*This chair is green.*
Die stoel is rood.	*That chair is red.*

For **het** words the pair is **dit** and **dat**.

Het boek is interessant.	*The book is interesting.*
Dit boek is interessant.	*This book is interesting.*
Dat boek is saai.	*That book is boring.*

For all plural words the pair is **deze** and **die**.

Deze stoelen zijn groen.	*These chairs are green.*
Die stoelen zijn rood.	*Those chairs are red.*
Deze boeken zijn interessant.	*These books are interesting.*
Die boeken zijn saai.	*Those books are boring.*

2 *Adjectives*

These are the words that give extra information about things (nouns).
As a statement:

It's a skirt.	Het is een rok.

As extra information:

It's a green skirt.	Het is een groene rok.

Here are some frequently used Dutch adjectives.

groot *large*	**licht** *light*
klein *small*	**zwaar** *heavy*
stevig *stocky*	**lang** *long*
mager *thin*	**kort** *short*
hoog *high*	**moeilijk** *difficult*
laag *low*	**makkelijk** *easy*
mooi *beautiful*	**goed** *good*
lelijk *ugly*	**slecht** *bad*
aardig *nice*	**duur** *expensive*
onaardig *nasty*	**goedkoop** *cheap*
breed *wide*	**oud** *old*
smal *narrow*	**nieuw** *new*

Now look at how the adjectives are used in Dutch.

De rok is groen.	*The skirt is green.*
De groen**e** rok.	*The green skirt.*
Het overhemd is blauw.	*The shirt is blue.*
Het blauw**e** overhemd.	*The blue shirt.*

The use of adjectives in Dutch is a little more difficult than in English. As you can see, the colours and adjectives sometimes have an **e** on the end and sometimes do not; there are of course rules for when this happens.

If you look carefully at the examples you will see that when an adjective is used after the verb to complete the sentence it does not have an **e** on the end. Look at these further examples:

De rokken zijn groen.	*The skirts are green.*
De overhemden zijn blauw.	*The shirts are blue.*

When the adjective is used before the thing it describes it takes an extra **e**. Look at these examples:

Een groen**e** rok.	*A green skirt.*
De groen**e** rokken.	*The green skirts.*
Groen**e** rokken.	*Green skirts.*
De blauw**e** overhemden.	*The blue shirts.*
Blauw**e** overhemden.	*Blue shirts.*

There is one case where this rule does not apply. (See overleaf.)

Een blauw overhemd.   *A blue shirt.*

In this case a **het** word is being used with **een** (i.e. not **het over-hemd**, *the shirt*, but **een overhemd**, *a shirt*). In this one case the adjective placed before the noun it describes does not take an **e** ending. Like the rules for **de** and **het** words, these rules about adjectives do not affect meaning but it is important to master them because mistakes of this kind make your Dutch sound awkward.

3 Large and larger: comparatives

In the examples above the adjectives were used to give additional information about things. But adjectives can also be used to compare two things.

    This house is large.   Dit huis is groot.
but
    That house is larger.   Dat huis is groter.

As you can see, when the Dutch adjective is used for making comparisons between two things, it adds **-er**, just as English does. However, in this instance, Dutch is easier than English, because English adjectives often sound clumsy with **-er** and so you use *more* or *less* to make the comparison but Dutch seldom does this. So, for example:

    Dit boek is interessanter.   *This book is more interesting.*
    Die rok is duurder.   *That skirt is more expensive.*

However, when they are being used for comparison, Dutch adjectives do retain the rules about sometimes adding an **e**. It is also important to note that adjectives ending in **r** add a **d** when forming the comparative.

    Deze rok is duurder.   *This skirt is dearer.*
    Dit boek is zwaarder.   *This book is heavier.*

If you want to make a direct comparison between two things, you say:

    Deze rok is duurder **dan** die rok.   *This skirt is dearer **than** that skirt.*

4 Largest: superlatives

Adjectives can also be used to make a comparison of more than two things.

Dit huis is groot.	*This house is large.*
Dat huis is groter.	*That house is larger.*
Dit huis is het grootst.	*This house is the largest.*

In saying which of several things is top of the list, Dutch adds an -**st** to the adjective, as English does. When this superlative adjective comes after the verb it is always preceded by **het** even if the thing it refers to is a **de** word.

Deze jurk is **het** mooist.	*This dress is the nicest.*

When the superlative adjective is in front of the thing it describes, it always has an **e** on the end because it always has **het** or **de** in front of it.

De mooiste jurk.	*The nicest dress.*
Het grootste boek.	*The biggest book.*

Note these irregular comparatives and superlatives:

goed, beter, best	*good, better, best*
veel, meer, meest	*much, more, most*
weinig, minder, minst	*little, less, least*

Note that the question word **welk** (*which*) works like an adjective

welke rok?	*which skirt?*
welk boek?	*which book?*

5 Adverbs

These are words which give extra information about verbs.

statement:	*he writes*	hij schrijft
extra information:	*he writes badly*	hij schrijft slecht

Dutch adverbs are simpler than English ones. You use the adjectives without the **e** ending in all circumstances.

Note the irregular group of adverbs: graag, liever, liefst.

Ik eet **graag** appels.	*I like eating apples.*
Ik eet **liever** aardbeien.	*I prefer eating strawberries.*
Ik eet het **liefst** frambozen.	*I like to eat raspberries best.*

6 Future tense with zullen or gaan

As you will probably have noticed, the sense of future time in Dutch is generally expressed with the same form of the verb as the present. Dutch does have a future form for its verbs, however, and this is used when you wish to stress intention:

Zullen wij de roltrap nemen? *Shall we take the escalator?*
Dat zal ik doen. *I will do that.*

This tense is formed by using the verb **zullen** with the infinitive of the verb expressing the idea.

zullen			
ik zal (gaan)	*I shall go*	wij zullen (gaan)	*we shall go*
u/jij zult (gaan)	*you will go*	jullie zullen (gaan)	*you will go*
hij/zij/het zal (gaan)	*he/ she/ it will go*	zij zullen (gaan)	*they will go*

The future can also be formed by using the verb **gaan** (*to go*) with the infinitive of the verb expressing the idea, as in English:

ik ga kopen   *I am going to buy*
u/jij gaat kopen   *you are going to buy*
hij/zij gaat kopen   *he/she is going to buy*
wij gaan kopen   *we are going to buy*
jullie gaan kopen   *you are going to buy*
zij gaan kopen   *they are going to buy*

☑ ———— Oefeningen ————

Kleuren (*colours*)

wit	*white*	**paars**	*purple*
zwart	*black*	**roze**	*pink*
rood	*red*	**grijs**	*grey*
blauw	*blue*	**oranje**	*orange*
groen	*green*		
geel	*yellow*	**schakeringen**	*shades*
bruin	*brown*	**licht**	*light*
beige	*beige*	**donker**	*dark*

To say *light green* in Dutch you combine **licht** and **groen** to form one word: **lichtgroen**.

To say *dark red* you combine **donker** and **rood** to form one word: **donkerrood**.

If you want to say a *light green dress* you say **een lichtgroene jurk**.

For several of the exercises, including **1**, you need to study the colours already listed and this labelled drawing

Kleren (*clothes*)

1 Werk- en vrijetijdskleding (*work and leisure clothes*)

The chart on page 78 shows what four people wear (*a*) for work and (*b*) in their leisure time. Using the sentences about Wim as a model, write similar sentences about Marion, Truus and Freddie.

(a) Op kantoor draagt Wim een grijs pak, een wit hemd, een roze stropdas en zwarte schoenen.

(b) In zijn vrije tijd draagt hij een blauwe spijkerbroek, een rode trui, een grijs hemd en witte sportschoenen.

		Pak	Jas	Rok	Jurk	Broek	Hemd/ Blouse	Trui	Stropdas	Schoenen
Wim	(a)	grijs					wit		roze	zwart
	(b)					blauw	grijs	rood		wit
Marion	(a)		zwart	donker -groen			beige	donker-		zwart
	(b)					licht- bruin	geel	geel		bruin
Truus	(a)		donker -blauw		rood		wit			donker- blauw
	(b)					zwart		paars		zwart
Freddie	(a)	blauw					blauw		donker- rood	donker- blauw
	(b)		groen			grijs	wit			zwart

2 In this exercise you are asked to state your opinion, using the following pattern:

    – Vind je deze rok mooi?

    ● Ja, maar ik vind die mooier.

    – En die?

    ● Die is het mooist.

(a) – Vind je dit werk leuk?

    ● ___

    – En dat?

    ● ___

(b) – Vind je deze supermarkt groot?

    ● ___

    – En die?

    ● ___

(c) – Vind je dit boek interessant?

    ● ___

    – En dat?

    ● ___

(d) – Vind je deze vrouw aardig?

    ● ___

    – En die?

    ● ___

(*e*) – Vind je deze jurk duur?
   ● __

   – En die?
   ● __

3 Reclame (*advertisement*)

Herenkleding in opruiming

Pakken van
uitstekende kwaliteit
in prijs verlaagd
20% korting

Modieuze winterjassen
uw maat kan er best
bij zijn
van *f* 725 voor *f* 550

Kolberts met
50% korting

Stuntprijzen -
pantalons van *f* 350
nu maar *f* 200

Here is some Dutch vocabulary for sales:

de herenkleding *men's clothing*	**van f 725 voor f 550** (reduced)
de opruiming *the sale*	*from f 725 to f 550*
de uitverkoop *the sale*	**met 50 procent korting** *50 per*
voordelig *cheap*	*cent reduction, off*
in prijs verlaagd *reduced in price*	**stuntprijzen** *fantastic reductions*

Using the new vocabulary above, answer the questions below:

(*a*) Welke kleren kunt u in de opruiming kopen?
(*b*) Zijn de pantalons voordeliger dan de winterjassen?
(*c*) Zijn de pakken goedkoper dan de kolberts?
(*d*) Welke kleren zijn het voordeligst?

4   Waar moet ik zijn?

WEGWIJZER	ETAGE/FLOOR	*STOREGUIDE*
boeken/tijdschriften	k	*books/magazines*
bestek	3	*cutlery*
damesconfektie	l	*ladies' fashions*
damesondergoed	l	*ladies' underwear*
dekens/dekbedden	3	*blankets/duvets*
doe 't zelf	2	*DIY*
elektrische apparaten	3	*electrical appliances*
glaswerk/serviezen	3	*glass/crockery*
handdoeken	3	*towels*
herenconfektie	2	*menswear*
huishoudelijke artikelen	3	*household goods*
kadoartikelen	3	*gifts*
kinderconfektie	l	*children's wear*
radio/tv/video/cds	k	*radio/tv/video/cds*
schoenen/pantoffels	l	*shoes/slippers*
verf	2	*paint*
verlichting	3	*lighting*
woninginrichting	3	*furniture*

Below you are given information in English about what Wim, Annie, Ger, Lies and Karel wish to buy. Look at the **Wegwijzer** above and say where in the store each person needs to go :

Dennis needs a plug, a sweater and a book.

Dennis moet naar de derde etage voor elektrische apparaten, naar de tweede etage voor herenmode en naar de kelder voor boeken.

(a)   Wim needs a book, trousers and an electric razor.
(b)   Annie needs towels, a knife and a lampshade.
(c)   Ger needs a newspaper, a present for a friend and a pot of paint.
(d)   Lies needs a CD, a sweater and wants to look at TVs.
(e)   Karel wants a jacket, a map and a teapot.

5 In een schoenwinkel (*in a shoe shop*)

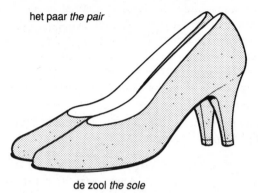

het paar *the pair*

de hak *the heel*

de zool *the sole*

Maurits zoekt een paar zwarte schoenen maat 47.
Rebecca zoekt een paar rode schoenen maat 37.
Heleen zoekt een paar groene schoenen maat 35.
Now make up sentences for the following people:

(a) Erik – brown shoes – size 44
(b) Marion – blue shoes – size 34
(c) Piet – dark blue shoes – size 45
(d) Ria – grey shoes – size 38
(e) Anouk – white shoes – size 40

Leestekst

Nederland is een klein land maar het heeft veel politieke partijen. Deze partijen zijn meestal erg klein en zitten nooit in de regering. De vier grootste en belangrijkste partijen zijn: het Christen Democratisch Appél (CDA), de Partij van de Arbeid (PvdA), Democraten '66 (D'66) en de Volkspartij voor Vrijheid en Democratie (VVD). Geen van de partijen krijgt ooit een meerderheid bij de algemene verkiezingen. De regering in Nederland is dus altijd een coalitie.

Het parlement in Nederland zetelt in Den Haag. Het Nederlandse parlement heet de Staten Generaal. Het parlement heeft twee kamers: de Eerste Kamer van de Staten Generaal en de Tweede Kamer van de Staten Generaal. Ondanks zijn naam is de Tweede Kamer belangrijker dan de Eerste Kamer want de Tweede Kamer neemt beslissingen over geld en belasting. Het parlementsgebouw heet het Binnenhof. Het Binnenhof was vroeger een paleis. Maar de Tweede Kamer heeft een mooi nieuw gebouw in het centrum van de stad gekregen.

Nederland telt twaalf provincies. Elf van deze provincies hebben een vrij lange geschiedenis maar Flevoland is nieuw.

meestal *usually*	**zetelen** *to reside*
nooit *never*	**de Staten Generaal** *the States*
ooit *ever*	*General*
de meerderheid *the majority*	**ondanks** *despite*
de algemene verkiezingen *the*	**het gebouw** *the building*
general elections	

1 Do all the political parties in The Netherlands participate in the government?
2 What sort of government does The Netherlands have and why?
3 In what town does the Dutch parliament meet?
4 What are the houses of the Dutch parliament called?
5 In what buildings do the Dutch parliament meet?
6 How many provinces has The Netherlands?
7 What is the newest province called?

7
MAG IK EEN RETOURTJE —— WAGENINGEN? ——

Can I have a return to Wageningen?

In this unit you will learn how to

- ask questions about public transport
- tell the time

———————————— **Gesprek** ————————————

David is going to visit a business contact in Wageningen. Helen needs the car today, so David will go by train.

Aan het loket op het station.

David   Ik ga naar Wageningen. Welke trein moet ik dan nemen?

Lokettist Even kijken hoor. Er is geen directe verbinding. U moet de sneltrein tot Utrecht nemen. Daar moet u op de stoptrein naar Arnhem overstappen.

David   Hoe laat vertrekt de trein naar Utrecht?

Lokettist Er gaat een trein over tien minuten van spoor 3A. U kunt proberen die trein te halen. Hij is om half negen in Utrecht. In Utrecht staat als het goed is de stoptrein naar Arnhem te wachten.

David   Ik moet ook nog even bellen. Waar kan ik dat doen?

Lokettist Er is een telefooncel op het perron. Volgt u de borden maar.

David   Dank u, mag ik dan een retourtje Wageningen en een strippenkaart graag.

David moet in Wageningen de bus nemen. Lijn 6 komt langs de Merwedestraat. De bus staat klaar dus hij hoeft niet lang te wachten.

In de bus.

David   Hoeveel strippen moet ik afstempelen?
Buschauffeur   Dat hangt ervan af. Waar wilt u naartoe?
David   Naar de Merwedestraat.
Buschauffeur   Dat is één zone, dus u moet twee strippen afstempelen.
David   Kunt u me waarschuwen als we er zijn?
Buschauffeur   Jazeker.

---

het loket   *the ticket window*
de lokettist   *the booking clerk*
ik ga naar   *I am going to*
even kijken hoor   *let me see*
er is geen directe verbinding
  there is no direct connection
tot   *as far as*
de sneltrein   *the intercity*
daar   *there*
de stoptrein   *the stopping train*
overstappen   *to change* (train/bus, etc.)
hoe laat vertrekt de trein?   *when does the train leave?*
er gaat   *there is*
over 10 minuten   *in 10 minutes*
het spoor   *the platform*
proberen   *to try*
te halen   *to catch*
als het goed is   *should* (if everything is the way it should be)
wachten   *to wait*

de telefooncel   *the telephone box*
het perron   *the platform*
volgt ù de borden maar   *just follow the signs*
het retourtje   *the return*
de strippenkaart   *the ticket* (for bus, tram, etc.)
hij hoeft niet lang te wachten   *he doesn't have to wait long*
de bus staat klaar   *the bus is ready, waiting*
lijn 6 komt langs   *the 6 comes along*
de buschauffeur   *the bus driver*
afstempelen   *to stamp* (on the strippenkaart)
dat hangt ervan af   *that depends*
waar wilt u naartoe?   *where do you want to go to?*
waarschuwen   *to warn, let someone know*

Vragen

1   Waar of niet waar?

(*a*) David gaat naar Arnhem.

(*b*) Er is een directe verbinding met Wageningen.

(c) David moet in Utrecht overstappen.
(d) De trein naar Arnhem staat klaar in Utrecht.
(e) David probeert een telefooncel te vinden.
(f) David moet in Wageningen lang op de bus wachten.

vinden	*to find*

2 Beantwoord de vragen.

(a) Welke trein moet David naar Utrecht nemen?
(b) Hoe laat is de trein in Utrecht?
(c) Moet David in Utrecht lang wachten?
(d) Kan hij ergens bellen?
(e) Hoeveel strippen moet David afstempelen?

ergens	*somewhere*

—— Wat u eigenlijk moet weten ——

Openbaar vervoer (*public transport*) The public transport system in The Netherlands is well organised. Trains and buses get you to many destinations and in Amsterdam and Rotterdam there are (albeit limited) underground services (**de metro**).

In Amsterdam, Den Haag, Utrecht and Rotterdam there are trams as well. Recently new fast tram services have been established in several places, the so-called **sneltram**, which takes passengers fast out of the centre of the town to the outlying areas.

There is a special ticket system for buses, trams and the metro, which is in operation throughout The Netherlands – **de strippenkaart**. This is a card consisting of several strips, which have to be stamped in a machine on entering the bus or tram. Each strip stands for one zone but one extra strip always has to be added to the total number of zones. A **strippenkaart** comes in two sizes – a small one containing 15 strips and a large one consisting of 40 strips. The

strippenkaarten are sold at the railway stations, post office, and **sigarenwinkels** (*cigarette shops*) – **de voorverkoop** (*advance purchase*). It is possible to buy a small **strippenkaart** from the bus or tram driver, but that is considerably more expensive.

Train tickets (**de treinkaart**) are single (**enkele reis**) or return (**het retour**). There are also various special reduced-fare deals, **de Jongerenkaart**, **Bejaardenkaart**, **Rail actief**, which offer reductions (**de korting**) if used at certain times and with certain restrictions, such as not in the rush hour (**het spitsuur**) and only in off-peak periods (**het daluur**).

Borden (*signs*)   At railway stations it is easy to find your way around by looking at the signs. These are square blue pictograms depicting the various establishments, i.e. a knife and fork for a restaurant, a flower for the flower stall, a suitcase and umbrella for the left luggage, and so on.

The times of departure are shown on large yellow and blue edged signs, showing not only the departure times and platforms that the trains depart from, but also the stations at which the train will stop.

Various symbols indicate whether a train is an intercity or not, whether it runs on Sundays and public holidays and so on.

Spoor   A train arrives at a **spoor** (Lit. track), but the platform where the passengers stand waiting for the train is called a **perron**. When you ask from what platform the train leaves, you may use either of these words.

Even   This is one of these little Dutch words that can have countless meanings and are frequently inserted into sentences; often it means *just*.

❋ When you learn a new language you sometimes have to learn whole phrases at a time, as ways of expressing certain ideas are different from your native language. An example of this is **hoeveel zones moet ik afstempelen?** Since there is no comparable ticket system in Britain you would not have known the right phrase to use.

—— Belangrijke zinswendingen ——

How to:

- say that you have to/need to do something

U moet de trein tot Utrecht nemen.	*You have to take the train as far as Utrecht.*
Hoeveel strippen moet ik afstempelen?	*How many strips must I cancel?*

- buy a train ticket

Een enkeltje Alkmaar graag.	*A single to Alkmaar, please.*
Mag ik een enkele reis naar Alkmaar?	*Can I have a single to Alkmaar?*
Een retourtje Groningen graag.	*A return to Groningen, please.*
Mag ik een retour naar Groningen?	*Can I have a return to Groningen?*

- say you want to go to a particular destination

Waar wilt u naartoe?	*Where do you want to go to?*
Naar de Merwedestraat.	*To the Merwedestraat.*
Ik wil naar de Merwedestraat.	*I want to go to the Merwedestraat.*

- ask for the time

Hoe laat is het?	*What's the time?*
Het is tien voor één.	*It is ten to one.*
Hoe laat vertrekt de trein?	*When does the train leave?*
Om vijf over acht.	*At five past eight.*

- say that something depends

Hoeveel zones moet ik afstempelen?	*How many strips must I cancel?*
Dat hangt ervan af ...	*It depends ...*

Hoe zit 't in elkaar?

1 De klok

The 12-hour clock is used in everyday speech. The 24-hour clock is only used in written timetables, programmes, and so on. The Dutch clock can be divided into two halves; the top part, which centres around the full hour and the bottom part which centres around the half hour.

The top part of the Dutch clock is similar to the English clock.

5.45 kwart voor zes
a quarter to six

5.50 tien voor zes
ten to six

5.55 vijf voor zes
five to six

6.00 zes uur
six o'clock

6.05 vijf over zes
five past six

6.10 tien over zes
ten past six

6.15 kwart over zes
a quarter past six

The bottom half of the Dutch clock is more tricky. In English, we express the half hour by saying it is half past the hour before, e.g. it is half *past* seven. In Dutch you look *forward* to the next hour: so 7.30 is **half acht**.

6.20 tien voor half zeven
Lit. *ten to half past six*

6.25 vijf voor half zeven
Lit. *five to half past six*

6.30 half zeven
Lit. *half past six*

6.35   vijf over half zeven
Lit. *five past half past six*

6.40   tien over half zeven
Lit. *ten past half past six*

It may be necessary to specify what time of day you are talking about.

01.00   één uur 's nachts   *one o'clock at night*
06.00   zes uur 's morgens / 's ochtends   *six o'clock in the morning*
12.00   twaalf uur 's middags   *twelve noon*
19.00   zeven uur 's avonds   *seven o'clock in the evening*

Ik moet de trein van vijf over tien nemen.	*I need to take the five past ten train.*
Om half negen ga ik naar mijn werk.	*I go to work at half past eight.*

2   Willen

Some of the main verbs that are used in this unit, you have come across before in Unit 4: **kunnen**, **mogen**, **moeten**. To this list we shall add: **willen** (*to want*). The form of this verb is set out below for you:

ik wil	*I want*	wij willen	*we want*
jij wilt (wil)	*you want* (informal)	jullie willen	*you want* (informal)
u wilt	*you want* (formal)	zij willen	*they want*
hij / zij wil	*he/she wants*		

Ik wil bellen.	*I want to phone.*
Wil jij een appel?	*Do you want an apple?*
Zij willen wat drinken.	*They want to drink something.*

As you saw in Unit 4 with the verbs **mogen**, **moeten**, **kunnen**, these verbs are used very frequently and are often used in conjunction with another verb, which then appears in its full form (the infinitive) at the end of the sentence:

Ik wil bloemen kopen.	*I want to buy flowers.*
Ik ga bellen.	*I'm going to phone.*
Wij willen wat drinken.	*We want something to drink.*
Zij gaan boodschappen doen.	*They are going to do shopping.*

There is also a group of verbs that can be used together with an infinitive (the full verb), but in these cases **te** will have to be inserted before the infinitive.

Some of these verbs are:

hoeven   *have to*
proberen   *try*
vergeten   *forget*
staan   (often translated as) *to be*
zitten   (often translated as) *to be*
beginnen   *start*
beloven   *promise*

U hoeft niet lang te wachten.	*You don't have to wait long.*
Ik probeer te komen.	*I am trying to come.*
Wij vergeten boodschappen te doen.	*We forget to do the shopping.*
Hij staat te wachten.	*He is (stands) waiting.*
Ik zit te lezen.	*I am reading.*
De trein begint te rijden.	*The train starts to move.*
Ik beloof te komen.	*I promise to come.*
Ik durf niet te kijken.	*I don't dare to look.*
Ik weiger dat te geloven.	*I refuse to believe that.*

Look at the diagram opposite. In the left hand of the circle are the key verbs that can be used in conjunction with an infinitive. In the right hand of the circle are several end parts of sentences always ending in the infinitive. But only the shadowed segments of the left circle tally with the shadowed segments of the right. Similarly, the sections with a white background in the left circle can be linked to the white right hand sections. Within these similarly coloured parts of the circle, you can make up several sentences.

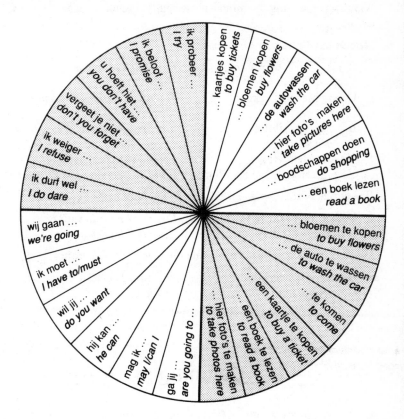

Wheel diagram with Dutch phrases and English translations:

- ... kaartjes kopen / to buy tickets
- ... bloemen kopen / buy flowers
- ... de autowassen / wash the car
- ... hier foto's maken / take pictures here
- ... boodschappen doen / do shopping
- ... een boek lezen / read a book
- ... bloemen te kopen / to buy flowers
- ... de auto te wassen / to wash the car
- ... te komen / to come
- ... een kaartje te kopen / to buy a ticket
- ... een boek te lezen / to read a book
- ... hier foto's te maken / to take photos here
- ga jij ... / are you going to ...
- mag ik ... / may I/can I
- hij kan ... / he can
- wil jij ... / do you want
- ik moet ... / I have to/must
- wij gaan ... / we're going
- ik durf wel ... / I do dare
- ik weiger ... / I refuse
- vergeet je niet ... / don't you forget
- u hoeft niet ... / you don't have
- ik beloof ... / I promise
- ik probeer ... / I try

3 Mogen, moeten, hoeven

As you have already seen, these verbs express the idea that something needs to be done or that it is wished that it be done. Look at these extra examples.

Moeten could mean *must, have to, need to, should*.

Ik moet boodschappen doen.

I have to do the shopping.
I must do some shopping.
I need to do the shopping.
I should do some shopping.

Whatever meaning is intended normally becomes clear from the context.

Mogen means *may, being allowed to.*

Ik mag hier fotograferen.	*I am allowed to take pictures here.*
U mag hier niet roken.	*You are not allowed to smoke here.*
Dat mag je niet doen.	*You are not allowed / supposed to do that.*
Mag ik u iets vragen?	*May I ask you something?*
Mag ik een enkeltje Haarlem?	*Can I have a single to Haarlem?*

Hoeven is normally used when you do *not have to do something.*

U hoeft niet lang te wachten.	*You don't have to wait long.*
U hoeft niet te komen.	*You don't have to come.*

Moeten is normally used when you *do* have to do something.

U moet lang wachten.	*You have to wait a long time.*
U moet komen.	*You have to come.*

☑ ——— Oefeningen ———

1   Vul het juiste woord in. (*Fill in the right word.*)
   Use a word from the box below.

   (a) Ik ga ＿＿ Dordrecht.
        ＿＿ trein moet ik dan nemen?
   (b) Er gaat een trein ＿＿ acht minuten.
        U kunt proberen die trein ＿＿ halen.
   (c) ＿＿ kan ik bellen?
   (d) Ik ＿＿ graag een retourtje Castricum.
   (e) ＿＿ ik een strippenkaart?
   (f) Je ＿＿ niet lang op de bus te wachten.

---

te	over	mag	naar	hoeft	welke	waar	wil

2 Answer the questions below with complete sentences in Dutch.

Dit is het treinkaartje van David. (*This is David's train ticket.*)

(*a*) Van welk station vertrekt David?
(*b*) Waar gaat hij naartoe?
(*c*) Wat kost het kaartje?
(*d*) Is het een enkeltje of een retourtje?

kosten	*to cost*

3   Tell the time on the clocks. Hoe laat is het?

(a) Het is _____ .

(d) Het is _____ .

(b) Het is _____ .

(e) Het is _____ .

(c) Het is _____ .

(f) Het is _____ .

4 Look at the timetable and answer the questions in complete sentences as if you were at the station in Amsterdam CS.

Amsterdam CS / Schiphol ✈/Haarlem / Den Haag / Rotterdam / Vlissingen

Amsterdam RAI / Schiphol ✈ / Den Haag

10 a > vervolg >

treinnummer	4869 / 1758	167 / 4663	1969	5169 / 3369	5569	5071	956	5471	5071	5371
Amsterdam CS	17 23	17 26				Ⓐ17 29	17 34	17 40		
Amsterdam Sloterdijk	17 28					17 34	17 40	17 45		
Amsterdam De Vlugtlaan										
Amsterdam Lelylaan		17 35								
Haarlem A	17 38					17 44	17 51	17 55		
Haarlem						17 46		17 56		
Heemstede-Aerdenhout						17 50	—	18 00		
Amsterdam RAI										17 42
Amsterdam Zuid WTC										17 45
Schiphol ✈ A		17 42								17 52
Schiphol ✈		17 44								17 54
Hoofddorp										17 59
Nieuw Vennep										18 03
Leiden A		17 59				18 06		18 15		18 14
Leiden		18 00			18 02	18 09		18 17		18 19
De Vink					18 05					
Voorschoten						18 14				18 24
Den Haag Mariahoeve					18 12	18 19				18 29
Den Haag Laan van NOI						18 22				18 32
Den Haag CS A					18 18					18 35
Den Haag CS				18 12						
Den Haag HS A		18 11		18 15		Ⓐ18 25		18 27		
Den Haag HS		18 12		18 16				18 28	Ⓐ18 31	

(a) Hoe laat vertrekt de volgende trein naar Den Haag HS (Holland Spoor)?

(b) Hoe laat is de trein daar?

(c) Ik moet om kwart over zes in Leiden zijn. Welke trein moet ik dan nemen?

(d) Hoe laat vertrekt de trein naar Voorschoten?

(e) Kunt u mij vertellen welke trein ik moet nemen naar Schiphol?

(f) Gaat er een trein van Haarlem naar Schiphol?

(g) Van welk station in Amsterdam gaat er een trein naar Den Haag CS?

(h) Hoe laat vertrekt de volgende stoptrein van Leiden naar Den Haag CS?

vertellen *to tell*		**stoppen** *to stop*

5 You are going to visit a friend who is in hospital in Groningen. Imagine you are at the train station and you want to buy a return ticket to Groningen. You also want a **strippenkaart**, a small one. You also ask what time the train leaves. Act out this dialogue with the booking clerk at the station. Ask the questions to fit the answers. Use the cassette, if you have got it.

There are several ways of asking for train tickets. Only one is given here. Check with the **Belangrijke zinswendingen** on page 87 if your answer is different from that on the cassette.

You ——
Lokettist Een grote of een kleine?
You ——
Lokettist Alstublieft.
You —— ?
Lokettist Even kijken, hoor. Om tien over half negen van spoor 8.

When you are in Groningen you want to take the bus to **het ziekenhuis**. You ask the bus driver how many strips you need to cancel, whether you have to change buses and if he can let you know where to get off. Again use the cassette.

You ——
Buschauffeur Dat hangt ervan af. Waar wilt u naartoe?
You ——
Buschauffeur Dat is één zone, dus u moet twee strippen afstempelen.
You ——
Buschauffeur Nee, dat hoeft niet.
You ——
Buschauffeur Jazeker.

6 Here are some of the most common pictograms used as signs in The Netherlands, with their meanings in Dutch.

a b c

de krantenkiosk   de fietsenstalling   de telefooncel

d 　　e 　　f

de bushalte　　de restauratie　　het wisselkantoor

Note that different prepositions are used for different words (**aan**, **op**, **bij**, **in**, and so on).

Bij een krantenkiosk kun je kranten en tijdschriften kopen.	*At a newspaper stall you can buy newspapers and magazines.*
In een fietsenstalling kun je fietsen stallen.	*At a bicycle shed you can 'park' your bike.*
In een telefooncel kun je bellen.	*In a telephone box you can phone.*
Bij een bushalte kun je de bus nemen.	*At the bus stop you can take a bus.*
In de restauratie * kun je iets eten en drinken.	*In the buffet you can have something to eat and drink.*
Op het wisselkantoor kun je geld wisselen.	*At the bureau de change you can change money.*

* **Restauratie** is the word used for a buffet at a railway station. In any other situation the word **restaurant** would be used.

● Now look at the pictograms above and ask where each of them is. Phrase each of the questions in two ways following the example.

Waar is de fietsenstalling?
Waar kan ik mijn fiets stallen?

Here are two more common signs.

de uitgang　　de ingang

7 Fill the gaps with **te** or leave blank, as appropriate.

(a) Ik moet de trein van negen uur ... halen.
(b) Ik probeer de trein van half 10 ... halen.
(c) Ik durf niet naar huis ... gaan.
(d) Ik wil met je mee ... komen. (*I want to come with you.*)
(e) Ik ga over 10 minuten boodschappen ... doen.
(f) Hans zit de hele dag ... lezen. (*Hans is reading all day.*)
(g) Vergeet niet je wisselgeld mee ... nemen.
(h) Je hoeft niet op me ... wachten.
(i) Waar moet ik ... overstappen?
(j) Ingrid staat in de keuken ... praten.

het wisselgeld *the change*	**praten** *to talk*

8 If you have the cassette, listen to the announcements (or read the bullet list below) made about departures of trains. For each of the three announcements write down:

(a) the time the train will leave.
(b) the destination of the train.
(c) the platform the train will leave from.

richting *destination* (Lit. direction)	**herhaling** *repeat*

The following is a transcript of what you will hear on the cassette: make sure you listen to it first without reading the following.

- De sneltrein richting Den Haag vertrekt om 19.45 van spoor 7A herhaling: de trein richting Den Haag vertrekt om 19.45 van spoor 7A
- De stoptrein richting Eindhoven vertrekt om 12.15 van spoor 2B herhaling: de stoptrein richting Eindhoven vertrekt om 12.15 van spoor 2B
- De intercity richting Arnhem vertrekt om 13.52 van spoor 5. herhaling: de intercity richting Arnhem vertrekt om 13.52 van spoor 5.

Leestekst

KAARTJES

Op het station kun je uiteraard terecht voor je treinkaartje. Je koopt een enkele reis of, als je dezelfde dag nog terug komt, een retourtje. Je kunt kiezen uit eerste of tweede klasse. In de eerste klas zit je ruimer en is het vaak iets rustiger. Daar betaal je dan ook wel wat meer voor. Als je veel met de trein reist is het vaak goedkoper om een abonnement te nemen. Er zijn abonnementen waarmee je goedkoper kunt reizen, als je iedere dag dezelfde route aflegt en abonnementen waarmee een treinreis op bepaalde tijden minder kost. Ook reizen met groepen en in vakanties kan soms goedkoper. Op het station hebben ze daar alle informatie over. Behalve kaartjes kun je op het station voor nog veel meer zaken terecht. Er zijn bijvoorbeeld allerlei winkeltjes, die vaak ook 's avonds open zijn. Een hapje eten of een kop koffie drinken kun je in de stations-restauratie. En ook geld wisselen kan op veel stations.

dezelfde the same	**de groep** the group
de dag the day	**de vakantie** the holiday
terug back	**behalve** apart from
ruimer more space	**terecht kunnen voor** being able to do something
vaak often	
rustiger quieter	**de zaken** the matters
als if	**bijvoorbeeld** for example
het abonnement the season ticket	**allerlei** all sorts of
dezelfde route afleggen to travel the same route	**een hapje eten** to have a bite to eat
bepaalde tijden certain times	

Remember that you are reading just to get the gist. You do not have to understand every word.

1 How many classes can you travel in on Dutch trains?
2 If you travel more often by train what kind of ticket do you buy?
3 What different kinds of season ticket are there?
4 In what other cases can you sometimes travel cheaper as well?
5 What facilities are there at most railway stations?

8

HEEFT U EEN LEUKE
— VAKANTIE GEHAD? —

Did you have a good holiday?

In this unit you will learn how to

- talk about past events
- describe places
- talk about the weather

Gesprek

Hannie is looking after the children, and David and Helen are going out together for a weekend in Amsterdam.

In het hotel.

David	We willen graag een tweepersoonskamer reserveren.
Hotelmanager	Hoe lang wilt u blijven?
David	Twee nachten.
Hotelmanager	Dat kan. Een tweepersoonskamer met douche en inclusief ontbijt kost *f* 120,-

David	Ja, dat is goed.
Hotelmanager	Dat is voor u geboekt. Hier heeft u de sleutel.
David	Heeft u wat informatie over de uitgaans-mogelijkheden in de stad?
Hotelmanager	Ja, ik heb een heleboel informatie. Hier is de Uitkrant, daar staan de films, concerten en toneel-stukken in vermeld. Waar bent u in geïnte-resseerd?
Helen	Zijn er speciale tentoonstellingen op het moment?
Hotelmanager	Er is net een grote tentoonstelling in het Stedelijk Museum geweest, maar die is nu afgelopen. Het Amsterdams Historisch Museum is tijdelijk ge-sloten, maar de andere musea zijn allemaal geopend.
Helen	Weet u wat de weersverwachting voor het week-end is? Het is op het moment een beetje bewolkt, maar er zit geen regen in de lucht.
Hotelmanager	U treft het met het weer. De verwachting is dat het redelijk droog zal blijven met misschien hier en daar een regenbui.
Helen	Mooi zo.
Hotelmanager	Ik wens u een prettige vakantie.

At the end of their weekend Helen and David check out at the hotel desk.

Hotelmanager	Heeft u een leuke vakantie gehad?
Helen	Ja, we hebben genoten. We hebben erg veel gedaan.
Hotelmanager	Wat heeft u allemaal gezien?
Helen	We zijn gisteren naar het Nationale Ballet geweest in de Stopera en we hebben vandaag het Anne Frankhuis bezocht.
Hotelmanager	Heeft u ook een rondvaart gemaakt?
David	Nee, maar we hebben wel hele einden langs de grachten gewandeld. Wat een mooie stad is Amsterdam.
Hotelmanager	U heeft het dus wel naar uw zin gehad. U heeft het ook getroffen met het weer. Het heeft nauwelijks geregend.
Helen	Het is ons prima bevallen. We komen gauw terug.

tweepersoonskamer *double room*	**de lucht** *the air*
hoe lang wilt u blijven? *how long do you want to stay?*	**u treft het met ... (treffen)** *you are lucky with ... (to be lucky with)*
de nacht *the night*	**het zal redelijk droog blijven** *it will stay mainly dry*
het ontbijt *the breakfast*	
geboekt *booked*	**de regenbui** *the shower*
de sleutel *the key*	**mooi zo** *good*
uitgaansmogelijkheden *opportunities for going out*	**ik wens u een prettige vakantie** *I hope you'll enjoy your visit*
heleboel *lots*	**we hebben genoten** *we thoroughly enjoyed ourselves*
de Uitkrant *the free events-paper for Amsterdam*	
het toneelstuk *the play*	**gezien** *seen*
vermeld *mentioned*	**gisteren** *yesterday*
waar bent u in geïnteresseerd? *what are your interests?*	**bezocht** *visited*
	de rondvaart *the canal trip*
de tentoonstelling *the exhibition*	**gemaakt** *made*
het Stedelijk Museum *the City Museum*	**hele einden** *long distances*
	de gracht *the town canal*
geweest *been*	**gewandeld** *walked*
afgelopen *finished*	**u heeft het naar uw zin gehad** *you enjoyed yourselves*
tijdelijk *temporarily*	
gesloten *closed*	**u heeft het getroffen met ...** *you have been lucky with ...*
allemaal geopend *all open*	
het weer *the weather*	**het heeft nauwelijks geregend** *it hardly rained*
de weersverwachting *the weather forecast*	**het is ons prima bevallen** *we really enjoyed it*
bewolkt *cloudy*	**we komen gauw terug** *we will come back soon*
de regen *the rain*	

Waar of niet waar? Re-write the sentences which are incorrect.

(a) David wil een tweepersoonskamer boeken.
(b) David wil informatie over films, concerten en toneelstukken.
(c) De grote tentoonstelling in het Stedelijk Museum is net geopend.
(d) Helen en David hebben van hun weekend uit genoten.
(e) Ze hebben het Nationale Ballet gezien.
(f) Ze hebben niet zo lang gewandeld.
(g) Het heeft veel geregend.

—— Wat u eigenlijk moet weten ——

Musea   There are many interesting museums in Amsterdam. The three most renowned are the **Rijksmuseum** (National Museum), the **Van Gogh Museum** and the **Stedelijk Museum** (City Museum). The **Rijksmuseum** contains The Netherlands' most important collection of paintings and other art objects up to the nineteenth century. The collection of Dutch seventeenth-century masters is particularly famous and includes major paintings by Rembrandt, such as the **Nachtwacht** (*Night Watch*). The Van Gogh Museum contains the Van Gogh collection. The **Stedelijk Museum** is the Amsterdam City Museum and contains an impressive collection of modern art. The **Amsterdam Historisch Museum** mentioned in the **Gesprek** is an extensive exhibition on the history of the city.

Tourist information   For more detailed tourist information you can go to the many tourist information bureaux, **het VVV**. You can book accommodation through them or just pick up information. Many larger cities publish a special monthly bulletin, such as the **Uitkrant** in Amsterdam, with information about films, theatres, exhibitions and so on. For more general information you can go to the **ANWB**. They sell maps, booklets, etc. of tourist places in The Netherlands and abroad. They also sell travel insurance and offer advice on travelling arrangements. (They are comparable to the British AA.)

Stopera   The official name for this building, where concerts, operas and ballets are performed, is **Het Muziektheater**. Many people in Amsterdam still use the name **Stopera**, which stems from the time that the **Muziektheater** was built. There was a lot of public resistance because the building meant the destruction of the old flea market, **het Waterlooplein**. The action was called **Stop Opera**, hence the name **Stopera**. The flea market was re-established a bit further on and is still referred to as **het Waterlooplein**, even though it is actually situated at Rapenburgh.

Belangrijke zinswendingen

How to:

- book a room

Ik wil graag een tweepersoons-kamer reserveren.	*I should like a double room.*
Heeft u een eenpersoonskamer vrij?	*Have you got a single room available?*
Kunnen we een kamer voor twee nachten boeken?	*Can we book a room for two nights?*
Wilt u een kamer met bad of met een douche?	*Do you want a room with a bath or with a shower?*

- say you enjoyed yourself

We hebben genoten.	*We have enjoyed ourselves.*
Het is me prima bevallen.	*I enjoyed myself.*
Ik heb het naar mijn zin gehad.	*I have enjoyed myself*

- say what your interests are

Ik ben geïnteresseerd in kunst.	*I am interested in art.*
Ik ben niet zo geïnteresseerd in sport.	*I am not that interested in sport.*

- make exclamations

Wat een mooie stad!	*What a beautiful city!*
Wat een lekker weertje vandaag, hè?	*What lovely weather today, isn't it?*
Wat een leuke jurk heb je!	*What a nice dress you're wearing!*

Het weer (*talking about the weather*)

het is koud *it's cold*	**het is 15 graden** *it is 15 degrees*
het is warm *it's warm*	**het regent** *it is raining*
het is zacht *it's mild*	**het sneeuwt** *it is snowing*
het is lekker (weer) *it's nice (weather)*	**het vriest** *it's freezing*
	het waait *it's windy*
hoeveel graden is het vandaag? *what's the temperature today?*	**de zon schijnt** *the sun is out*
	het onweert *there's a thunderstorm*

Oefening: Look outside the window and answer this question: Wat voor weer is het vandaag? (*What's the weather like today?*)

Study this brief newspaper forecast and get the gist of it by using the vocabulary below.

HET WEER

VERWACHTING TOT VANAVOND:
Veel bewolking en in de ochtend af en toe regen. 's Middags enkele opklaringen. Middagtemperatuur ongeveer 12 graden. Tot matig toenemende zuidwestelijke wind, kracht 3 a 4.
VRIJDAG T/M MAANDAG:
Af en toe zon. Ook een enkele regen- of onweersbui. Vrij zacht met een middagtemperatuur van ongeveer 16 graden.

Uitgebreid weeroverzicht op pagina 24

de bewolking *heavy cloud*	**toenemende zuidwestelijke wind**
af en toe regen *rainy periods*	*increasing southwesterly wind*
enkele opklaringen *some bright intervals*	**de regenbui** *the shower* (rain)
	de temperatuur *the temperature*
matig *moderate/moderately*	**ongeveer** *approximately*

Dagen van de week (*days of the week*)

zondag	*Sunday*	donderdag	*Thursday*
maandag	*Monday*	vrijdag	*Friday*
dinsdag	*Tuesday*	zaterdag	*Saturday*
woensdag	*Wednesday*		

Look how you say the following:

zondagmorgen	*Sunday morning*
donderdagmiddag	*Thursday afternoon*
vrijdagavond	*Friday evening*
woensdagnacht	*Wednesday night*

vandaag *today*	**vanmiddag** *this afternoon*
vanochtend/vanmorgen *this*	**vanavond** *this evening*
morning	**vannacht** *tonight*

De weersverwachting voor vandaag.   *Today's weather forecast.*

Vanochtend is er bewolking. Vanmiddag zullen er enkele opklaringen zijn. Vanavond zal de wind toenemen. Vannacht zal het gaan regenen.

toenemen *to increase*

Read the above weather forecast and find out what the weather will be like this morning, this afternoon, and this evening.

Hoe zit 't in elkaar?

1 Events that happened in the past (the perfect tense)

When you talk about events that happened in the past, you often use the so-called perfect tense in Dutch. This past tense is the most frequently used in Dutch to refer to past time. There is another form of the past tense which we shall discuss in another unit.

Wij hebben een leuke vakantie gehad.   *We have had a nice holiday.*

Ik heb een heel eind gewandeld.   *I have walked quite a distance. I walked quite a distance.*

Hij is naar huis gegaan.   *He has gone home. He went home.*

The perfect tense consists of a form of the verb **hebben** or **zijn** and a past participle at the end of the sentence. The past participle always remains the same, regardless of whom the sentence is about. It is only the verbs **hebben** or **zijn** that change their form.

Ik heb gewandeld.	*I have walked.*
Jij hebt gewandeld.	*You have walked.*
U hebt/heeft gewandeld.	*You have walked.*
Hij/zij heeft gewandeld.	*He / she has walked.*
Wij hebben gewandeld.	*We have walked.*
Jullie hebben gewandeld.	*You have walked.*
Zij hebben gewandeld.	*They have walked.*

2 The past participle

Most past tense verbs in Dutch are 'regular', i.e. there is a straight-forward rule for forming them.

To form the past participle of regular verbs, you need to find the stem of the verb. This has to be explained.

Forming the stem of regular verbs:

Take the full verb (the infinitive, see page 16)
wandelen (*to walk*), **werken** (*to work*)
Cut off the **-en** at the end and this gives you the stem of the verb:
wandel, werk

You can now form the past participle of a regular verb on the following pattern:

Ge + stem + t (if the last letter of the stem is **t, k, f, s, ch, p**)

Ge + stem + d (if the last letter of the stem is not **t, k, f, s, ch, p**)

Example: **werken**
The last letter of the stem is **k**, so the past participle is **ge** + **werk** + **t** = **gewerkt**

Example: **wandelen**
the last letter of the stem is **l**, so the past participle is **ge** + **wandel** + **d** = **gewandeld**

There is a useful mnemonic to remember the letters **t, k, f, s, ch, p**, because they are all the consonants in the word **'t kofschip** which is a kind of two-masted ship. It may help to visualise it. (See overleaf.)

GE + STEM + T for 't k o f s ch i p.
GE + STEM + D for all other endings.

More examples

Infinitive		Stem	Past participle	
t	praten	praat	gepraat	(*talk*)
k	maken	maak	gemaakt	(*make*)
f	straffen	straf	gestraft	(*punish*)
s	fietsen	fiets	gefietst	(*cycle*)
ch	kuchen	kuch	gekucht	(*cough*)
p	stoppen	stop	gestopt	(*stop*)
b	schrobben	schrob	geschrobd	(*scrub*)
d	branden	brand	gebrand	(*burn*)
r	schilderen	schilder	geschilderd	(*paint*)
n	regenen	regen	geregend	(*rain*)
z	reizen	reis	gereisd	(*travel*)
v	leven	leef	geleefd	(*live*)

Note that verbs whose stem ends in **d** or **t** do not take an extra **d** or **t** in the past participle.

Note also the verbs **reizen** and **leven**. The stem of these verbs ends in **s** and **f**, because words in Dutch can not end in **z** or **v**. However, the **'t kofschip** rule does not apply because the last letter of the verbs before -**en** are **z** and **v** respectively. If you are not quite clear about the spelling rules, refer back to pages 8–10.

3   *No* ge-

There is a group of verbs that do not have **ge-** in the past participle.

These are the verbs that have one of the following prefixes:

be-	**be**stellen	ik heb wijn besteld.	*I have ordered wine.*
her-	**her**halen	ik heb het herhaald.	*I have repeated it.*
ont-	**ont**moeten	ik heb hem ontmoet.	*I have met him.*
ver-	**ver**tellen	ik heb het verteld.	*I have told it.*
er-	**er**kennen	ik heb het erkend.	*I have recognised / admitted it.*
ge-	**ge**loven	ik heb hem nooit geloofd.	*I have never believed him.*

4 *When these rules do not apply*

Unfortunately a small group of verbs that are used very frequently in Dutch are irregular, which means that these rules do not apply. The main characteristic of these verbs is that they do not use the present tense stem in their past form. Fortunately, there are patterns in the form of most irregular past tense verbs as you will see from the table at the end of this book. However, these forms do need to be learned and you need to recognise which verbs are not going to form their past tense on the regular model.

The most important irregular verbs to learn are **hebben** and **zijn**:

zijn	ik ben geweest	*I have been*
hebben	ik heb gehad	*I have had*

Here follow some more irregular verbs:

kopen	ik heb gekocht	*I have bought*
brengen	ik heb gebracht	*I have brought*
beginnen	ik ben begonnen	*I have started*
komen	ik ben thuis gekomen	*I have come home*
doen	ik heb veel gedaan	*I have done a lot*
blijven	ik ben thuis gebleven	*I have stayed at home*

5 Hebben *and* zijn

Most of the regular verbs use **hebben** in the perfect tense. Even many of the irregular verbs use **hebben**.

Jij hebt een mooie tekening gemaakt.	*You have made a nice drawing.*

Wij hebben een tijdje gepraat.	*We have talked for a while.*
We hebben veel gedaan.	*We have done a lot.*

A small number of irregular verbs use **zijn** in the perfect tense and those verbs normally indicate a change of place or state:

Ik ben met mijn werk begonnen	*I have started my work* (change of state).
Hij is met de trein gekomen.	*He has come by train* (change of place).
Wij zijn verhuisd.	*We have moved home.*

However:

Ik ben thuis gebleven.	*I have stayed at home.*
Ik ben de hele dag op mijn werk geweest.	*I have been at work all day.*

Neither verb indicates a change, yet they form their perfect tense with **zijn**.

Here follows a list of the most common verbs that use **zijn** in the perfect tense:

zijn (geweest)	*to be*
blijven (gebleven)	*to stay*
komen (gekomen)	*to come*
gaan (gegaan)	*to go*
beginnen (begonnen)	*to begin*
stoppen (gestopt)	*to stop*
vertrekken (vertrokken)	*to leave*
verhuizen (verhuisd)	*to move house*
vallen (gevallen)	*to fall*
worden (geworden)	*to become*
trouwen (getrouwd)	*to marry*
scheiden (gescheiden)	*to divorce*
geboren worden (geboren)	*to be born*
sterven (gestorven)	*to die*

One way to remember most of these verbs is to think about the obituary of the following person:

Peter de Bruin is in Amsterdam geboren. Hij is daar zijn hele jeugd gebleven. Daarna is hij naar Engeland vertrokken. Hij is daar 10 jaar geweest. Hij is daar met een Engelse getrouwd. Hij is een kaaswinkel begonnen, maar hij is er later mee gestopt. Hij is gescheiden en daarna terug naar Nederland verhuisd. Hij is in Nederland ziek geworden. Zijn ex-vrouw is naar hem toe gegaan, maar zij is te laat gekomen. Hij is gisteren gestorven.

de jeugd *the youth*	**ziek** *ill*
daarna *after that*	

6 Verbs of motion

There is also a group of verbs that sometimes uses **hebben** and sometimes **zijn** in the perfect tense. These verbs indicate motion of some sort.

Zijn is used when there is an indication of direction or destination.

Hebben is used when there is no direction and the emphasis is more on the movement.

Rijden
Wij zijn naar Amsterdam gereden.	*We drove to Amsterdam.*
We hebben daar wat rondgereden.	*We drove around there (a bit).*

Wandelen
Ik ben naar het park gewandeld.	*I walked to the park.*
Ik heb daar een uur gewandeld.	*I have been walking there for an hour.*

Lopen
De oude man is tot het bankje gelopen.	*The old man walked to the bench.*
Daarna heeft hij in het park gelopen.	*After that he walked in the park.*

Vliegen
We zijn naar Athene gevlogen.	*We flew to Athens.*
Ik heb nog nooit gevlogen.	*I have never flown.*

Ik ben naar Amsterdam gefietst.   Ik heb gefietst.

Rennen

Ik ben naar huis gerend.   *I ran home.*
Ik heb veel gerend vandaag.   *I have run a lot today.*

Fietsen

Ik ben de stad in gefietst.   *I cycled into town.*
Ik heb langzaam gefietst.   *I cycled slowly.*

This may seem like an awful lot to remember but don't worry, take your time. There are only three main points to remember:

1 There is a large group of regular verbs, most of which end in **-d** in the perfect tense.
2 There is a much smaller group of irregular verbs most of which you will learn quickly. They are used frequently.
3 Most of the verbs use **hebben** to form the perfect tense, but a smaller group uses **zijn** because they tell you about changing where you are or what you are doing.

Oefeningen

1 You are back at work after a short holiday. Your colleague asks you about it. Use the cassette for the dialogue with your colleague.

This is the information you should use in your answers:

You've been in Amsterdam, you have enjoyed yourself. You have been to the **Rijksmuseum** and you have seen a play. You confirm again that you have enjoyed yourself.

(Remember that there are several ways of saying that you have enjoyed yourself. Check your answers also with the Belangrijke zinswendingen.)

Colleague	Hallo, heb je een leuke vakantie gehad?
You	—
Colleague	Waar ben je geweest?
You	—
Colleague	Wat heb je allemaal gedaan?
You	—
Colleague	Dus je hebt het wel naar je zin gehad?
You	—

2 Fill in the gaps and make the perfect tense by using the appropriate form of **hebben** or **zijn** and the past participle of the verb given between brackets. Refer to the verb list at the back of the book (pages 271–274) if you get stuck.

(a) Ik ____ gisteren naar de markt ____. (zijn)
(b) We ____ daar groente en fruit ____. (kopen)
(c) Daarna ____ we een eind ____. (fietsen)
(d) We ____ tot het strand ____. (fietsen)
(e) We ____ 's avonds naar een restaurant ____. (gaan)
(f) Jullie ____ veel ____ en ____. (eten/drinken)
(g) We ____ een leuk hotel vlakbij het strand ____. (boeken)
(h) Het was zo leuk, daar ____ we het wel mee ____. (treffen)
(i) Helen ____ erg veel boeken ____. (lezen)
(j) We ____ uren ____. (praten)
(k) De kinderen ____ gisteren naar school ____. (rennen)
(l) Ze ____ hard ____. (rennen)

(m) ____ u dat al aan de kinderen ____? (vertellen)
(n) We ____ de lerares voor het eerst ____. (ontmoeten)
(o) Ik ____ het mijn ouders ____. (beloven)
(p) Zij ____ veel ____. (reizen)
(q) ____ je ook Nederlands ____? (studeren)

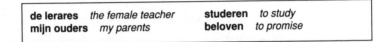

| **de lerares** *the female teacher* | **studeren** *to study* |
| **mijn ouders** *my parents* | **beloven** *to promise* |

3 Look at the weather map and answer the following questions.

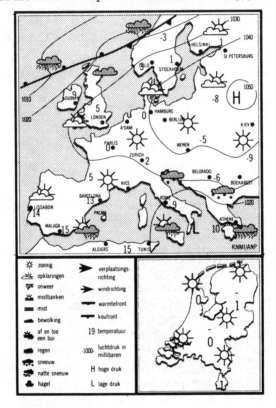

(a) Regent het in Nederland?
(b) Wat voor weer is het in Athene?
(c) Is het koud in Lissabon?
(d) Vriest het in Londen?

(*e*)   Hoeveel graden is het in Stockholm?
(*f*)   Wat is op de weerkaart de warmste plaats in Europa?

4   Look at the pictures with captions. Make up questions in the perfect tense. The first word(s) are given in (*a*) to (*f*) overleaf.

voorbeeld: De koningin opent de Oosterscheldedam in 1986
Wanneer heeft de koningin de Oosterscheldedam geopend?

(a) Beatrix en Claus trouwen in 1966

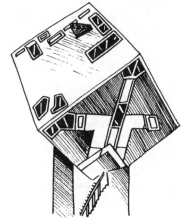

(c) Piet Blom bouwt paalwoningen

(b) Rietveld maakt Rietveld stoel

(d) Nederland wordt Europees kampioen in 1988

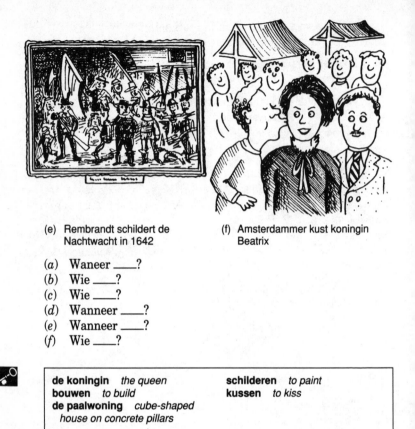

(e) Rembrandt schildert de Nachtwacht in 1642

(f) Amsterdammer kust koningin Beatrix

(*a*) Waneer ___?
(*b*) Wie ___?
(*c*) Wie ___?
(*d*) Wanneer ___?
(*e*) Wanneer ___?
(*f*) Wie ___?

de koningin *the queen*	**schilderen** *to paint*
bouwen *to build*	**kussen** *to kiss*
de paalwoning *cube-shaped house on concrete pillars*	

5 Read the following sentences and make up a similar account in the perfect tense using the situations below:

voorbeeld: Ik ben naar België geweest. Ik heb in Brugge het Minnewater bezocht. Ik heb veel oude gebouwen gezien. We hebben ook wat kant gekocht. Ik heb lekkere wafels gegeten.

bezocht *visited*	**wafels** *waffles*
de kant *the lace*	

(*a*) Frankrijk / Parijs, de Eifeltoren / de Seine / wijn / stokbrood en Franse kaas (*French bread and French cheese*).

(b) Italië / Florence, de kathedraal / oude kerken en schilderijen / souvenirs / pizza.

(c) Amerika / New York, de Empire State Building / moderne architectuur / een T-shirt / bagels.

Leestekst

Nederland heeft altijd tegen het water moeten vechten. Bij de grote overstromingsramp in 1953 in Zeeland zijn 1835 mensen om het leven gekomen. Sinds de ramp zijn de Nederlanders met een groot project begonnen om het water in te dammen – de Deltawerken. Ingenieurs, ontwerpers en constructiewerkers hebben aan dit grote technische project gewerkt. Eerst werden de dijken hoger gemaakt, daarna is men begonnen de zee-armen af te sluiten.

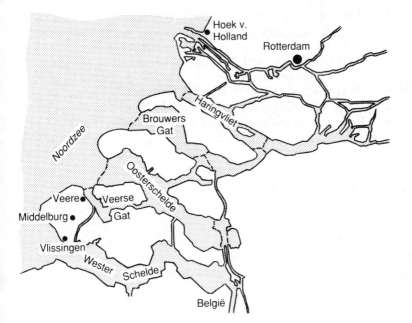

de Deltawerken

Maar men wilde de Oosterschelde openhouden. Er werd een speciale dam gebouwd, die dicht kan als er heel hoog water is. Deze dam heet de 'stormvloedkering'. Het bouwen van deze stormvloedkering is het moeilijkste werk geweest. Op 4 oktober 1986 werd de dam door Koningin Beatrix geopend. De dam is uniek. Nergens in de wereld is een dergelijk project gebouwd. De Nederlanders hebben het water overwonnen. Zeeland is nu veilig.

vechten *to fight, struggle*	**openhouden** *to keep open*
overstromingsramp *flood disaster*	**dicht** *closed*
om het leven komen *to die* (from an accident)	**de stormvloedkering** *flood barrier*
de ontwerper *the designer*	**moeilijk** *difficult*
technisch *technical*	**nergens** *nowhere*
de dijken *the dikes*	**dergelijk** *such a*
men *one*	**hebben overwonnen** *have conquered*
de zee-arm *the inlet*	**veilig** *safe*
afsluiten *to close off*	

1   How many people died in the flood disaster?
2   When did it happen?
3   What did the Dutch do after the disaster?
4   What is the project called?
5   What did the project entail?
6   What was the most difficult part of the project?
7   Is the **stormvloedkering** closed all the time?
8   Has a similar project been built anywhere else?

9
IK HEB WAT BLOEMEN VOOR JE MEEGEBRACHT

I've brought you some flowers

In this unit you will learn how to

- talk about having dinner with friends
- invite people
- talk about preparing a meal and food in general
- say what you want
- say what you prefer

 ——————— **Gesprek** ———————

Helen and David are having a dinner party and invite Hannie and Freek, Saskia and Theo.

On the telephone to Hannie.

Helen   We willen jullie graag een keer uitnodigen om bij ons te komen eten. Jullie hebben zoveel voor ons gedaan sinds we hiernaartoe verhuisd zijn. Hebben jullie zin om zaterdagavond te komen?

Hannie   Dan kunnen we helaas niet. We hebben al kaartjes voor de opera geboekt.

Helen   Volgende week zaterdag misschien?

Hannie   Ja, dat is wat ons betreft prima.

Helen   Goed, ik heb Saskia nog niet uitgenodigd, maar ik zal haar ook even bellen. Eten jullie trouwens vlees?

Hannie   Ja, we zijn geen vegetariërs.

Zaterdagavond.

Helen   Hallo, kom binnen. Geef je jas maar, ik hang hem wel op.

Hannie	Hier, ik heb wat bloemen voor je meegebracht.
Helen	Ze zijn schitterend, dank je wel. Ga maar vast naar binnen.
Hannie	Wat gezellig is het hier.
Helen	Ja, ik heb de kaarsen alvast aangestoken. Willen jullie eerst iets drinken? Wijn, pils of heb je liever iets sterkers?
Hannie	Een rode wijn graag.
Freek	En voor mij een pilsje.

Tijdens de maaltijd.

Helen	Wil je wat ketjap?
Hannie	Nee, ik heb liever de satésaus.
Saskia	Lekker zeg. Hoe heb je dit klaargemaakt?
Helen	O, ik heb een Indonesisch recept uitgeprobeerd. Ik zal je straks het recept geven. Wil je nog een beetje? Neem maar hoor.
Saskia	Nee dank je. Ik heb genoeg gehad. Ik zit vol.
Helen	Je hoeft niet alles op te eten, hoor. Ik heb ook nog een toetje.

Aan het eind.

Theo	Een heerlijk etentje Helen. Blijf maar even zitten. Wij zullen afwassen.

een keer *some time*
uitnodigen *to invite*
sinds *since*
zoveel *so many, so much*
dat is wat ons betreft prima (as far as we're concerned) *that's fine*
trouwens *by the way, actually*
vegetariër *vegetarian*
geef (geven) *to give*
de bloem *the flower*
meegebracht (meebrengen) *brought (with)*
ga maar vast naar binnen *go right on in*
gezellig *cozy*
de kaars *the candle*
alvast *already*
aangestoken (aansteken) *lit (to light)*

iets sterkers *something stronger*
de pils *the lager*
tijdens de maaltijd *during the meal*
de ketjap *the soy sauce*
de satésaus *the peanut sauce*
klaargemaakt (klaarmaken) *prepared (to prepare)*
Indonesisch *Indonesian*
het recept *the recipe*
uitgeprobeerd (uitproberen) *tried out (to try something out)*
straks *later, in a minute*
ik zit vol *I am full*
alles *everything*
het toetje *the 'afters', dessert*
heerlijk *lovely*
het etentje *the dinner*
blijf maar even zitten *you sit down*
afwassen *to do the dishes*

Waar of niet waar?
(a) Helen wil met Hannie naar de opera gaan.
(b) Helen heeft veel voor Hannie gedaan.
(c) Helen moet Saskia nog bellen.
(d) Hannie heeft zaterdagavond geen jas meegebracht.
(e) Hannie en Freek willen liever iets sterkers drinken.
(f) Helen heeft het Indonesische recept vaak klaargemaakt.

—— ## Wat u eigenlijk moet weten ——

Etentjes   In The Netherlands it is common to take flowers to the host/hostess, though it is not necessary. Candles are frequently used in The Netherlands for dinner parties.

Asking for things   The language throughout the dialogue is quite direct. The Dutch do not beat about the bush when inviting people and asking for things. They normally use the simple phrase **wilt u/ wil jij** where the English would say: *would you like...*

Similarly people ask **kun je me de ketjap even geven?**

Gezellig   This is a word very peculiar to Dutch and cannot be easily translated. It relates to atmosphere, enjoying yourself, being with people, being comfortable and so on.

Ketjap   Note that **ketjap** is not the same as *ketchup*. **Ketjap** is the Indonesian name for a kind of soy sauce. The Dutch eat a lot of Indonesian food and many names of these particular snacks and ingredients have become part of the Dutch language. Note that the word for ketchup is the same in Dutch: **tomatenketchup**.

—— ## Belangrijke zinswendingen ——

How to:

● invite someone

Heb je zin om morgen te komen?   *Do you fancy coming tomorrow?*
Kom je morgen bij ons eten?   *Would you like to come to dinner tomorrow?*

- say you (don't) feel like doing something

Ik heb zin om naar de film te gaan.	*I fancy going to the film.*
Ik heb geen zin om boodschappen te doen.	*I don't feel like doing the shopping.*

- ask for things

Kun je me het zout even geven?	*Could you pass me the salt?*
Mag ik de ketjap even?	*Can I have the ketjap, please?*

- state preference

Wil je rode wijn of heb je liever pils?	*Would you like red wine or would you prefer lager?*
Ik heb liever pils / Liever pils.	*I prefer lager.*

- state your concern

Wat mij betreft kan ik morgen komen.	*As far as I'm concerned I can come tomorrow.*
Wat ons betreft is dat okee.	*That's ok with us.*

- say that you are a vegetarian

Ik ben vegetariër.	*I am a vegetarian.*
Wij eten liever vegetarisch.	*We prefer to eat vegetarian food.*

Note that **vegetariër** is the person and **vegetarisch** is the word describing the food.

Hoe zit 't in elkaar?

1 Om + te + *infinitive*

You have seen the combination of certain verbs with **te** plus the infinitive in Unit 7.

Ik probeer **te komen**. U hoeft niet **te wachten**.

The construction **om** + **te** + infinitive is something different and is used to express a purpose. It could be translated as *in order to.*

We willen jullie uitnodigen **om te komen eten**.	*We want to invite you (in order for you) to come to dinner.*

Ik heb kaartjes geboekt **om** naar de opera **te gaan**.	*I have booked tickets (in order) to go to the opera.*

The phrase **zin hebben om**... expresses an action: *feeling like doing something*.

Ik **heb zin om** naar huis te gaan.   *I feel like going home.*

But you can also encounter the phrase **zin hebben in** ..., *feeling like having something*.

Ik **heb zin in** koffie.   *I fancy a coffee.*

2 Iets *and* niets + s

When an adjective (a word that describes something) comes after **iets** or **niets**, it needs an extra -**s** at the end.

iets sterkers	*something stronger*
niets nieuws	*nothing new*
iets lekkers	*something tasty*
niets moois	*nothing beautiful*

3 Hem, haar *(him, her)*

Words like *him* and *her* are called object pronouns. Here follows the list of the Dutch object pronouns. As with the other pronouns in Dutch there is a stressed and unstressed version. The unstressed version is normally used in speech, though the stressed version can also be used. If in doubt opt for the stressed version.

Stressed	Unstressed		Stressed	Unstressed	
mij	me	*me*	ons	–	*us*
jou	je	*you*	jullie	je	*you*
u	u	*you* (formal)	u		*you* (formal)
hem	'm	*him*	hen/hun	ze	*them* (people)
haar	d'r	*her*	ze	–	*them* (things)
het	't	*it*			

Voorbeelden:
Kun je mij (me) de rijst aangeven?   *Can you hand me the rice?*

Ik heb jou (je) eerder gezien.	*I have seen you before somewhere.*
Ik versta u niet.	*I can't understand you.*
Ik geef hem ('m) het boek.	*I give the book to him.*
Ik kan haar (d'r) zien.	*I can see her.*
Kom je bij ons eten?	*Would you like to come and eat with us?*
Ik heb dit voor jullie klaargemaakt.	*I prepared this for you.*
Ik heb hen/hun/ze ook uitgenodigd.	*I have invited them as well.*

Note that the place of the object pronoun in the sentence is normally as close as possible to the main verb.

Hen and **hun** are nowadays interchangeable. **Ze** is normally used to refer to things, but in speech is also used to refer to people.

One important thing to remember is that object pronouns in Dutch are also used to refer to things. In Unit 4 you saw that **hij** and **het** are used to refer to objects. The object pronouns **hem**, **het** and **ze** are used in the same way:

Hem is used for **de** words:	Heb je de krant gelezen?
	Nee, ik heb **hem** niet gelezen.
Het is used for **het** words:	Heb je het boek gelezen?
	Nee, ik heb **het** niet gelezen.
Ze is used for objects in the plural:	
	Heb je mijn boeken gezien?
	Nee, ik heb **ze** niet gezien.

Hem and **ze** can also be used to refer to people, whereas **het** is only used to refer to objects.

4 Commands and encouragements

Commands are given by using the stem of the verb:

Kom binnen.	*Come inside.*
Hang je jas op.	*Hang up your coat.*
Blijf hier.	*Stay here.*
Eet je bord leeg.	*Eat up your food.* (Lit. empty your plate)
Ga zitten.	*Sit down.*

This form can be used regardless of whether you are talking to one person or more. However, to be very polite, you could add **u** to the sentence:

Komt u binnen.
Gaat u zitten.

An impersonal command can be given by using the infinitive:

Niet roken. *Don't smoke.*

And in a recipe:

Vlees in stukjes snijden. *Cut the meat into small chunks.*

A command can be changed into an encouragement by adding **maar**:

Kom maar binnen.	*Do come inside.*
Geef je jas maar.	*Do give me your coat.*
Ga maar zitten.	*Do sit down.*
Eet maar op.	*Do eat.*
Blijf maar hier.	*Do stay here.*
Neem maar hoor.	*Do take (it).*

5 Separable verbs

In Unit 8 you met verbs with the prefixes **be-**, **her-**, **ont-**, **ver-**, **er-** and **ge-**. These prefixes are fixed which means they cannot be separated from the verb. However, in Dutch, there are also verbs with prefixes that can be separated. These prefixes normally extend the meaning of the verb. Often these verbs are made up of a preposition (words like *out, in, by* in English) and a verb and their meaning in combination is obvious:

op (*up*) + bellen (*ring, phone*)	= opbellen (*ring up*)
op + hangen	= ophangen (*hang up*)
binnen (*into*) + komen	= binnenkomen (*to enter*)

Here are some more examples:

meebrengen *bring* (along)	**af**wassen *wash up*
aansteken *light*	**weg**gaan *go* (away)
uitproberen *try* (out)	**na**denken (over) *think / reflect upon*
opeten *eat* (up)	**weg**zetten *put away*

Sometimes the extended meaning is less clear:

| uit (*out*) + nodigen (*invite*) | = uitnodigen (*invite*) |
| af + spreken (*talk*) | = afspreken (*arrange*) |

Sometimes the prefix is an adverb or adjective in combination with a verb:

| klaar (*ready*) + maken | = klaarmaken (*prepare*) |
| schoon (*clean*) + maken | = schoonmaken (*to clean*) |

The reason that these verbs are called separable is that the prefix is sometimes separated from the main verb.

6 How and when to separate them

(*a*) If the separable verb is the main verb (i.e. if it needs to change its form depending on whom the sentence is about) the two parts will split up and the prefix will go right to the end of the sentence:

Ik **bel** Saskia **op**.	*I'll ring Saskia.*
Bel me morgen even **op**.	*Ring me tomorrow.*
Ik **hang** je jas even **op**.	*I'll hang up your coat.*
Hang je jas maar **op**.	*Hang up your coat.*
Ik **breng** bloemen voor je **mee**.	*I'll bring flowers for you.*
Breng je bloemen voor me **mee**?	*Will you bring flowers for me?*

(*b*) The infinitive (see Unit 7) has the two parts together:

Ik wil je **uitnodigen**.	*I want to invite you.*
Ik moet nu **weggaan**.	*I have to go now.*
Wij zullen **afwassen**.	*We will do the dishes.*
Ik zal een nieuw recept **uitproberen**.	*I will try a new recipe.*

(*c*) As you have seen in Unit 7 the infinitive is sometimes used with **te**:

When this construction is used with a separable verb then the two parts of the verb are split with **te** in between:

| Ik heb geprobeerd om je **op** te **bellen**. | *I've tried to phone you.* |
| Je hoeft het niet **op** te **eten**. | *You don't have to eat it.* |

Sometimes there are two infinitives at the end of a sentence. When this construction is used with a separable verb then the separable verb is split up with the other infinitive in between:

Je zal wel **weg** willen **gaan**.	*You will want to go.*
Je zal het eerst **uit** moeten **proberen**.	*You will have to try it out first.*

(*d*) The perfect tense, as you know, is formed by a form of **hebben** or **zijn** and a past participle. The past participle comes at the end of the sentence. The same thing happens with separable verbs. Note that with separable verbs the past participle is formed with **ge-** in between the prefix and the original verb:

Ik heb mijn jas **opgehangen**.	*I hung up my coat.*
Wij hebben voor jullie **afgewassen**.	*We've done the dishes for you.*
We zijn gisteren **weggegaan**.	*We went away yesterday.*

Oefeningen

1 Complete the dialogues using the phrases (i) – (vii):

– Hier zijn wat bloemen voor je.

(*a*) ____

(*b*) ____

– Ja, lekker.

(*c*) ____

– Heb je iets sterkers?

(*d*) ____

– Nee, ik heb genoeg gehad.

– Wil je een glas wijn?

(*e*) ____

– Heb je zin om te komen?

(*f*) ____

(*g*) ____

– Dat is wat mij betreft prima.

(i) Ik heb liever sinaasappelsap.
(ii) Wil je nog wat eten?
(iii) Wil je wijn of een pilsje?
(iv) Ze zijn mooi.
(v) Ja, leuk.
(vi) Kun je morgenavond?
(vii) Wil je iets drinken?

het glas	*the glass*

2 Put the dialogue in the right order to fit the pictures opposite.

(a) Ze zijn schitterend, dank je wel.
(b) Wat gezellig is het hier.
(c) Prima.
(d) Ga maar vast naar binnen.
(e) Hoe gaat het?
(f) Ik heb wat bloemen voor je meegebracht.
(g) Ja, lekker.
(h) Ga maar zitten.
(i) Heb je zin in koffie?
(j) Geef je jas maar. Ik hang hem wel op.
(k) Hallo, kom binnen.

When you have completed the dialogue check your version with that in the key. If you have the cassette you could listen to it, too.

3 Make the two sentences into one, using **om** + **te** + infinitive.

voorbeeld: Ik ga naar de winkel. Ik koop bloemen.
              Ik ga naar de winkel om bloemen te kopen.

(a) Ik koop kaartjes.	Ik ga naar de opera.
(b) Jan fietst hard.	Hij is op tijd thuis.
(c) Ik wil naar de winkel.	Ik koop een fles wijn.
(d) Anneke koopt een krant.	Ze leest hem.
(e) We gaan naar het postkantoor.	We kopen postzegels.
(f) We gaan naar het VVV.	We vragen informatie.

---

de fles *the bottle*   **de postzegel** *the stamp*
leest (lezen) *to read*

---

4 Fill in the object pronoun for the person in brackets (also page 130).

(a) Wat ___ (hij) betreft hoef je niet te komen.
(b) Voor ___ (ik) een pilsje graag.
(c) Ik heb het geld aan ___ (zij, plural) gegeven.
(d) Ik heb ___ (zij) niet gezien.
(e) Ga je met ___ (hij) naar de opera?
(f) Ik geloof ___ (jij) niet.

(g)   Mijn ouders wonen naast ___ (wij).
(h)   We komen bij ___ (jullie) eten.
(i)   Heb je ___ (de boeken) weggezet?
(j)   Heb je ___ (mijn kinderen) gezien?
(k)   Heb jij ___ (de bloemen) meegebracht?
(l)   Ik vind ___ (de jurk) mooi.

> **wegzetten**   *to put away*

5   Fill in the correct form and separate the verbs where appropriate. Each gap stands for part of the separable verb.

Examples.
> Jaap en Hester hebben ons ___ (uitnodigen).
> Jaap en Hester hebben ons uitgenodigd.
> Ze ── Renée en Jeroen ook ___ (uitnodigen).
> Ze nodigen Renée en Jeroen ook uit.

(a)   We ___ ___ (binnenkomen).
(b)   Het ziet er gezellig uit. Jaap heeft de kaarsen ___ (aansteken).
(c)   We ___ onze jassen aan de kapstok ___ (ophangen).
(d)   Ik heb een vriendin ___ (meebrengen).
(e)   We zullen weer vroeg ___ moeten ___ (weggaan).
(f)   Waarom is ze zo vroeg ___ (weggaan)?
(g)   Ik moet er nog over ___ (nadenken).
(h)   Ik heb geen zin om ___ te ___ (nadenken).
(i)   Heb je de boeken al ___ (wegzetten)?

> **de kapstok**   *the hallstand*   **vroeg**   *early*
> **waarom**   *why*

Leestekst

Read this recipe and answer the questions below in English.

Aardappelsoep

Ontvet de bouillon. Kook daarin 3 in blokjes
gesneden aardappelen gaar, samen met een
hamlap, die in dobbelsteentjes gesneden is.

Voeg prei, knolselderij en paprika aan de
soep toe. Laat nog 10 minuten koken.
Breng de soep op smaak met peper, kerrie en
eventueel zout.

Bestrooi met geknipte bladselderij. Eet daarbij
2 sneden roggebrood, die belegd zijn met
rauwe ham.
Als toetje: schaaltje magere kwark met $^{1}/_{2}$
geraspte appel en kaneel.

ontvet *with fat skimmed off*	**het zout** *the salt*
de bouillon *the stock*	**geknipt** *cut*
in blokjes gesneden *cut into cubes*	**bestrooien** *sprinkle*
dobbelsteen *cube* (Lit. dice)	**een snee roggebrood** *a slice of rye bread*
gaar koken *to cook until done*	**rauw** *raw/uncooked*
de prei *the leek*	**toe, toetje** *dessert*
de knolselderij *a variety of celery*	**de schaal** *the dish*
de paprika *green or red pepper*	**de magere kwark** *low-fat cream cheese*
toevoegen *to add*	
de smaak *the taste*	**geraspt** *grated*
kerrie *curry powder*	**de kaneel** *the cinnamon*
eventueel *if needed*	

1 When you make the potato soup, what do you have to do first
   with the stock?
2 What do you do then with the potatoes and ham?
3 What do you add next to the soup?
4 How do you flavour the soup?
5 What do you eat as an accompaniment?
6 What do you eat for dessert?

10
WAT ZULLEN WE DOEN?

What shall we do?

In this unit you will learn how to

- ask about plans
- ask and give information about leisure activities
- express times of the day, week, year and seasons

Gesprek

Helen and David talk to Hannie and Freek about their activities and decide to go on a weekend trip.

Freek   Zijn jullie van plan om lang in Nederland te blijven?
David   Dat weten we eigenlijk nog niet. Het hangt van mijn werk af.

Freek	Bevalt het je hier?
David	Ja uitstekend. Het huis dat we in Engeland hadden stond in het centrum van de stad en we hadden een veel kleinere tuin. Hier is het veel rustiger.
Helen	Ja en David vond de baan die hij toen had eigenlijk niet zo interessant.
Hannie	Had jij ook een baan in Engeland, Helen?
Helen	Ja. Ik was personeelschef bij een bedrijf dat heel groot was. Heb jij een baan, Hannie?
Hannie	Ja. Ik werk drie dagen per week van tien tot drie uur bij de gemeente. Vroeger was ik in dienst bij de rijksoverheid maar ik vond een volle dagtaak te vermoeiend met de kinderen en bovendien had ik geen tijd over voor hen.
David	Is er hier veel te doen met de kinderen?
Freek	Ja, er zijn veel mogelijkheden. Je kunt een heleboel doen en niet alleen met de kinderen, hoor. Hannie en ik sporten graag. 's Zomers tennissen we in het weekend en 's winters spelen Hannie en ik twee keer in de week squash. Bovendien ben ik lid van een schaakclub, want schaken is een van mijn grootste hobby's, en Hannie houdt zich bezig met de wijkvereniging.
David	Nou is dat niets voor jou, Helen?
Helen	Misschien, maar ik interesseer me eigenlijk meer voor zelfstudie – een avondcursus of zo om mijn Nederlands te verbeteren.
Hannie	Dan kun je bij het buurthuis terecht, Helen. Ik geef je straks een folder daarover.
Freek	En wat doe jij in je vrije tijd, heb je hobby's, David?
David	Ik doe tamelijk veel aan doe-het-zelf activiteiten en we zijn allebei dol op klassieke muziek. Vroeger speelde ik voetbal maar Helen had er een hekel aan dus stopte ik daarmee.
Freek	En fietsen – houden jullie van fietsen?
Helen	Ja en de kinderen ook.
Freek	We maken regelmatig fietstochten in het weekend met de kinderen. Willen jullie eens mee?
Helen	Prima idee, Freek.
Hannie	Ja, in het voorjaar is het altijd prettig fietsen – niet te warm, niet te veel wind!
David	Afgesproken dus.

zijn jullie van plan *are you intending*	**de wijkvereniging** *the residents' association*
het huis dat we in Engeland hadden *the house that we had in England*	**is dat niets voor jou?** *wouldn't that be something for you?*
David vond de baan die hij toen had *David found the job that he had then*	**zich interesseren in** *to be interested in*
de personeelschef *the personnel manager*	**de zelfstudie** *the private study*
het bedrijf *the company*	**verbeteren** *to improve*
het hoofdkantoor *the head office*	**de avondcursus** *the evening class*
in dienst bij *working for* (Lit. in service with)	**dan kun je bij het buurthuis terecht** *then you must go along to the community centre*
de rijksoverheid *the central government*	**de folder** *the brochure*
de volle dagtaak *the full-time job*	**ik doe tamelijk veel aan doe-het-zelf activiteiten** *I am quite keen on do-it-yourself*
vermoeiend *tiring*	**we zijn dol/gek op** *we are mad on/keen on*
bovendien *besides*	**Helen had er een hekel aan** *Helen couldn't stand it*
de mogelijkheid *the possibility, opportunity*	**regelmatig** *regularly*
sporten *to play sports*	**de fietstocht** *the cycle trip*
's zomers *in the summer*	**willen jullie eens mee?** *would you like to go along some time?*
's winters *in the winter*	**prima idee** *good idea*
spelen *to play*	**in het voorjaar** *in the spring*
het lid *the member*	**prettig** *pleasant*
de schaakclub *the chess club*	**afgesproken** *agreed*
schaken *to play chess*	
Hannie houdt zich bezig met ... *Hannie is involved with ...*	

Waar of niet waar?

(a) Het huis van David en Helen in Engeland had een grote tuin.

(b) David had een interessante baan in Engeland.

(c) Helen had geen baan in Engeland.

(d) Hannie heeft een volle dagtaak.

(e) Er is niet zo veel te doen in Voorschoten.

(f) Freek is dol op schaken.

(g) Helen is geïnteresseerd in een avondcursus.

(h) David speelt geen voetbal meer.

(i) De kinderen van David en Helen kunnen niet fietsen.

(j) Helen en David en Hannie en Freek willen in de zomer een fietstocht maken.

—— Wat u eigenlijk moet weten ——

Government   In The Netherlands the Government is organised at three levels: **de gemeente** (*the municipality*), **de provincie** (*the province*) and **de rijksoverheid** (*central government*). Note the difference between **de rijksoverheid** which means the central government in the sense of the civil service and the administration and **de regering** which is the central government in the political sense of the cabinet and ministers.

Leisure   Sports and recreational facilities are taken seriously in The Netherlands. Most areas have a good sports centre offering a wide range of sports. There is a number of sports which are peculiar to The Netherlands and Belgium, such as **korfbal** a type of netball with mixed male/female teams. The Dutch and Belgians also take some sports more seriously than the English. Skating and cycling are important examples of this. Skating is particularly popular in winter in The Netherlands when the many local canals and waterways frequently freeze over for a few days at a time. The Dutch need no second invitation to exit *en masse* from their homes to skate on natural ice – **schaatsen op natuurijs**.

There is plenty of musical activity in The Netherlands – choirs and clubs – and there are regular concert programmes in all the major cities. Amsterdam is of course world famous for its acoustically fine **Concertgebouw** (*concert building*) and the world class orchestra which has its home there: **het Concertgebouworkest**. **Het Nederlands Danstheater** (*the Dutch Dance Theatre*) also has an international reputation.

Chess is very popular in The Netherlands: there are many clubs and regular reports on important matches in the Press.

In the conversation Helen and David spend an evening talking Dutch informally to friends. This kind of opportunity is vital to progress in a foreign language. Initially, native Dutch speakers may seem surprised at your efforts to learn Dutch but if you persevere most of them are extremely helpful and encouraging. They tend to think you are fantastic for being able to say **ja** and **nee** because they are the ones who usually have to make the effort. This will boost your morale, so make the most of it!

—— **Belangrijke zinswendingen** ——

How to:

- ask whether someone is planning to do something

Zijn jullie van plan om
lang in Nederland te blijven?

*Are you planning to stay long in
The Netherlands?*

- ask about leisure activities

Is er hier veel te doen?
Wat doe je in je vrije tijd?

Is there a lot to do here?
*What do you do in your
spare time?*

Heb je hobby's?

Have you got hobbies?

- say you really dislike something

Ik heb een hekel aan sport.
Ik heb er een hekel aan.

I can't stand sport.
I can't stand that.

- express times of day, week, year and seasons

De maanden van het jaar (*The months of the year*)

januari	juli
februari	augustus
maart	september
april	oktober
mei	november
juni	december

De jaartijden (*The seasons*)

de winter	*the winter*	**de zomer**	*the summer*
het voorjaar/de lente	*the spring*	**het najaar/de herfst**	*the autumn*

When you want to express the idea of *in the morning, in the winter*
with the sense of something you often or frequently do at a certain
time or season but without meaning a particular morning or winter
then you can use the following construction:

's winters   *in the winter*

's zomers	*in the summer*
's morgens	*in the morning*
's ochtends	*in the morning*
's middags	*in the afternoon*
's avonds	*in the evening*
's nachts	*at night, in the night*

But:

in het voorjaar, in de lente	*in the spring*
in het najaar, in de herfst	*in the autumn*
in het weekend	*at the weekend*

However, if you wish to express the idea of *in the morning, in the winter* with the sense of one particular time or season then you use *in* as in English. So:

Zij gaat 's ochtends naar school.	*She goes to school in the mornings.*
Hij heeft in de ochtend een werkstuk geschreven.	*He wrote an essay in the morning.*
'S Winters spelen Hannie en Freek squash.	*Hannie and Freek play squash in the winter.*
'S Zomers tennissen ze graag.	*They like to play tennis in the summer.*

If you want to say *on Monday* and so on you simply use **maandag** without a preposition or **op maandag**:

Ik heb dat maandag gedaan.	*I did that on Monday.*
Ik heb dat op maandag gedaan.	

Note how you say *Mondays to Fridays inclusive*: maandag tot en met vrijdag.

This can sometimes be written as follows: maandag t/m vrijdag.

Note how to say how often something occurs:

twee keer in de week/ de maand/het jaar	*twice in the week / month / year*
twee keer per week/maand/jaar	*twice a week / month / year*

Today, yesterday, tomorrow

Note how you say these in Dutch (see overleaf):

vandaag	*today*	**morgen**	*tomorrow*
gisteren	*yesterday*	**overmorgen**	*the day after tomorrow*
eergisteren	*the day before yesterday*		

Last week, this week, next week

vorige week	*last week*	**deze week**	*this week*
verleden week	*last week*	**volgende week**	*next week*

Hoe zit 't in elkaar?

1 Simple past tense

Dutch has two tenses to refer to past time. You have already met the most common one. The tense used in this unit is employed to refer to things you regularly did in the past or to describe a whole series of things done in the past, as in relating a story. Learning which tense to use where in a foreign language is a matter of listening carefully to native speakers and imitating as closely as you can.

How to form the simple past tense:

If the verb falls into the category of regular verbs, then the **'t kofschip** rule applies, i.e. to the stem of verbs ending in **f, k, p, s, t, ch** you add **t**, to all others a **d** and then add endings as follows:

werken *to work*			
ik werkte	*I worked*	wij werkten	*we worked*
jij werkte	*you worked*	jullie werkten	*you worked*
u werkte	*you worked*	zij werkten	*they worked*
hij/zij werkte	*he/she worked*		

horen *to hear*			
ik hoorde	*I heard*	wij hoorden	*we heard*
jij hoorde	*you heard*	jullie hoorden	*you heard*
u hoorde	*you heard*	zij hoorden	*they heard*
hij/zij hoorde	*he/she heard*		

Note that if the stem of the verb ends in **t** or in **d** then this letter doubles up in the simple past tense:

ik praat**te**	*I talked*
ik antwoord**de**	*I answered*

If the verb falls into the irregular category then it will completely change its vowel sound in the past tense as it does in its past participle. Careful learning from the list at the end of the book is required. Here are some examples of irregular verbs:

kopen *to buy*			
ik kocht	*I bought*	wij kochten	*we bought*
jij kocht	*you bought*	jullie kochten	*you bought*
u kocht	*you bought*	zij kochten	*they bought*
hij/zij kocht	*he/she bought*		

You will see from this example that irregular verbs in the simple past tense, like regular ones, only have one form for the singular and one for the plural.

ik bracht	wij brachten	*I/we brought*
ik begon	wij begonnen	*I/we began*
ik kwam	wij kwamen	*I/we came*
ik deed	wij deden	*I/we did*
ik bleef	wij bleven	*I/we stayed*

Here are the past tenses of the important verbs **hebben** and **zijn**:

ik had	wij hadden
ik was	wij waren

and of the so-called 'modal' verbs:

kunnen		**moeten**	
ik kon	wij konden	ik moest	wij moesten

mogen		**willen**	
ik mocht	wij mochten	ik wilde	wij wilden

Once again there are only two forms.

As well as the irregular verbs there are also some completely irregular verbs and these include some which have an irregular past tense and a regular past participle:

vragen	*(to ask)*
ik vroeg	wij vroegen
ik heb gevraagd	

Once again it is necessary to check the list at the back of the book and to learn these irregular verbs carefully.

2 Relative clauses

When we make a statement there is a variety of ways in which we can add extra information to it. One is to insert a 'mini sentence' which gives extra information about one of the things mentioned in the sentence and several examples of this are used in the conversation.

Het huis, **dat** we in Engeland hadden, stond in het centrum van de stad.	*The house that we had in England was in the centre of the town.*
David vond de baan, **die** hij toen had, eigenlijk niet zo interessant.	*David found the job that he had then not particularly interesting.*

In English, these 'mini sentences' or relative clauses are introduced by 'which' or 'that' when they give extra information about things and by 'who(m)' when they refer to people. In Dutch, relative clauses are introduced by **die** or **dat** and which one you use depends on whether the word about which you are giving extra information is a **de** word or a **het** word.

There is also another difference between Dutch and English relative clauses and that is where you put the verb. In Dutch the verb has to go to the end of the clause or 'mini sentence':

Dit is het boek, dat ik gisteren heb gekocht/ gekocht heb.	*This is the book that I bought yesterday.*
Dit is de rok, die ik mooi vind.	*This is the skirt that I think is pretty.*
Dit is de man, die het college geeft.	*This is the man who is giving the lecture.*
Dit is het meisje, dat de mooie tekening heeft gemaakt/ gemaakt heeft.	*This is the girl who has done the good drawing.*

Note that if you are using the present perfect tense (**hebben/zijn** + past participle) then you can put these in either order but they must both be placed together at the end of the clause.

Similarly, if you are using a separable verb then the two parts meet up at the end of the clause; this time though there is only one possible order:

Dit is de vriendin, die *This is the friend who is coming*
vandaag meekomt. *with us today.*

In all the examples given the extra information was given about a word that came at the end of the sentence. However, it is also possible to give extra information about a word that comes earlier in the sentence and the relative clause in Dutch, as in English, has to stand next to the word about which it is giving information so as to avoid confusion. So:

De man, **die naast ons woont,** *The man **who lives next door***
is een Engelsman. ***to us** is English.*

This is one of the most difficult features of Dutch for English speakers to get used to because in English you look for the verb you want to use early on. Be patient: you sound odd but not incomprehensible when you use the verb in the wrong place. Master the rule, try to practise it: listen hard to native speakers and gradually the verb will get into the right place.

3 Dit is/dat is

You have already met the Dutch words for *this* and *that* and have learned that there are two pairs, one for each gender. However, in Dutch, as in English, it is also possible to start a sentence with *this* and *that*;

Dit is het boek dat ik interessant vind.
Dat is de vrouw die ik aardig vind.

You will see from the two examples that when *this* or *that* begin the sentence you do not need to take any notice of whether a **de** or a **het** word is going to follow. You simply use **dit** or **dat** in all cases.

Note also what happens in Dutch when the noun in the sentence is plural:

Dit zijn de mensen die ik
gisteren heb ontmoet.
Dat zijn de films die ik graag
wil zien.

*These are the people I met
yesterday.*
*Those are the films that I really
want to see.*

You continue to use **dit** and **dat** in their singular forms with a plural
verb.

Oefeningen

1 Read the passsage below and fill in the gaps with the correct
form of the simple past tense form of the appropriate verb chosen
from the list given below the passage. Example:

Ik ⎯⎯ naar de stad, ⎯⎯ naar het postkantoor en ⎯⎯ een
postzegel.

gaan	lopen	kopen

Ik liep naar de stad, ging naar het postkantoor en kocht een
postzegel.

Helen en David ⎯⎯ in Engeland en ⎯⎯ een groot huis in het
centrum van de stad. Helen ⎯⎯ als personeelschef bij een groot
bedrijf in de stad maar David ⎯⎯ iedere dag naar Londen. Hij
⎯⎯ zijn baan niet zo interessant en daarom ⎯⎯ hij nieuw
werk. Hij ⎯⎯ van plan om in het buitenland te gaan werken.
Helen ⎯⎯ ook een nieuwe baan hebben en na veel zoeken ⎯⎯
zij allebei een baan in Nederland. Zij ⎯⎯ hun huis in Engeland
en ⎯⎯ in Nederland wonen.

zoeken	komen	vinden	krijgen	verkopen	zijn	werken	gaan
	willen		hebben		wonen		

ieder *every*	**het buitenland** *abroad*
daarom *therefore*	**krijgen** *to get*

2 Look at the diary entry below for Adelheid's activities last week and then describe her week in sentences using the simple past tense (remember Adelheid writes her diary in the first person).

zondag	sta vroeg op bezoek mijn ouders
maandag	breng de kinderen naar school
dinsdag	volg een avondcursus
woensdag	ga naar de winkels
donderdag	speel squash in het sportcentrum
vrijdag	doe boodschappen
zaterdag	koop een nieuwe trui luister naar een concert

Zondag stond ik vroeg op. Ik ...

3 Join the pairs of sentences together with **die** or **dat** as appropriate. Example:

Dit is de vrouw. Zij werkt op het postkantoor.
Dit is de vrouw, die op het postkantoor werkt.

(a) Dit zijn de buren. Zij komen uit Engeland.
(b) Dit is het sportcentrum. Wij hebben het gisteren bezocht.
(c) Dit is het meisje. Zij gaat naar dezelfde school als mijn dochter.
(d) Dit is de fiets. Ik gebruik hem voor mijn werk.
(e) Hier is de paraplu. Je hebt me hem vorige week gegeven.
(f) Hier is een man. Hij heeft in Amerika gereisd.
(g) Hier is je nieuwe hemd. Je hebt het bij mij achtergelaten.
(h) Dit is de pittige kaas. Ik vind hem lekker.

de buur(man/vrouw) *the neighbour*		**gebruiken** *to use*	
dezelfde *the same*		**de paraplu** *the umbrella*	
		achterlaten *to leave behind*	

4 Pretend you are Günther Bosch, a German personnel officer who has just come to live in The Netherlands. Using the vocabulary from the **Gesprek** on page 134 make up your replies to Hans's questions. There are various possibilities and the key will give you an example. Do not forget that Günther is speaking about the past!

Hans   Had jij een baan in Duitsland?
Günther   ___
Hans   En beviel die baan?
Günther   ___
Hans   Wat voor woning had je in Duitsland?
Günther   ___
Hans   Wat deed je in je vrije tijd?
Günther   ___
Hans   Waren er veel mogelijkheden?
Günther   ___

5 In the following exercise you have two columns of sentences. First identify which pairs belong together and then join them into one sentence by using **die** and **dat** as appropriate. Example:

> De man is dik. Hij woont om de hoek.
> De man, die om de hoek woont, is dik.

WHAT SHALL WE DO?

(a) Dit is een boek.
(b) De trein gaat naar Utrecht.
(c) Dit is het huis.
(d) De man is een Engelsman.
(e) Ik ga naar de kledingzaak.
(f) De tentoonstelling is
nu afgelopen.
(g) Dit is de rode rok.
(h) Mijn dochter heeft
geen kinderen.

(i) Het heeft een grote tuin.
(ii) Ik wilde hem graag zien.
(iii) Hij staat Juliana goed.
(iv) Ik vind het interessant.
(v) Hij vertrekt om 10.30.
(vi) Zij is net gescheiden.
(vii) Hij woont naast ons.
(viii) Hij staat in het centrum.

dik *fat*

Leestekst

Een heel bijzonder sportevenement in Nederland is de Elfstedentocht. Dit is een 210 km lange schaatstocht over sloten, vaarten, plassen, rivieren en kanalen, die door de elf historische steden van Friesland komt.

De Elfstedentocht wordt alleen gereden als het ijs heel dik en stevig genoeg is om veilig te zijn voor de duizenden deelnemers. En dat gebeurt niet zo vaak omdat het klimaat in Nederland vrij zacht is.

Aan de Elfstedentocht van 1986 namen ongeveer 17.000 mensen deel. De tocht gaat 's ochtends vroeg van start, als het nog donker is. Afhankelijk van het weer, kunnen de heel snelle wedstrijdrijders de tocht in zeven uur uitrijden, maar soms duurt dat ook veel langer. Aan de barre tocht van 1963 deden 10.000 schaatsers mee, maar slechts 60 van hen haalden het eindpunt. Het vroor die dag 20 graden.

De meeste Nederlanders houden veel van schaatsen en tijdens de tocht staan er honderdduizenden toeschouwers langs de kant van het ijs. De tocht wordt live op t.v. uitgezonden en veel Nederlanders nemen een vrije dag om dit spectaculaire evenement te kunnen zien. Elk jaar weer, als het begint te vriezen hopen de schaatsliefhebbers dat dit typisch Nederlandse feest weer zal plaatsvinden.

Elfstedentocht *Eleven Towns Tour*	**snel** *fast*
de schaatstocht *the skating tour*	**wedstrijdrijders** *competition*
de sloot *the ditch*	*skaters*
de vaart *the canal*	**uitrijden** *to complete*
de plas *the pool*	**soms** *sometimes*
de rivier *the river*	**duren** *to last*
het kanaal *the (ship) canal*	**bar** *harsh*
Friesland *province in the north of*	**slechts** *only*
The Netherlands	**de toeschouwer** *the spectator*
gereden (rijden) *skated* (Lit. ridden	**uitzenden** *to broadcast*
on skates)	**vriezen** *to freeze*
de deelnemer *the participant*	**hopen** *to hope*
deelnemen *to take part*	**de schaatsliefhebber** *someone*
gebeuren *to happen*	*who loves skating*
afhankelijk *depending*	**plaatsvinden** *to take place*

1 Is the Elfstedentocht held every year?
2 How long (in km) is the Elfstedentocht?
3 When do the skaters set off?
4 How long will it take fast skaters to complete the tour?
5 What was so remarkable about the 1963 Elfstedentocht?
6 How many people line the banks to watch the tour?

11
LATEN WE NAAR
— ANTWERPEN GAAN —

Let's go to Antwerp

In this unit you will learn how to

- express your likes and dislikes
- say something is a good idea
- make suggestions
- state your preferences

Gesprek

David and Helen are talking to Hannie and Freek about a day out to Antwerp, Belgium, with the children. They make suggestions, agree and disagree about the activities. When they go to the restaurant they talk about which foods they like and dislike.

Helen Ik wil graag naar het Rubenshuis. Ik ben er nog nooit geweest en ik hou van Rubens' schilderijen.

Freek Daar hebben onze kinderen vast geen zin in. Die zijn niet zo dol op museums.

David Hebben jullie misschien zin om naar de Antiekmarkt te gaan? Dat lijkt me heel interessant.

Hannie Ja, dat lijkt me ook leuk. Maar ik denk dat de kinderen daar niet in geïnteresseerd zijn.

Helen   Ik heb een idee. Laten we naar de Vogeltjesmarkt gaan. Dat is ook geschikt voor de kinderen. Die zullen zich daar wel vermaken.

Hannie   Een goed idee. Als ik me niet vergis, kun je in de stad ook tochtjes maken in een rijtuig. Dan kan de gids ons de stad laten zien. Er is eigenlijk zoveel te doen, we zullen ons niet hoeven te vervelen.

In een restaurant in de oude stad.

Freek   Hier is de menukaart. Willen jullie een voorgerecht?

Hannie   Ik heb wel zin in een kopje soep.

Freek   Ook voor de kinderen?

Hannie   Nee, die kunnen we maar beter geen soep geven, anders eten ze de rest van de maaltijd niet meer.

Helen   Ik neem als hoofdgerecht de wafels, denk ik. Neem jij die ook, David?

David   Nee, ik hou niet van wafels. Ik heb er nooit van gehouden. Ik vind ze te zoet. We kunnen ze wel bestellen voor de kinderen. Ik neem de biefstuk met patat.

Hannie   Ik ook. Maar ik vind patat eigenlijk niet zo lekker, ik neem er gebakken aardappelen bij. En als toetje neem ik ijs of zal ik een puddinkje nemen? Ik vind het allebei eigenlijk even lekker. IJs is net zo lekker als pudding.

Freek   Laten we de ober maar roepen. Ober! We willen graag bestellen.

---

het schilderij *the painting*	**de soep** *the soup*
de Antiekmarkt *the antiques market*	**het hoofdgerecht** *the main meal*
dat lijkt me *I think that would be*	**de wafel** *the waffle*
denken *to think*	**te zoet** *too sweet*
laten we *let's*	**de biefstuk** *the steak*
geschikt *suitable*	**de gebakken aardappelen** *the*
zich vermaken *to amuse oneself*	*roast potatoes*
als ik me niet vergis *if I'm not*	**er ... bij** *with it (accompanied by)*
mistaken	**de pudding** *the milk*
het tochtje *the trip, tour*	*pudding/blancmange*
het rijtuig *the* (horse-drawn) *carriage*	**het ijs** *the ice-cream*
de gids *the guide*	**even lekker** *just as nice*
zich vervelen *to be bored*	**net zo lekker als** *just as nice as*
de menukaart *the menu*	**roepen** *to call*
het voorgerecht *the starter*	**de ober** *the waiter*

Waar of niet waar?

(a) Helen vindt Rubens' schilderijen mooi.

(b) De kinderen houden van museums.

(c) David denkt dat de Antiekmarkt leuk is.

(d) Hannie denkt dat de kinderen de Antiekmarkt ook leuk zullen vinden.

(e) Er zijn veel bezienswaardigheden in Antwerpen, dus ze zullen zich wel vermaken.

(f) De kinderen eten in het restaurant ook soep.

(g) Hannie vindt pudding lekkerder dan ijs.

—— Wat u eigenlijk moet weten ——

Antwerpen   Antwerp offers a lot to the tourist or the day tripper. It is an old city with plenty of attractions and museums. There are many other towns and villages in Flanders which are well worth visiting: Brugge, Ghent and Damme – to name but a few. The atmosphere in these places is different from most places in The Netherlands. It carries the distinctive flavour of people who know how to enjoy the good things in life.

De Vogeltjesmarkt   This is a general market. Apart from plants, food and material and clothes, live animals such as birds are sold here. The market is only held on Sunday mornings in the town centre.

Het gerecht   This means *dish* or *meal*. The Dutch talk about **voorgerecht** (*starter*), **hoofdgerecht** (*main meal*) and **nagerecht** (*dessert*) – more colloquially called **toetje**.

The language in Flanders is Dutch (sometimes called Flemish), but it is spoken with a much softer accent. The g's for instance are not pronounced with the throat as in The Netherlands. The sounds and the rhythm of Flemish are more reminiscent of French. If you are used to the northern Dutch accent, you will be surprised initially when you hear Flemish being spoken. Do not worry though, keep listening and you will soon tune in to the soft and vocal qualities of the Flemish accent.

—— Belangrijke zinswendingen ——

How to:

- express likes and dislikes

Ik hou van Rubens.	*I like Rubens.*
Ik hou niet van moderne kunst.	*I don't like modern art.*
Ik vind Rubens' schilderijen mooi.	*I think Rubens's paintings are beautiful.*
David vindt de Antiekmarkt interessant.	*David thinks the antiques market is interesting.*

- express likes and dislikes in relation to food

David houdt niet van wafels, maar Helen houdt wel van wafels.	*David doesn't like waffles but Helen does.*
Ik vind patat (niet) lekker.	*I do (not) like chips.*
Jij eet graag patat.	*You like to eat chips.*
Ik heb zin in een wafel.	*I fancy a waffle.*

- say you think something is a good idea

Het lijkt me leuk.	*I think that would be nice.*
Het lijkt hem een goed idee.	*He thinks that would be a good idea.*
Ik denk dat het leuk is.	*I think it is nice.*
Dat is een goed idee, denk ik.	*I think that's a good idea.*

- make suggestions

Heb je zin om naar de Antiekmarkt te gaan?	*Would you like to go to the antiques market?*
Zullen we naar het Rubenshuis gaan?	*Shall we go to the Rubenshuis?*
Laten we naar de Vogeltjesmarkt gaan.	*Let's go to the Vogeltjesmarkt.*

- state preferences

Ik ga liever naar de Vogeltjesmarkt.	*I'd rather go to the Vogeltjesmarkt.*

- describe taste

Ik vind koffie met suiker te zoet.	*I find coffee with sugar too sweet.*
Deze wijn is te zuur, het lijkt wel azijn.	*This wine is too tart, it is like vinegar.*
Ik moet wat minder zout eten.	*I'll have to eat less salt.*
Grapefruits zijn een beetje bitter.	*Grapefruit is a bit tart.*

zoet	*sweet*	**zuur**	*sour*
zout	*salt*	**bitter**	*bitter*

Hoe zit 't in elkaar?

1 *Reflexive verbs*

Some verbs need to have an object pronoun which refers back to the subject of the verb. Examples in English are *I washed **myself**, I cut **myself***. These verbs are called reflexive.

In Dutch, there are also some of these reflexive constructions and a couple of examples were used in the conversation. Here is an example of a reflexive verb, notice all the forms of the reflexive pronoun:

ik interesseer **me**	*I am interested*	wij interesseren **ons**	*we are interested*
jij interesseert **je**	*you are interested*	jullie interesseren **je**	*you are interested*
u interesseert **zich/u**	*you are interested*	zij interesseren **zich**	*they are interested*
hij/zij interesseert **zich**	*he/she is interested*		

Ik interesseer me eigenlijk meer voor zelfstudie.	*I'm really more interested in private study.*

There are verbs that always need to be accompanied by a reflexive pronoun. It does not always seem logical to use this type of construction, so the best thing is to learn these verbs. See page 152 for a list of the most common.

zich haasten	*to hurry*	zich verbazen	*to be amazed*
zich vergissen	*to be mistaken*	zich voelen	*to feel*
zich amuseren	*to amuse oneself*	zich vervelen	*to be bored*
zich vermaken	*to amuse oneself*	zich schamen	*to be ashamed/*
zich gedragen	*to behave oneself*		*embarrassed*
zich herinneren	*to remember*		

For emphasis **zelf** can be added after the pronoun:

Ik interesseer **mezelf** niet voor antiek.	*I am not interested in antiques, myself.*
Hij voelt **zichzelf** prima.	*He is feeling fine.*

The reflexive pronoun comes:

(a) in the main statement or question – after the main verb.

Ik verveel **me**.	*I am bored.*
Zij zullen **zich** daar vast wel vermaken.	*They will certainly enjoy themselves there.*
Wij hebben **ons** goed gedragen.	*We behaved ourselves.*

(b) in a mini-sentence (subordinate clause) – before the verb.

Hij zegt dat hij **zich** vermaakt.	*He says that he enjoyed himself.*

2 Making comparisons

You learned how to compare things, and say that something is bigger or better in Unit 6. You have seen there is a pattern for forming these comparisons.

If you are making equal comparisons you need to use these phrases:

Ik hou **even** veel van vlees **als** van vis.	*I like meat **as** much **as** fish.*
De groentesoep is **even** lekker **als** de tomatensoep.	*The vegetable soup is **as** nice **as** the tomato soup.*

or

Ik hou **net zo** veel van vlees **als** van vis.	*I like meat **just as** much **as** fish.*
Dit schilderij van Rubens is **net zo** mooi **als** dat schilderij.	*This Rubens painting is **just as** beautiful **as** that one.*

3 Laten

Laten we naar de vogelmarkt gaan.	***Let**'s go to the bird market.*
De gids zal ons de stad **laten** zien.	*The guide will **show** us the town.*

In these two sentences the verb **laten** is not used in the same manner. In fact, in the second sentence **laten** cannot be translated separately. **Laten zien** translates as *to show*.

Laten is often used as the equivalent of *to let*.

Laten we naar huis gaan.	*Let's go home.*
Laat me gaan.	*Let me go.*

The word **laten** has several other meanings.

Often it means *to leave something*.

Ik heb mijn tas laten liggen.	*I've left my bag.*
Laat me niet alleen.	*Don't leave me alone.*

Sometimes it means *to have something done*.

Ik moet mijn haar laten knippen.	*I should get my hair cut.*
Ik laat de auto repareren.	*I'm having the car repaired.*

4 How to say no

We kunnen de kinderen maar beter **geen** soep geven, anders eten ze de rest van de maaltijd **niet** meer.	*We had better not give the children any soup, or they won't eat the rest of the meal.*

In Dutch, there are two words that are frequently used to deny (negate) something: **geen** (*no*) and **niet** (*not*).

Geen In Unit 2 you learned that **geen** means: *no/not any*. To understand this, the first thing to remember is that you can only use **geen** when you are negating a noun (i.e. no table, no cars, no children).

But **geen** is used only when you are negating a noun that is preceded by **een** or no article at all. In all other cases you will use the word **niet**.

(a) Wil je een appel? – Nee, ik wil **geen** appel.	*Would you like an apple? – No, I don't want an apple.*
(b) Ga je appels kopen? – Nee, ik ga **geen** appels kopen.	*Are you going to buy some apples? No, I'm not going to buy any apples.*

In these examples, when the word *apple* appeared in the question, it was preceded by (a) **een** and (b) no article at all.

This means that you are talking about apples in general. If you are talking about some specific apples, you use the word **niet**.

Wil je die rode appel? – Nee, ik wil die rode appel **niet**.	*Do you want that red apple? – No I don't want that red apple.*
Ga je de appels die ik zo lekker vind, kopen? – Nee, die ga ik **niet** kopen.	*Are you going to buy the apples I like so much? – No, I'm not going to buy them.*

Lees je het boek? – Nee,	*Are you reading the book? –*
ik lees het boek **niet**.	*No, I'm not reading the book.*

Geen always comes directly before the noun or directly before the word that gives extra information about that noun (adjective):

Ik wil geen **rode** appels.	*I don't want red apples.*
Ik eet geen **zoete** wafels.	*I don't eat sweet waffles.*

Niet   Throughout these units, you have been using the word **niet**, probably without worrying too much about it. However, it is a word that merits some special attention, because of the place it occupies in the sentence.

In the main statement or question **niet** usually comes right at the end of the sentence.

Ik luister niet.	*I'm not listening.*
Ik ga volgende week niet.	*I'm not going next week.*
Ik ken haar niet.	*I don't know her.*
Ik lees die boeken niet.	*I don't read those books.*

However **niet** sometimes comes before:

(*a*) an adjective that follows the noun

Zijn die schoenen **nieuw**?	*Are those shoes new?*
Nee, die zijn **niet nieuw**.	*No, they are not new.*

(*b*) an adverb (a word that gives extra information about a verb)

Heeft hij het **goed** gedaan?	*Did he do it well?*
Nee, hij heeft het **niet goed** gedaan.	*No, he didn't do it well.*

(*c*) a preposition (such as **in**, **op**, **naar**, **met**)

Ben je **in** Amsterdam geweest?	*Have you been in Amsterdam?*
Nee, ik ben **niet in** Amsterdam geweest.	*No, I haven't been in Amsterdam.*

In a subordinate clause the verb comes at the end, so the verb has to come after **niet**. All the other guidelines still apply.

Ik denk dat de kinderen daar **niet in** geïnteresseerd zijn.	*I don't think the children are interested in that.*
David zegt dat hij **niet van** wafels houdt.	*David says that he doesn't like waffles.*

| Ik weet dat de kinderen hem **niet aardig** vinden. | *I know the children don't like him.* |
| Maria zegt dat ze **niet alleen** naar huis gaat. | *Maria says that she is not going home on her own.* |

The best way to get to grips with placing **niet** in the sentence is through use. There are a few exercises at the end of this unit that deal solely with this point.

5 Wel

Zij zullen zich daar **wel** vermaken.	*They **will** amuse themselves there.*
Ik heb **wel** zin in een kopje soep.	*I **do** fancy a cup of soup.*
We kunnen de wafels **wel** bestellen voor de kinderen.	*We **can** order the waffles for the children.*

Wel is used as the opposite of **geen** and **niet**. It gives an extra positive emphasis.

Ik heb **geen** auto maar **wel** een fiets.	*I don't have a car, but I do have a bicycle.*
Hij spreekt **geen** Frans, maar **wel** Duits.	*He doesn't speak French, but he does speak German.*
Ik heb **geen** zin in koffie, maar **wel** in thee.	*I don't fancy a coffee, but I do fancy a cup of tea.*
Ik hou **niet** van vlees, maar **wel** van vis.	*I don't like meat, but I do like fish.*
Ik ga **niet** naar Amsterdam, maar **wel** naar Den Haag.	*I'm not going to Amsterdam, but I am going to The Hague.*
Dit werk heb je **niet** goed gedaan, maar dat **wel**.	*You didn't do this job well, but you did all right with that one.*

The place of **wel** in the sentence is the same as that of **niet**.

6 Nooit *never*

| Ik heb **nooit** van wafels gehouden. | *I have **never** liked waffles.* |

Nooit can be used for all words, including nouns.

Ik koop nooit appels.	*I never buy apples.*
Ik ga nooit naar Amsterdam.	*I never go to Amsterdam.*
Hij doet z'n werk nooit goed.	*He never does his work well.*

The place of **nooit** in the sentence is the same as that of **niet**.

7 Making it smaller (diminutives)

The Dutch often add **-je** to a noun which changes the meaning to something smaller. All diminutive nouns are **het** words.

| het huis – het huisje | *the little house, the cottage* |
| het boek – het boekje | *the little book* |

Sometimes it shows affection.

| de poes – het poesje | *the little pussy cat* |
| het kind – het kindje | *the little child* |

Sometimes it expresses something positive.

| de muziek – het muziekje | *the nice music, the nice tune* |
| de zon – het zonnetje | *lovely sunshine* |

Sometimes it conveys a negative feeling.

Wat een raar mannetje.	*What a strange, odd little man.*
Huisje, boompje, beestje.	(an expression referring to a
boring / suburban existence – Lit. little house, little tree, little animal)	

The problem is that **-je** behind a noun can be hard to pronounce for the Dutch. That is why different endings have developed.

tje	etje	pje	kje
tafeltje	mannetje	boompje	puddinkje
stoeltje	ringetje	museumpje	woninkje
retourtje	kammetje	geheimpje	
enkeltje	bruggetje		
eitje	kippetje		

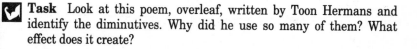

Task Look at this poem, overleaf, written by Toon Hermans and identify the diminutives. Why did he use so many of them? What effect does it create?

Strooiehoed

Mijn vader had 'n strooien hoed
veel vaders hadden dat
en hing het hoedje in de gang
dan had dat hoedje wat

en als het hoedje er niet hing
had hij het op z'n kop
hing het er niet, dan fleurde het
de sombere gang wat op

zo stralen alle spulletjes
stroohoedjes, vestjes, dasjes,
hun eigen atmosfeertje uit
de tafeltjes, de kastjes

zo zingen alle prulletjes
hun eigenste gezang
de twijfelaar of 't hemelbed
en het hoedje in de gang.

t.

de strooien hoed *the straw hat*	**de kast** *the cupboard*
de gang *the corridor*	**de prullen** *the trash*
de kop *the head*	**het eigenste gezang** *own song*
opfleuren *to brighten up*	**de twijfelaar** *very small double bed*
de spullen *the things*	**het hemelbed** *the four-poster bed*
uitstralen *to radiate*	

Oefeningen

1 You are planning an outing with a friend and you are discussing different possibilities.

Use the symbols and drawings to make up sentences for suggestions and answers.

Use different expressions, such as: **dat lijkt me leuk, ik ben daar niet in geïnteresseerd, ik hou niet van,** etc. Look up the **Belangrijke zinswendingen** on page 150.

You  ?

Your friend ☹  ?

You  ?

Your friend ?

You

2 Fill the gaps with one of the following: **niet**, **geen**, **wel**, **nooit**.

- (a) ● Neem je suiker en melk in de koffie?
  – —— suiker, —— melk graag.
- (b) ● Zullen we naar Brugge gaan?
  – Ja leuk, daar ben ik nog —— geweest.
- (c) ● Hou je van honden?
  – Nee, ik hou —— van honden.
- (d) ● Heb je een hond?
  – Nee, ik heb —— hond, maar —— een kat.
- (e) ● Is er nog brood?
  – Nee, er is —— brood meer.
- (f) ● Vind je advocaat lekker?
  – Ik weet het niet. Ik heb het nog —— gehad.

de hond *the dog*	**advocaat** *advocaat* (alcoholic
de kat *the cat*	drink like egg-nog)

3 Put the words in the right word order. Start the sentence with the word that begins with a capital.

- (a) Ik/ nooit/ heb/ gewoond/ in Amsterdam.

(*b*) Ik/ rode wijn/ niet/ lekker/ vind.

(*c*) boek/ Hij/ heeft/ dat/ niet/ gelezen/.

(*d*) niet/ dat ik gelezen heb/ is/ Het verhaal/ leuk.

(*e*) komt/ Mijn moeder/ morgen/ op bezoek/ niet.

(*f*) Ik/ durf/ alleen/ in het donker/ te/ niet/ naar huis/ gaan.

(*g*) Zit/ steeds/ niet/ te/ praten/ met je vriendin. (This sentence is a command. **Steeds** means *all the time*.)

het verhaal	*the story*

4 Use the **wijn-smaak-wijzer** and look at the list below. Make up sentences according to the following pattern.

Jaap houdt niet van licht zoete witte wijn, maar wel van zeer zoete witte wijn.
Or Nellie vindt witte wijn even lekker als rode wijn.
Or Marion houdt meer van rode wijn dan van witte wijn.
Or Arend vindt volle en robuuste rode wijn lekkerder dan lichte rode wijn.

	Renate	**Kim**	**Remi**
Houdt van	wit 6	rood 2 en wit 2	A en wit 5, 6
Houdt niet van	rood	wit 6	wit 1

aangenaam *pleasant*	**soepel** *smooth*

5 Choose the correct word from this box to complete the answers below:

dol	vind	allebei	lijkt	zich	anders

(a) ● Zullen we naar Amsterdam gaan?
– Ja, dat ___ me een goed idee.
(b) ● Hou je van pannekoeken?
– Nee, ik ___ pannekoeken niet zo lekker.
(c) ● Heb je zin om naar de antiekmarkt te gaan?
– Eigenlijk niet. Ik ben niet zo ___ op antiek.
(d) ● Denk je dat de kinderen de dierentuin leuk zullen vinden?
– Vast wel. Ze zullen ___ daar wel vermaken.
(e) ● Wil je tomatensoep of heb je liever groentesoep?
– Ik vind ze ___ even lekker.
(f) ● Mogen de kinderen nu een ijsje?
– Nee, ___ eten ze straks hun eten niet op.

de pannekoek *the pancake*

6 Read the statements about these people and choose a suitable dish and/or drink from the menu opposite of **het pannekoekenhuis**.

Marius vindt eieren met spek erg lekker. Hij drinkt geen alcohol, maar hij houdt veel van vers sinaasappelsap.

Jobje is 4 jaar. Hij weet nog niet wat hij wil, maar hij moet van zijn moeder iets gezonds drinken. Verder mag hij een speciaal kindergerecht.

Herman houdt niet van pannekoeken. Hij wil graag iets met een slaatje erbij. Hij hoeft geen toetje, maar hij wil wel wat drinken. Hij houdt erg veel van bier, maar hij durft geen alcohol te nemen omdat hij nog met de auto naar huis moet.

Saskia is dol op Frankrijk. Ze heeft niet zo veel honger, dus ze neemt alleen soep en een speciale koffie toe. Ze drinkt een alcoholische drank.

PANNEKOEKENHUIS
„DE WITTE SWAEN"
DORPSSTRAAT 11-13 – BROEK IN WATERLAND
TELEFOON 02903 – 1525

____ 1. KINDERPANNEKOEK SUIKER/STROOP	f 6,95
____ 2. PANNEKOEK NATUREL	f 7,95

OMELETTEN:

____ OMELET MET SPEK OF HAM OF KAAS	f 9,50
____ BOERENOMELET MET SALADE	f 14,95
ALLE OMELETTEN MET STOKBROOD/ KRUIDENBOTER	
____ DIVERSE EXTRA'S	f 2,00

SOEPEN:

____ TOMATENCRÈME SOEP	f 5,00
____ FRANSE UIEN	f 5,00

KOUDE DRANKEN:

____ MELK	f 2,00
____ COCA COLA/SEVEN UP/TONIC/GINGER ALE	f 2,50
____ APPELSAP/DRUIVENSAP	f 2,75
____ VERS GEPERSTE JUS D'ORANGE	f 3,50

WIJN/BIER:

____ BIER	f 2,75
____ ALCOHOLVRIJ BIER	f 3,00
____ FRANSE CIDER (hele fles f 15,00)	f 3,00

SPECIAL AANBEVOLEN:

____ THEE MET RUM	f 4,25
____ IRISH COFFEE	f 7,95
____ FRANSE KOFFIE D.O.M.	f 7,95

(Help with vocabulary is overleaf.)

het pannekoekenhuis *the pancake restaurant*	het slaatje *the salad*
het spek *the bacon*	omdat *because*
gezond *healthy*	ze heeft (geen) honger *she is (not) hungry*
het kindergerecht *the children's meal*	

7 For this exercise you need to refer to the statements given in exercise 6 above and to the menu. Complete the dialogue between Herman and Saskia and use the words between brackets. Think about the answers first before you use the cassette.

Saskia	Neem jij een pannekoek, Herman?
Herman	—— (hou niet van/liever/met een slaatje)
	Neem jij wel een pannekoek?
Saskia	—— (geen zin)
Herman	Ze hebben Franse uiensoep. Vind je dat lekker?
Saskia	—— (lijkt/lekker)
	Zullen we een biertje erbij nemen?
Herman	—— (wel zin/durf)
	Wat wil jij drinken?
Saskia	—— (vind/Franse cider lekker)
Herman	—— ? (bestellen)

Leestekst

België

België ligt aan de Noordzee tussen Nederland in het noorden en Frankrijk in het zuiden. Het is een klein land, kleiner zelfs dan Nederland met een bevolking van ongeveer tien miljoen mensen.

In België spreekt de bevolking verschillende talen. In het noorden van België, in Vlaanderen, spreken de mensen Nederlands. In het zuiden, in Wallonië, spreken ze Frans. Er is ook een kleine groep Duitssprekende mensen die in het zuidoosten woont. In de hoofdstad Brussel spreken de mensen Nederlands en/of Frans. Brussel is dus een tweetalige stad.

De koning van België woont in Brussel en het parlement zetelt daar ook. Maar België is tegenwoordig een federale staat. Zowel Vlaanderen als Wallonië hebben hun eigen Raad, die beslist over heel veel zaken, zoals onderwijs en cultuur. Brussel heeft ook een eigen Raad.

Sinds 1945 heeft België een enorme economische groei gekend, vooral in Vlaanderen. De haven van Antwerpen is een van de grootste havens ter wereld en België heeft een veelzijdige industriële sector.

Brussel is niet alleen de hoofdstad van België maar ook de hoofdstad van de EU. Al met al het trefpunt van Europa!

zelfs *even*	**de zaak** *the matter*
tweetalig *bi-lingual*	**het onderwijs** *the education*
tegenwoordig *at the present (time)*	**kennen** *to experience*
zowel ... als *both ... and*	**veelzijdig** *multi-faceted*
de raad *the council*	**het trefpunt** *the hub*
beslissen *to decide*	

1 Between which two countries is Belgium situated?
2 Is Belgium larger than the Netherlands?
3 How many languages are spoken in Belgium?
4 Who is the head of state in Belgium?
5 What type of state is Belgium?
6 What matters do the councils decide on?
7 What has happened to the Belgian economy since 1945?
8 What function does Brussels have other than that of capital of Belgium?

12

— IK ZOEK EEN BAAN —

I'm looking for a job

In this unit you will learn how to

- say that you are getting accustomed to something
- talk about work and looking for a job

Gesprek

Helen talks to Hannie and Saskia about getting a job.

Saskia Hoe gaat het Helen? Wen je al een beetje aan het leven in Nederland? Heb je geen heimwee naar Engeland?

Helen Oh nee. Ik voel me echt thuis hier en ik denk dat het tijd is om een baan te zoeken. Maar hoe?

Hannie Er zijn verschillende mogelijkheden. Je kunt naar advertenties in de krant kijken of je kunt informeren bij vrienden of je kunt naar een uitzendbureau gaan.

Saskia Werk zoeken via een uitzendbureau lijkt mij de beste oplossing, hoor. Naar werk zoeken is hun vak: zij weten wat de vereiste diploma's zijn en hoe je het beste een c.v. voor een Nederlandse werkgever kunt opstellen.

Hannie Ja en een ander voordeel is dat zij belangrijke tips kunnen geven over belasting, premies, de arbeidsovereenkomst enz.

Helen Maar dan heb ik geen vaste betrekking en ik wil eigenlijk een onafhankelijk bestaan opbouwen. Ik wil geen tijdelijk werk maar een carrière.

Saskia   Dat is verstandig, Helen. Maar je bent toch wel in eerste instantie beter af bij een uitzendbureau. Solliciteren op eigen houtje is moeilijk, vooral als je de regels niet weet.

Hannie   Ja, en je kunt ze zeggen dat je alleen in werk op een personeelsafdeling bent geïnteresseerd. Je doet ervaring op en wie weet – er is menig tijdelijke werkkracht die op een vaste baan is overgestapt.

Helen   Maar een werknemer in tijdelijke dienst heeft zo weinig rechten en dat is toch een nadeel.

Saskia   Meer rechten dan je denkt misschien.

Helen   Nou, ik ben niet helemaal overtuigd maar ik ga in ieder geval informeren.

---

wen je al ... aan het leven? *are you getting accustomed to life?*
heb je (geen) heimwee naar Engeland? *aren't you homesick for England?*
ik voel me echt thuis *I feel really at home*
verschillend *various*
informeren *to get information*
onder *among*
de vriend (in) *the (girl) friend*
via *through*
de oplossing *the solution*
naar werk zoeken *to apply for work*
het vak *the job, specialism*
vereist *required*
het diploma *the certificate*
de werkgever *the employer*
opstellen *to draw up*
het voordeel *the advantage*
de belasting *the tax*
de (sociale) premies *the national insurance*
de **arbeidsovereenkomst** *the employment contract*
enz. (enzovoort) *etc.*
vast *permanent*
de betrekking *post, (job)*

onafhankelijk *independent*
het bestaan *the existence*
opbouwen *to build*
de carrière *the career*
verstandig *sensible*
toch *still*
in eerste instantie *in the first place*
je bent beter af *you're better off*
op eigen houtje *on your own initiative* (Lit. on your own little piece of wood)
moeilijk *difficult*
vooral *especially*
de regel *the rule*
de personeelsafdeling *the personnel department*
je doet ervaring op *you gain experience*
menig *many a*
de werkkracht *the employee*
op een vaste baan is overgestapt *has switched to a permanent job*
de werknemer *employee*
het recht *the right, law*
het nadeel *the disadvantage*
overtuigd *convinced*
helemaal *completely*
in ieder geval *in any case, anyway*

Waar of niet waar?

(a) Helen heeft heimwee naar Engeland.

(b) Zij denkt dat het tijd is om een baan te zoeken.

(c) Er is maar één mogelijkheid om dat te doen.

(d) Saskia vindt dat Helen het beste naar advertenties in de krant kan kijken.

(e) Een uitzendbureau weet hoe je een c.v. moet opstellen.

(f) Helen wil graag een tijdelijke baan.

(g) Solliciteren op eigen initiatief is makkelijk.

(h) Je kunt een vaste baan krijgen via tijdelijk werk.

(i) Helen denkt dat een werknemer in tijdelijke dienst veel rechten heeft.

(j) Helen is helemaal overtuigd.

—— Wat u eigenlijk moet weten ——

Employment   British and Irish citizens have, as EU citizens, equal employment rights with nationals in The Netherlands and Belgium. EU applicants for work must, however, be able to show that they have the necessary qualifications for the post (this may still cause problems in certain areas of work as the process of matching qualifications is still under way) and that they are competent in the official language(s) of the country where they are applying for work. It is therefore sensible to make enquiries about these issues before embarking on the time-consuming process of job applications.

Potential employees from outside the EU do not enjoy the same access to the Dutch and Belgian job markets. If they are offered a post, the employer will have to obtain a work permit (**de arbeidsvergunning**) for them from the GAB (**Gewestelijk Arbeidsbureau**). While this is by no means impossible, the authorities can reject such permit applications on the grounds that there is an EU candidate who can fill the post.

There are a number of good employment agencies in The Netherlands and their operations are subject to careful regulation. It is a good idea to inform yourself about what your rights are if you intend to work through an agency.

If you are going to take up a full-time post you should receive information from your new employer about your tax and social security obligations and pension and health insurance arrangements.

The language you meet in relation to employment issues can be complicated, and it is usually important to understand precisely what is said, so seek advice from a native speaker if you are in any doubt.

—— **Belangrijke zinswendingen** ——

How to:

- say that you are accustomed to something/settling in

Ik kan hier niet wennen.	*I can't get used to it here.*
Wen je al een beetje aan het leven in Nederland?	*Are you getting used to life in The Netherlands?*
Ben je al gewend aan het leven in Nederland?	*Have you already got accustomed to life in The Netherlands?*
Ik voel me hier thuis.	*I feel at home here.*
Ik voel me hier niet thuis.	*I don't feel at home here.*

- say you are looking for a job

Ik zoek een baan/betrekking.	*I'm looking for a job / post.*
Ik zoek vast/tijdelijk werk.	*I'm looking for permanent / temporary work.*
Ik zoek een volle/halve baan.	*I'm looking for full-time / part-time work.*

- say what the advantages/disadvantages of something are

Het voordeel is dat ze weten wat de vereiste diploma's zijn.	*The advantage is that they know what the required diplomas are.*
Ervaring is een voordeel voor mensen die werk zoeken.	*Experience is an advantage for people who are looking for work.*
Langdurige werkloosheid is daarentegen een nadeel.	*Long-term unemployment is, on the contrary, a disadvantage.*

———— **Hoe zit 't in elkaar?** ————

1 Indirect statements

You have learned that longer sentences often contain 'mini-sentences' within them which expand on the basic statement or question. This can happen in various ways and the **Gesprek** in this unit introduces more.

One of these ways is to incorporate a report of what someone has said/thought/can do and so on into the sentence. Here is an example from the **Gesprek**.

Ik denk **dat** het tijd is om een baan te zoeken.   *I think **that** it's time to look for a job.*

Helen could simply have said:

Het is tijd om een baan te zoeken.   *It's time to look for a job.*

But she expresses the idea not as a fact but as something she thinks.

As you can see, this kind of mini-sentence is introduced by **dat**; the verb then has to move to the end, as it did in mini-sentences introduced by **die / dat**.

Een ander voordeel is **dat** zij belangrijke tips **kunnen geven**.   *Another advantage is **that** they **can give** useful tips.*

Je kunt ze zeggen **dat** je alleen in werk op een personeels- afdeling **bent geïnteresseerd** (*or* **geïnteresseerd bent**).   *You can tell them **that** you **are interested** only in work in a personnel department.*

Notice that in English this kind of construction can often be used without the introductory word *that* but that this is not possible in Dutch.

Hij zegt **dat** hij vanavond naar de bioscoop gaat.   *He says he's going to the cinema this evening.*

2 Indirect questions

Another way in which mini-sentences can be incorporated into basic statements and questions is to give a report of something that has been or could be asked. An example of this from the conversation is:

Zij weten **wat** de vereiste diploma's zijn.   *They know what the required certificates are.*

The indirect question is introduced by one of the appropriate question words: **wat**, **hoe**, **wanneer**, and so on. Once again the verb goes to the end of the mini-sentence.

Solliciteren is moeilijk **wanneer** je de regels niet weet.   *Applying for a job is difficult **when** you don't know the rules.*

Zij weten **hoe** je het beste een c.v. kunt opstellen.   *They know **how** you can best put together a c.v.*

3 Where does the verb go?

For indirect statements and questions, such as the examples given above, it is easy to see where the verb has to go (where 'the end' is). But take this example:

Is het makkelijk om een baan te vinden?   Is it easy to find a job?

Now turn this into:

Ik denk dat het makkelijk is om een baan te vinden.

You will see that the verb **is** only goes to the end of the question **Is het makkelijk?**, not to the end of the phrase **om een baan te vinden**.

Here are a couple more examples:

Ik denk dat het leuk is om een baan te hebben.
Ik geloof dat het te laat is om werk te zoeken.

4 Verbal nouns

Words that describe action (i.e. verbs) are often used to describe something that can do or be done to (i.e. nouns). Dutch has no special form for these 'verbal nouns', it simply uses the infinitive of the verb. Several examples of this appear in the **Gesprek**; here are some of them.

Werk **zoeken** via een uitzend-bureau lijkt me de beste oplossing.	***Looking for*** work through an employment agency seems to me the best solution.
Naar werk **zoeken** is hun vak.	***Looking*** for work is their business.
Solliciteren op eigen houtje is moeilijk.	***Applying for*** work on your own initiative is difficult.

Oefeningen

1 Maak de zinnen af. (*Complete the answers* to the questions which follow.) Here is an example for you to follow.

Het is tijd om een baan te zoeken.
Ik denk dat het tijd is om een baan te zoeken.

(a) Heeft Helen heimwee naar Engeland?
   Ik denk dat ...
(b) Hoe moet Helen een baan zoeken?
   Ik weet niet hoe ...
(c) Is werk zoeken via een uitzendbureau de beste oplossing?
   Ik denk dat ...
(d) Wat zijn de vereiste diploma's?
   Ik weet niet wat ...
(e) Wil Helen een vaste betrekking?
   Ik denk dat ...
(f) Is Helen beter af bij een uitzendbureau?
   Ik denk dat ...
(g) Kan Helen op een personeelsafdeling werken?
   Ik geloof dat ...
(h) Heeft een tijdelijke werkkracht weinig rechten?
   Ja, ik geloof dat ...
(i) Is Helen helemaal overtuigd?
   Nee, ik denk dat Helen ...

(*j*) Gaat zij toch informeren?
Ja, ik denk dat ...

2 Look at this advertisement and answer the questions which follow. Make use of the words and sentences in the advert in your answer.

PERSONEEL GEVRAAGD

Sporting-Baronet

speciaalzaak in sportief/klassieke dames- en herenkleding, zoekt voor haar damesafdeling

talentvolle

verkoopster

Zij die het verkopen als een vak zien en willen presteren, verzoeken wij een schriftelijke sollicitatie, voorzien van pasfoto, te richten aan: Sportief Baronet, Fredericksplaats 25-27, 3054 GK Rotterdam (Hillegersberg).

personeel gevraagd *situations vacant*		**verzoeken** *to request*
als *as*		**schriftelijk** *written*
presteren *to perform*		**richten** *to direct*
		voorzien van *provided with*

(*a*) Wat voor zaak is Sporting-Baronet?
(*b*) Welke werkkracht hebben zij nodig?
(*c*) Hoe moet je solliciteren voor die baan?

de zaak *the business*   **de sollicitant** *the applicant*

3 Here is a conversation (overleaf) between two friends about how to look for a job. Using the ideas from the **Gesprek**, complete their conversation. There is a variety of possible answers. The key gives you an idea.

- Hoe zoek je een baan?
● ──
- Welke oplossing lijkt je het beste?
● ──
- Weten zij hoe je een baan moet zoeken?
● ──
- Zijn er ook andere voordelen?
● ──
- Wat is het nadeel?
● ──
- Is het moeilijk op eigen initiatief te solliciteren?
● ──

4 Bekijk de advertenties en beantwoord de vragen.
(*Look at the two adverts below and then answer the questions which follow.*)

Winkelpersoneel gevraagd

Gevr. enthousiaste verkoper m/v voor natuurvoedingswinkel in het centrum, die ook bestellingen wil doen. Wij bieden een vaste baan van 40 uur p.w., prettige werksfeer en grote zelfstandigheid. Lft. tot 25 jr. Je moet van tilwerk houden (groentenafdeling buiten). Reacties naar tel. 020-6270042 mvr Bosshard.

AANTREKKELIJKE BIJVERDIENSTE

Ogilvie/Marktonderzoek BV zoekt met spoed voor een groot onderzoek medewerkers m/v voor het houden van vraaggesprekken in eigen woonplaats of omgeving. Bel of schrijf: tel. 020-6954936 (ook 's avonds en weekend). Antwoordnr. 1204, 1110 WB Diemen (geen porti).

de natuurvoeding *the health food*	**aantrekkelijk** *attractive*
de bestelling *the delivery*	**de bijverdienste** *the pin money*
bieden *to offer*	**de spoed** *the speed*
pw (per week) *per week*	**het onderzoek** *the survey*
de werksfeer *the work environment*	**de medewerker/medewerkster** *the assistant*
de zelfstandigheid *the independence*	**het vraaggesprek** *the interview*
lft (de leeftijd) *the age*	**de omgeving** *the surrounding area*
het tilwerk *the lifting work*	

    (a) Waar ligt de winkel?
    (b) De verkoper moet twee dingen doen. Welke zijn ze?
    (c) Hoe oud moet de verkoper zijn?
    (d) Hoeveel uur per week moet de verkoper werken?
    (e) Waar moeten de medewerkers, die Ogilvie/Marktonderzoek zoekt, werken?
    (f) Wat moeten zij doen?
    (g) Is dit werk een volle dagtaak?

5 Match the following parts, one from each column, to make complete sentences.

(a)	Ik vind het jammer	(i)	dat zij de werksfeer prettig vond
(b)	De werkgever zegt		
(c)	Truus vertelde	(ii)	dat jij geen baan kunt vinden
(d)	Ik moet weten	(iii)	dat hij een vaste baan biedt
(e)	Ik ben bang	(iv)	dat ik niet genoeg ervaring heb voor die baan
		(v)	hoeveel uur per week u kunt werken

Leestekst

Hoe tijdelijk is tijdelijk werk?

Als u bij een uitzendbureau werkt mag u niet langer dan een half jaar bij dezelfde werkgever werken. De uitzendbureaus hebben deze afspraak met het Ministerie van Sociale Zaken en Werkgelegenheid bereikt. Werknemers in vaste dienst hebben meer financiële zekerheid dan werknemers in tijdelijke dienst en ze hebben meer rechten.

De werkgever kan een werknemer in vaste dienst niet zomaar ontslaan; als u bij een uitzendbureau werkt kan dat in principe wel. Bij een uitzendbaan die korter dan twee maanden duurt kan de werkgever het contract op elk moment opzeggen.

De werkgever zou het dus aantrekkelijk kunnen vinden om veel werknemers in tijdelijke dienst aan te stellen. Daar tegenover staat dat de werknemer in tijdelijke dienst ook van de ene dag op de andere het contract kan opzeggen maar een werknemer in vaste dienst niet. Die onzekerheid kan problemen voor de werkgever opleveren want het werk dat de tijdelijke werkkracht doet moet vaak binnen korte tijd worden gedaan.

Iemand die bij een uitzendbureau werkt valt binnen het stelsel van sociale zekerheid. Hij/zij zit in het ziekenfonds en is verzekerd voor de Ziektewet en de Arbeidsongeschiktheidswet. Hij/zij heeft ook recht op een werkloosheidsuitkering. Iemand die minstens 26 weken heeft gewerkt in de twaalf maanden voordat hij/zij werkloos werd heeft recht op een werkloosheidsuitkering.

(Adapted from **Uitzendbureaus**, Fonds Onderwijs
Voorlichting, Kenmerk Reeks.)

1 How long are you allowed to work for the same employer if you are working via an employment agency?
2 Who has created this restriction?
3 What protection does an employee with a permanent contract have?
4 What can a temporary worker do that an employee with a permanent contract cannot do?
5 What problems can this cause for the employer?
6 What health benefits does a temporary worker have?
7 Can they draw unemployment benefit?
8 What are the restrictions on this?

tijdelijk *temporary*
het Ministerie van Sociale Zaken en Werkgelegenheid *Ministry of Social Affairs and Employment*
bereiken *to reach*
zomaar *just like that*
ontslaan *to dismiss*
op elk moment *at any moment*
opzeggen *to terminate*
aanstellen *to appoint*
daartegenover staat *on the other hand*
van de ene dag op de andere *from one day to the next*

opleveren *to create*
vallen *to fall, come*
het stelsel *the system*
het ziekenfonds *the basic health care scheme*
verzekeren *to insure*
de Ziektewet *the health insurance legislation*
de Arbeidsongeschiktheidswet *the disability insurance legislation*
de werkloosheidsuitkering *the unemployment benefit*
recht hebben op *to have a right to*

13

ZULLEN WE BEGINNEN MET ENKELE PERSOONLIJKE GEGEVENS?

Shall we begin with some personal details?

In this unit you will learn how to

- talk about your career
- say what you did in the past

Gesprek

Helen goes for an interview at the employment agency.

Medewerkster Goedemiddag, mevrouw Thompson. Wat kan ik voor u doen?

Helen Ik woon al een paar maanden in Nederland en ik wil graag betaald werk vinden. Maar ik weet niet hoe ik dat moet aanpakken. Is het mogelijk om hier mijn Engelse diploma's te gebruiken, zodat ik mijn beroep kan uitoefenen?

Medewerkster Ja, die kunt u wel gebruiken. Maar zullen we beginnen met enkele persoonlijke gegevens, zoals uw leeftijd, opleiding, werkervaring enz.? Dan kan ik makkelijker beoordelen wat u wel of niet mag doen.

Helen Ik ben 35 jaar, getrouwd en heb twee kinderen

	van tien en acht. Ik ben geboren in Frankrijk en heb mijn eerste kinderjaren daar doorgebracht.
Medewerkster	Dus u heeft in Frankrijk schoolgegaan?
Helen	Nee, toen ik vier jaar oud was, keerden mijn ouders naar Engeland terug, zodat ik een Engelse schoolopleiding kon volgen. Ik ging van mijn vijfde tot en met mijn elfde jaar naar de basisschool. Daarna zat ik zeven jaar op de middelbare school. Ik heb daar acht vakken gestudeerd voor het eindexamen. Hoewel ik het schoolwerk tamelijk moeilijk vond, kreeg ik altijd redelijke cijfers en ik ben voor het eindexamen geslaagd.
Medewerkster	En heeft u een hogere opleiding genoten?
Helen	Ja, toen ik achttien jaar oud was, ging ik aan de universiteit studeren met aardrijkskunde als studierichting. Aan het einde van mijn studietijd, toen ik afgestudeerd was, solliciteerde ik bij een groot bedrijf en werd aangenomen als medewerkster op de personeelsafdeling. Ik heb daar zes jaar gewerkt totdat ik mijn tweede kind kreeg. Ik heb binnen dat bedrijf een vakopleiding gekregen, want ik heb cursussen gevolgd en diploma's gehaald.
Medewerkster	En Nederlands - heeft u ooit een examen in het Nederlands afgelegd?
Helen	Nee, maar zodra ik wist dat we in Nederland kwamen wonen, heb ik twee uur per week privéles gehad en hier in Nederland volg ik een avondcursus, maar er is geen eindexamen. Is het verplicht om een diploma in het Nederlands te hebben?
Medewerkster	Nee, het is niet verplicht maar een werkgever kan die eis soms stellen, vooral als u een hoge functie wilt bekleden.
Helen	Is het dan te vroeg om met solliciteren te beginnen?
Medewerkster	Nee en zeker niet als u met tijdelijk werk begint.
Helen	Okee, ik zal het proberen.
Medewerkster	Goed. Ik schrijf een paar details op en daarna kunnen we aan de slag.

een paar *a few* (in this context)	**met aardrijkskunde als studierichting**
betaald werk *paid employment*	*with geography as my main subject*
aanpakken *to approach, go about*	**het einde** *the end*
mogelijk *possible*	**afstuderen** *to graduate*
is het toegestaan? *is it allowed?*	**ik werd aangenomen als**
zodat *so that*	**medewerkster** *I was taken on as*
persoonlijk *personal*	*a white collar worker*
het gegeven *the detail, information*	**totdat** *until*
de opleiding *the education*	**de vakopleiding** *the vocational*
de werkervaring *the work*	*training*
experience	**een cursus volgen** *to do a course*
beoordelen *to judge*	**want** *because*
doorbrengen *to spend*	**ik heb diploma's gehaald**
terugkeren *to return*	*I obtained certificates*
de basisschool *primary school*	**heeft u ooit een examen in het**
de middelbare school *the*	**Nederlands afgelegd?** *have you*
secondary school	*ever taken an examination in Dutch?*
op school zitten *to be at school*	**zodra** *as soon as*
het vak *the* (school) *subject*	**de privéles** *the private lesson*
het eindexamen *the final*	**verplicht** *compulsory*
examination	**de eis stellen** *to make the*
hoewel *although*	*demand/stipulation*
het cijfer *the mark, grade*	**de hoge functie** *the senior position*
ik ben voor het eindexamen	**bekleden** *to hold, fill*
geslaagd *I passed the final*	**we kunnen aan de slag** *we can*
examination	*get to work*

Waar of niet waar?

(a) Helen weet hoe zij naar een baan moet solliciteren.

(b) De medewerkster vraagt Helen om enkele persoonlijke gegevens.

(c) Helen heeft haar hele kindertijd in Frankrijk doorgebracht.

(d) Helen vond het schoolwerk niet makkelijk.

(e) Zij is daarom niet voor haar eindexamen geslaagd.

(f) Na haar studietijd werd zij aangenomen als financieel mede-werkster.

(g) Helen krijgt een diploma als zij haar avondcursus goed heeft doorlopen. (doorlopen = *to complete*)

(h) Het is verplicht om een examen in het Nederlands af te leggen als je een baan wilt hebben.

(i) Helen moet niet meteen beginnen met solliciteren.

(j) De medewerkster schrijft een paar details op.

─── Wat u eigenlijk moet weten ───

Education　In The Netherlands the education system is different from that in the UK. From the age of four, Dutch children attend a **basisschool**, roughly the equivalent of the nursery and combined infant/junior school, where they stay until the age of 12. Then they go on to secondary education (**het voortgezet onderwijs**) beginning with the **brugklas** (*bridging class*), which lasts a year. This year provides transitional education between primary and secondary levels and forms a preparation for the type of education the pupil will subsequently follow. There are four main types of secondary education: **Voorbereidend Wetenschappelijk Onderwijs** (VWO); **Hoger Algemeen Voortgezet Onderwijs** (HAVO); **Middelbaar Algemeen Voortgezet Onderwijs** (MAVO); **Voorbereidend Beroepsonderwijs** (VBO).

VWO lasts six years and is primarily intended for students who plan to go to university. **HAVO** lasts five years and is primarily intended as a preparation for higher vocational training, such as nursing or primary school teaching. **MAVO** lasts fours years and provides a preparation for intermediate vocational training such as secretarial work. **VBO** lasts four years and is a preparation for technical jobs such as carpentry.

One of the interesting features of the secondary system is **doorstromen** (*streaming through*). This means that the various types of secondary education are interlocked. The MAVO certificate is accepted as a basis for proceeding to a HAVO certificate and this can then be used as the basis for proceeding to a VWO certificate. Thus, although secondary education is streamed, the streams and choices are not mutually exclusive.

After secondary education there is a wide variety of vocational training at three levels. The highest level of vocational training is given at the **Technische Hogescholen** (*technical high schools*), teacher training institutions, etc. Pupils who leave school at 16 are required to be involved in some kind of continuing education until the age of 18.

The Netherlands has 14 universities (including an open university);

the oldest of these is Leiden, founded in 1575. University students follow an introductory course for one or two years. Then they move on to a programme lasting between three and five years which will give them the title **doctorandus** (drs). Students who have completed this course qualify to enter a wide range of professional work; they are also eligible to do a doctoral degree.

You will not necessarily need formal qualifications in Dutch to get a job in The Netherlands or Flanders but a demonstrable willingness to make progress in the language will undoubtedly be of benefit and, if you are offered a post, you may well be asked to go on a language course.

—— Belangrijke zinswendingen ——

How to:

- ask if something is permitted

  Is het mogelijk om mijn diploma's hier te gebruiken?   *Can I use my qualifications here?*

  Is roken hier toegestaan?   *Is smoking permitted here?*

- talk about subjects you have studied/are studying

  Ik heb acht vakken gestudeerd voor het eindexamen.   *I studied eight subjects for my final exams.*

  Ik heb zes vakken in mijn studiepakket.   *My course comprises six subjects.*

  Mijn studierichting is sociologie.   *I'm studying sociology* (at university).

- say you have taken an exam/passed an exam/ failed an exam

  Ik heb het examen Duits afgelegd.   *I took the German exam.*

  Ik ben geslaagd voor geschiedenis. / Ik heb een voldoende voor geschiedenis (gekregen).   *I passed history.*

Ik ben gezakt voor wiskunde. /   *I failed maths.*
Ik heb een onvoldoende voor
wiskunde (gekregen).

● say you have studied at various levels

Ik ging naar de basisschool.   *I went to primary school.*
Ik zat op de middelbare school.   *I was at secondary school.*
Ik studeerde aan de   *I studied at Leiden University.*
universiteit van Leiden.

Hoe zit 't in elkaar?

1 Conjunctions

You have learned that sentences are often 'complex' – they are made up of several parts. The **Gesprek** in this unit introduced examples of a new type of complex sentence.

Coordinating conjunctions

It is possible simply to join two sentences. For example:

Ik ben Nederlands **en** ik ben   I am Dutch **and** I was born in
geboren in Alkmaar.   Alkmaar.

The word **en** is called a conjunction (a linking word). Because **en** joins two equal statements it is called a 'coordinating conjunction'. As you can see, the use of **en** makes no difference to the word order in the part of the sentence which follows it. In fact you have seen many examples of such linked sentences up to now and they have presented no problems. You should learn to distinguish between them and the new ones to which you are about to be introduced. Here are the main coordinating conjunctions:

en *and*	**of** *or*
maar *but*	**dus** *so*
want *because, for*	

Subordinating conjunctions

From the above you will have begun to suspect that something more complicated is at hand. This is so, but it is not too daunting. In the example above the two pieces of information were given equal weight. They were both statements. But this information could have been given as follows:

Ik ben Nederlands **omdat** ik in Alkmaar ben geboren.	I am Dutch **because** I was born in Alkmaar.

In this example the second piece of information, about having been born in Alkmaar, is a mini-sentence which gives an explanation i.e. extra information about the first piece of information. The second piece of information can no longer stand alone and make sense: it is 'subordinate' to the first or 'main' sentence. As a result the mini-sentence introduced by the conjunction **omdat** is called a subordinate clause. You have already learned that when a mini-sentence giving extra information is introduced into a Dutch sentence the word order in that mini-sentence is different from the word order in the main sentence. That is also the case here. All mini-sentences introduced by 'subordinating conjunctions' have the verb at the end of the mini-sentence.

Hij gaat naar de tentoonstelling **als** hij de tijd daarvoor heeft.	*He will go the exhibition if he has the time.*
Mag ik mijn diploma's hier gebruiken **zodat** ik mijn beroep kan uitoefenen?	*May I use my qualifications here so that I can practise my profession?*

When a perfect tense is used you can use the following order.

Zij is thuis gebleven **omdat** zij ziek is geweest/**omdat** zij ziek geweest is.	*She stayed at home because she was ill.*

When a modal verb is used with an infinitive construction, however, the modal verb usually comes before the infinitive:

Ik eet een appel **voordat** ik ga slapen.	*I eat an apple before I go to bed.*
Zij heeft veel geld gespaard **zodat** zij kon komen.	*She saved a lot of money so that she could come.*

The rule about the position of the verb in the main sentence applies here as it does with indirect statements and questions. So, if the mini-sentence comes first, the main verb must follow it immediately:

| **Toen** ik vier jaar oud was, keerden mijn ouders naar Engeland terug. | *When I was four my parents returned to England.* |
| **Hoewel** ik het schoolwerk moeilijk vond, kreeg ik altijd goede cijfers. | *Although I found my school work difficult I always got good marks.* |

Here are the most frequent subordinating conjunctions:

omdat *because*	**hoewel** *although*
als *when, if*	**nu** *now that*
wanneer *when, if*	**of** *whether*
nadat *after*	**terwijl** *while*
totdat *until*	**zoals** *as*
voordat *before*	**toen** *when*
zodat *so that*	

Note the following:

(*a*) You will see that **of** appears as both a coordinating and a subordinating conjunction. Note the difference in meaning in the two cases.

(*b*) **Want** and **omdat** are both translated by *because* but **want** cannot be used to answer the question **waarom**:

Ik ga naar bed want ik ben moe.	*I'm going to bed because I'm tired.*
Waarom ga je naar bed?	*Why are you going to bed?*
Omdat ik moe ben.	*Because I'm tired.*

(*c*) In English there is a distinction between *when* and *if*. This distinction is not always noticed in Dutch which often uses **als** and **wanneer** interchangeably.

(*d*) **Toen** also means *when* but can only be used with past tenses. **Als** and **wanneer** cannot be used in relation to past time.

2 More about tense

At the beginning of the **Gesprek** Helen says:
Ik woon al een paar maanden in Nederland.

This translates:
I have been living in The Netherlands for several months.

Notice that the way you express a continuous period of time stretching from the past into the present in Dutch is with the present tense:

Dat doe ik al jaren.   *I've been doing that for years* (implied: *and I'm still doing it*).

If you want to express the idea of a continuous period of time which is now concluded, you use the perfect tense in Dutch:

Ik heb een paar maanden   *I lived in The Netherlands for* in Nederland gewoond.   *several months* (implied: *and I am no longer living there*).

✔ ——————— Oefeningen ———————

1   Below is Ingrid Brinkman's c.v. Look at the information given and then write a passage about her using **zij** and vocabulary and phrases from the **Gesprek**. (Also vocabulary overleaf.)

Naam	Ingrid Brinkman
Geboortedatum	3.7.62
Plaats	Zutphen, Overijssel
Nationaliteit	Nederlands
Schoolopleiding	kleuterschool 't Speelhoekje, Zutphen 1966–1968 basisschool de Wegwijzer, Deventer 1968–1974 middelbare school Eerste Christelijk Lyceum Utrecht 1974–1980
Eindexamen VWO	Nederlands, Engels, Frans, Duits, geschiedenis, aardrijkskunde, wiskunde
Universitaire opleiding	Rijksuniversiteit Utrecht 1980–1986 Studierichting: Engelse taal- en letterkunde 1986 – doctorandus cum laude
Werkervaring	1986–1989 medewerkster afdeling buitenlandse betrekkingen Algemene Bank Nederland 1989 – heden bureauchef afdeling buitenlandse betrekkingen Algemene Bank Nederland/Amsterdam-Rotterdam Bank

buitenlandse betrekkingen *foreign relations*	**de bureauchef** *the office manager*
het heden *the present*	**de geschiedenis** *history*
de letterkunde *the literature*	**de wiskunde** *maths*

2 Look at the ad below and answer the questions which follow:

DOCTORANDUS HOND?

Steun de studiefinanciering van déze hond bij het Koninklijk Nederlands Geleidehonden Fonds. Word donateur en stort minimaal *f*10,- op gironummer 27 54 00, onder vermelding van 'nieuwe vriend'. Dan kan déze hond binnenkort 'cum laude' afstuderen.

Koninklijk Nederlands Geleidehonden Fonds.
Antwoordnummer 570, 1180 WB Amstelveen.

KNGF

---

steunen *to support*	**het gironummer** *the giro account number*
de studiefinanciering *the education expenses*	**onder vermelding van** *stating, mentioning*
de geleidehond *the guide dog*	**binnenkort** *in a short time*
de donateur *the donor*	
geld storten op *to pay money into an account*	

(a) Wie moet er studiefinanciering krijgen?
(b) Waarom?
(c) Wat moeten de lezers van de advertentie doen om hem te helpen?
(d) Hoe kunnen ze dat doen?

3 Join the following pairs of sentences together using the conjunction given in brackets. Example:

Ik ga naar mijn werk. Ik ben ziek. (hoewel)
Ik ga naar mijn werk, hoewel ik ziek ben.

(a) Mijn vriendin is moe. Zij heeft hard gewerkt. (want)
(b) De zon schijnt. Het is mooi weer. (wanneer)
(c) Ik ging naar school. Ik was vijf jaar oud. (toen)
(d) Zullen we die nieuwe film zien? Zijn de kaartjes uitverkocht? (of)
(e) Ik moet voor mijn eindexamen slagen. Ik wil aan de universiteit studeren. (omdat)
(f) Je moet Nederlands spreken. Je gaat een baan in Nederland zoeken. (voordat)
(g) Zij kon niet meegaan. Zij wilde de film graag zien. (hoewel)
(h) Hij zoekt een goed betaalde baan. Hij heeft niets gevonden. (maar)
(i) Hij blijft zoeken. Hij vindt iets naar zijn wens. (totdat)
(j) Je moet naar de tentoonstelling. Je hebt tijd. (als)

uitverkocht *sold out*		**naar zijn wens** *to his taste*
meegaan *to go with*		

4 Use each of the following conjunctions once to fill the gaps in the text: (See vocabulary overleaf.)

want	als	toen	omdat	terwijl	voordat	maar	hoewel	totdat	zodat

____ ik in Nederland kwam wonen heb ik vier jaar in Frankrijk gewerkt. ____ ik al een beetje Frans kon spreken was het moeilijk om werk te vinden. ____ ik een advertentie in de krant zag voor werk in een hotel heb ik meteen daarop gereageerd. Ik kreeg de baan ____ ik bereid was een avondcursus in het Frans te volgen. Ik vond het moeilijk om 's avonds te studeren ____ ik was vaak moe. ____ ik moest doorzetten ____ ik redelijk Frans sprak anders zou ik mijn baan verliezen. In feite was er geen probleem: ik sprak iedere dag veel Frans met mijn collega's in het hotel ____ ik snel vloeiend Frans sprak, ____ ik geen idee had dat ik zoveel had geleerd. ____ je iets écht wilt doen is het toch niet zo moeilijk, vind ik.

daarop gereageerd *responded to it*	verliezen *to lose*
bereid *willing, prepared*	in feite *in fact*
doorzetten *to persevere*	snel *quickly*
	leren *to learn*

5 Look at Helen's speech about herself in the **Gesprek** and try to make up a similar piece about your own life.

Gesprek

Joop Koeman is conducting a survey on job satisfaction. He stops Anneke van Riel and asks her a few questions.

Joop   Mevrouw, we houden een enquête. Mag ik u een paar vragen stellen, alstublieft?

Anneke   Jazeker.

Joop   Bent u (1) werkend (2) werkloos (3) arbeidsongeschikt (4) gepensioneerd?

Anneke   Ik werk. Ik ben bankmedewerkster bij de ABN-AMRO Bank.

Joop   Bent u (1) zeer tevreden (2) tevreden (3) tamelijk tevreden (4) tamelijk ontevreden (5) ontevreden met uw beroep?

Anneke   Nou, tevreden, denk ik. Na mijn eindexamen op school wilde ik eigenlijk Engels gaan studeren aan de universiteit. Maar tegenwoordig is het erg moeilijk om een universitaire baan te krijgen, vooral als je Engels als studierichting hebt. Daarom heb ik voor een opleiding als bankmedewerkster gekozen.

Joop   En waarom bent u tevreden met uw beroep: omdat u veel geld verdient?

Anneke   O nee. Zoveel geld verdien ik nog niet. In de eerste plaats vind ik het werk interessant. In de tweede plaats maak ik een goede kans op promotie als ik hard werk en verschillende cursussen volg. Tenslotte bestaat de mogelijkheid later in het buitenland te gaan werken en gebruik te maken van mijn talenkennis.

Joop   Dat was het, mevrouw. Dank u wel.

Anneke   Niets te danken.

houden *to hold, conduct*	**kans maken op** *to have a*
de enquête *the survey*	*chance of*
stellen *to put*	**tenslotte** *finally*
werkend *working*	**de talenkennis** *knowledge of*
arbeidsongeschikt *disabled*	*languages*
gepensioneerd *retired*	**niets te danken** *not at all,*
ontevreden *unsatisfied*	*you're welcome*
tegenwoordig *at present*	

Waar of niet waar?

(a) Joop Koeman wil Anneke van Riel een paar vragen stellen.

(b) Anneke van Riel is verkoopster.

(c) Zij is ontevreden met haar werk.

(d) Zij wilde natuurkunde studeren.

(e) Zij heeft voor een opleiding als bankmedewerkster gekozen.

(f) Zij verdient heel veel geld.

(g) Zij moet cursussen volgen als zij kans op promotie wil maken.

(h) Later kan zij een vakantie in het buitenland nemen.

Leestekst

Nederland is een laag, vlak en waterrijk land. Het ligt aan de monding van drie grote rivieren, de Rijn, de Maas en de Schelde, die samen een delta vormen aan de kust van de Noordzee. Ongeveer 27% van het land, en met name de Randstad, ligt beneden zeeniveau. Geen wonder dan dat de Nederlanders door de eeuwen heen er veel werk van hebben gemaakt om hun land tegen de zee te beschermen, eerst met windmolens en nu met elektrische gemalen.

Zij hebben ook nieuw land uit zee gewonnen door inpolderingen. Het grootste inpolderingsprojekt is de Zuiderzeewerken in Noord-Nederland. Daar werd de voormalige Zuiderzee van de Noordzee afgesloten door een grote dam – de Afsluitdijk – te bouwen (klaar in 1932). Daarna werd begonnen met het bouwen van gigantische polders in het nieuwe IJsselmeer – de Noordoostpolder, Oostelijk en Zuidelijk Flevoland.

Overal in Nederland wordt het landschap beheerst door vlakke akker- en weilanden en door de grijze, bewolkte lucht, een kenmerk van zo veel beroemde Nederlandse schilderijen uit de zeventiende en negentiende eeuw.

vlak *flat*	**het gemaal** *the pump*
waterrijk *abounding in water*	**gewonnen** *gained, won*
de monding *the mouth*	**inpoldering** *creation of polders*
de kust *the coast*	(i.e. land reclaimed from the water)
met name *in particular*	**voormalig** *former*
het zeeniveau *the sea level*	**afgesloten** *shut off*
door ... heen *throughout*	**de Afsluitdijk** *the Enclosing Dam*
de eeuw *the century*	**beheersen** *to dominate*
veel werk maken van *to take a lot*	**akkerland** *the arable land*
of trouble	**weiland** *the pasture*
tegen *against*	**het kenmerk** *the characteristic*
beschermen *to protect*	**beroemd** *famous*
de windmolen *the windmill*	

1 What is the geographical location of The Netherlands?
2 More than a quarter of the country is at what altitude?
3 How have the Dutch tried to protect their country from the sea?
4 What else have they done?
5 Where is the largest project of this type?
6 What was done first?
7 How can the Dutch landscape be described?
8 Why has it become so famous?

14

ZOU IK HANS EVEN
— KUNNEN SPREKEN? —

Could I speak to Hans please?

In this unit you will learn how to

- ask for someone on the phone
- talk about time, both generally and specifically

Gesprek

David has a business conversation on the phone with one of his colleagues. You will learn some specific phrases, which are regularly used on the phone, and how to ask politely for things.

Secretaresse	Met de secretaresse van meneer De Ligt.
David	Met David Thompson. Zou ik Hans even kunnen spreken?
Secretaresse	Een ogenblikje meneer Thompson. Ik verbind u door.
Secretaresse	Het toestel is in gesprek. Wilt u wachten of belt u terug?
David	Ik wacht wel even.
Hans	Hallo David. Hoe gaat het ermee?
David	Prima Hans. Zeg ik bel over die zaak waarmee we

gisteren bezig waren. Jij zou nog bellen met die man, met wie we dit contract willen tekenen.

Hans Dat heb ik nog niet gedaan.

David Waarom niet?

Hans Omdat de vergadering waar ik gisteren naar toe ben geweest, veel langer duurde dan we hadden gedacht. Ik ben er dus nog niet aan toegekomen. Maar het contract is bijna afgerond. Het enige wat ik nog niet heb gedaan is wat gegevens invullen. Daarvoor heb ik wat informatie van Brinkman nodig.

David Okee. Ik heb het verslag waaraan we hebben gewerkt nog eens doorgelezen en er moeten nog wat tabelletjes bij. Wat zullen we ermee doen?

Hans Ik zal er wel wat bij zoeken, want ik heb al de gegevens hier op de computer.

David Hoe lang heb je daarvoor nodig, denk je?

Hans Niet zo lang. Ongeveer een uurtje. Weet je wat, ik zal het meteen aan je geven als het klaar is. We zullen het heus op tijd klaar hebben.

David Dank je. Heb je trouwens gehoord dat ons bedrijf een groot feest gaat geven ter gelegenheid van het 25-jarig bestaan?

Hans Ja, ik heb ervan gehoord. Het wordt een feest voor de werknemers en een borreltje voor de zakenrelaties, niet waar? Weet jij waar en wanneer het zal plaatsvinden?

David De exacte datum is nog niet bekend. Maar het zal zo rond eind augustus zijn.

---

met ... *... speaking*	**de zaak waarmee we gisteren**
Zou ik Hans even kunnen spreken?	**bezig waren** *the business we*
Could I speak to Hans please?	*were dealing with yesterday*
een ogenblikje *one moment please*	**je zou nog bellen** *you were going*
ik verbind u door *I'll put you through*	*to phone*
het toestel is in gesprek *the*	**met wie** *with whom*
extension is engaged	**het contract** *the contract*
terugbellen *to ring back*	**tekenen** *to sign*

de vergadering *the meeting*	**de computer** *the computer*
veel langer duurde *lasted much longer*	**hoe lang** *how long*
	een uurtje *about an hour*
ik ben er nog niet aan toegekomen *I haven't got round to it yet*	**heus** *really*
	gehoord *heard*
is bijna afgerond *is nearly finished*	**ter gelegenheid van ons 25-jarig bestaan** *on the occasion of our 25th anniversary*
het enige wat *the only (thing) that*	
wat gegevens *some details*	
invullen *to fill in/add*	**het borreltje (de borrel)** *the reception* (Lit. alcoholic drink)
het verslag *the report*	
waaraan *on which*	**de zakenrelatie** *the business contact*
doorlezen *to read through*	
de tabel *the table, chart*	**plaatsvinden** *to take place*
ik zal er wel wat bij zoeken *I'll find some (to go with it)*	**rond** *thereabouts*

Waar of niet waar?

(a) De secretaresse zegt dat zij David zal doorverbinden.
(b) Hans heeft de man met wie hij dat contract wil tekenen opgebeld.
(c) De vergadering waar Hans naar toe is geweest duurde erg lang.
(d) Hans heeft nog wat gegevens nodig van Brinkman.
(e) Het verslag waaraan Hans en David hebben gewerkt is nu klaar.
(f) Hans moet nog wat gegevens op de computer opzoeken.
(g) Het bedrijf waar Hans en David werken bestaat 25 jaar.

opbellen *to phone*	**opzoeken** *to look for*

—— Wat u eigenlijk moet weten ——

In The Netherlands you usually answer the phone with: **met** followed by your name. It would be considered rude to answer the phone with just *hello!*

Talking on the phone in a foreign language is much more difficult than talking face to face. Do not worry if you initially seem to struggle. You will need practice to tackle phone conversations confidently, especially official phonecalls. Before you telephone someone, it may help to write down what you want to say.

—— Belangrijke zinswendingen ——

How to:

● ask for someone on the phone

Zou ik meneer De Ligt kunnen spreken? (polite)	*Could I speak to Mr De Ligt please?*
Kan ik even met meneer De Ligt spreken? (formal and informal)	*Could I speak to Mr De Ligt?*
Is Hans er? (informal)	*Is Hans around?*
Kunt u me doorverbinden met meneer De Ligt?	*Could you put me through to Mr De Ligt?*
Kunt u me doorverbinden met toestel 289?	
Mag ik toestel 289?	*Could you give me extension 289?*

Here are some possible answers for use on the phone:

Ogenblikje, alstublieft.	*Just a moment please.*
Momentje, ik zal even kijken.	*Just a moment, I'll have a look.*
Ik zal u doorverbinden.	
Ik verbind u door.	*I'll put you through.*
Het toestel is in gesprek.	*The extension is engaged.*
Wilt u even wachten of belt u terug?	*Will you hold on or ring back later?*

● express notions of time

Hoe lang duurt het?	*How long will it take/be?*
Het duurt (niet zo) lang.	*It will (not) be (that) long.*
We hebben het op tijd afgekregen.	*We finished it in time.*
Komt de bus op tijd?	*Is the bus on time?*

● express approximate individual time units

Ongeveer een uurtje	*approximately one hour*
Ongeveer een half uurtje	*approximately half an hour*

Ongeveer een kwartiertje	*approximately a quarter of an hour*
Ongeveer een minuut of tien	*approximately ten minutes*

● ask politely for something

Zou je dit voor me willen uittypen?	*Could you type this for me please?*
Zou je een koffie voor me willen halen?	*Would you mind getting me a coffee please?*

Hoe zit 't in elkaar?

1 Zou

(a) Zou ik meneer De Ligt even kunnen spreken?	*May I speak to Mr De Ligt?*
(b) Je zou nog bellen met die man.	*You were going to phone that man.*
(c) Dat zou ik niet doen.	*I wouldn't do that.*

In these sentences **zou** is the past tense of the verb **zullen**.

As with all verbs in the simple past there are two forms, the singular (**zou**) and the plural (**zouden**).

The sentences (a), (b) and (c) show three different uses of the word **zou**.

(a) As you saw in the **Belangrijke zinswendingen**, you can use **zou/zouden** to ask for something politely. This phrase is especially used when asking for a favour. Because the use of the verb **zou/zouden** is polite in itself, you should not use **alstublieft** in the same sentence.

Zou je dit voor me kunnen doen?	*Could you do this for me, please?*

Note that **zou** has to be combined with **kunnen** or **willen**.

Zou je dit voor me willen uittypen?	*Would you mind typing this for me, please?*
Zou je dit voor me kunnen uittypen?	*Could you type this for me please?*
Zou ik je pen kunnen lenen?	*Could I borrow your pen, please?*

(*b*) In the second example, the word **zou** could be translated as *was/were going to*.

Je zou nog bellen.	*You were going to phone.*
We zouden het verslag nog afmaken.	*We were going to finish the report.*

(*c*) In the third example, the word **zou** is normally translated by the English *would*. Sometimes **zou** indicates a suggestion or a desire in which case it corresponds to the English *should*.

Waarom ga je niet bij je vader op bezoek? Hij zou het heel leuk vinden.	*Why don't you visit your father? He would really enjoy it.*
Als je niet zo laat naar bed zou gaan, zou je 's ochtends niet zo moe zijn.	*If you didn't go to bed so late, you wouldn't be so tired in the morning.*
Ik zou graag naar huis toe gaan.	*I should like to go home.*
Je zou wat vroeger naar bed moeten gaan.	*You should go to bed earlier.*

2 Prepositions

Prepositions in Dutch are words like **op**, **om**, **in**, **door**, **bij**, etc. They often refer to place or location.

Look at the woodcut opposite, by Escher, and identify the prepositions and their meaning.

De gebouwen staan **op** de tafel.	*The buildings are on the table.*
De boeken liggen **bovenop** elkaar.	*The books are on top of one another.*
De boeken staan **naast** elkaar.	*The books are next to one another.*
De boeken leunen **tegen** het huis.	*The books are leaning against the house.*
De lucifers liggen **voor** de boeken.	*The matches are in front of the books.*
De tabakspot staat **achter** de asbak.	*The tobacco pot is behind the ashtray.*
De pijp ligt **in** de asbak.	*The pipe is in the ashtray.*
De was hangt **tussen** de twee gebouwen.	*The laundry is hanging between the two buildings.*

De was hangt **uit** het raam.	*The laundry is hanging out of the window.*
De vrouw **met** het kind loopt door de straat.	*The woman with the child walks through the street.*
De lucifers liggen **bij** de asbak.	*The matches are near the ashtray.*
De vrouw staat **onder** het balkon.	*The woman stands under the balcony.*

Sometimes a preposition indicates a direction:

Ik loop **naar** het park.	*I'm walking to the park.*
Ik ga **naar** Rotterdam.	*I'm going to Rotterdam.*
Ik fiets **langs** de school.	*I'm cycling past the school.*

However, the meaning of a preposition is often not as clear cut as this, and the use of prepositions in Dutch and English does not always correspond. So beware of direct translations.

There are also words or phrases that are always linked with the same preposition. There is no particular reason for this, you just need to accept it as a fixed combination. Again the best advice we can offer is to learn these combinations as you encounter them.

3   Prepositions in mini-sentences

In Unit 12, you learned how to add extra mini-sentences (relative clauses) that give extra information by using **die** or **dat**.

De man **die** ik aardig vind.	*The man whom I like.*
Het kind **dat** vervelend is.	*The child who is a nuisance.*

Referring to people

But if this mini-sentence refers to people and starts with a preposition, **die** or **dat** changes to **wie**.

De man **met wie** ik samenwerk.	*The man with whom I work.*
De mensen **met wie** ik praat.	*The people to whom I talk.*

Referring to things

If the mini-sentence gives extra information about an object or a thing and you have to use a preposition, then you use **waar**. Note that **waar** comes before the preposition.

De zaak **waarover** we hebben gepraat.	*The thing we were talking about.*
Het verslag **waaraan** we hebben gewerkt.	*The report we were working on.*

Waar and the preposition are normally joined up in the written language. In the spoken language, however, they can be separated.

De zaak **waar** we **aan** hebben gewerkt.	*The job we were working on.*
Het verslag **waar** we **over** gesproken hebben.	*The report we were speaking about.*

4 Er

You have probably wondered about this little word before. It often crops up in sentences and does not seem to be translated satisfactorily. Sometimes it means *there*, and sometimes *it*, and sometimes it is not translated at all.

To help you understand this, here is an example of the use of the object pronouns that refer to things (**hem/het/ze**).

Heb je het boek gezien? Ja ik heb **het** gezien.

However, the object pronouns (**hem/het/ze**) cannot be used in combination with a preposition. In that case **er** needs to be used.

Heb je **van** het feest gehoord?	*Did you hear about the party?*
Ja, ik heb **ervan** gehoord.	*Yes I have* (heard about it).
Heb je **van** dit sausje geproefd?	*Have you tasted this dip?*
Ja, ik heb **ervan** geproefd.	*Yes I have* (tasted it).
Werk je **aan** het verslag?	*Are you working on the report?*
Ja, ik werk **eraan**.	*Yes I am* (working on it).
Heb je **naar** de cijfers verwezen?	*Did you refer to the statistics?*
Ja, ik heb **ernaar** verwezen.	*Yes I did* (refer to them).
Heb je **over** het bedrijf gepraat?	*Did you talk about the company?*
Ja, ik heb **erover** gepraat.	*Yes I did* (talk about it).

Note that the preposition **met** changes to **mee** in combination with **er**.

Heb je **met** de computer gewerkt? Ja, ik heb **ermee** gewerkt.	*Have you worked with the computer? Yes I have* (worked with it).
Ga je akkoord **met** die beslissing? Ja, ik ga **ermee** akkoord.	*Do you agree with that decision? Yes I do* (agree with it).

Sometimes the word **er** is separated from the preposition in the sentence. The two parts are normally separated by an adverb (a word that gives more information about a verb), the word **niet**, and words like **gisteren**, **morgen**, **vandaag**.

Ik heb **er** veel **over** gehoord.	*I heard a lot about it.*
Ik werk **er** hard **aan**.	*I'm working hard on it.*
Ik ben **er** druk **mee** bezig.	*I'm working hard on it.*
	(Lit. I'm busy with it.)
Ik ben **er** tevreden **mee**.	*I'm satisfied with it.*
Ik ben **er** niet **aan** toegekomen.	*I didn't get round to it.*

Oefeningen

1 Complete the following telephone conversations.

(*a*) Theo Bakker phones a business contact. The secretary answers the phone and Theo asks to speak to meneer Winkelman.

● Met de secretaresse van meneer Winkelman.

– Met ___

(*b*) Desiree van Manen phones **het gemeentehuis** and asks for extension 153.

● Met het gemeentehuis Alkmaar.

– ___

(*c*) You phone **Uitzendbureau Randstad** and ask to speak to meneer Smit. The receptionist replies that the extension is engaged.

● Met Uitzendbureau Randstad.

– Met ___

● ___

(*d*) Marja Kruishout phones her friend Bernadette van Randen. Bernadette's husband answers the phone and Marja asks if Bernadette is around. Her husband replies with: *just a moment*.

● Met Harry van Randen.

– Met ___

● ___

2 Formulate polite questions using **zou**. Here is an example.

U vraagt uw secretaresse of zij meneer Jansen voor u wil opbellen. (informal)
Zou je meneer Jansen voor me willen opbellen?

(a) Uw collega staat op om koffie te halen. U hebt ook zin in koffie en vraagt of de collega ook een koffie voor u wil meenemen. (informal)

(b) U bent druk bezig. De telefoon gaat. U vraagt aan uw huisgenoot of hij de telefoon wil opnemen. (informal)

(c) U schrijft een cheque in de supermarkt, maar u bent uw pen vergeten. U vraagt aan de cassière of u haar pen kan lenen. (formal)

druk bezig zijn	*to be busy*	**lenen**	*to borrow/lend*
de huisgenoot	*the partner*	**cassière**	*the cashier*

3 Formulate sentences with **zou/zouden** meaning: *were going to*. Start each sentence with **ik dacht**. Here is an example.
Uw man maakt het huis schoon.
Ik dacht dat jij het huis zou schoonmaken? *I thought you were going to clean the house?*

(a) Uw collega zoekt de gegevens op.
Ik dacht dat jij ___ ?
(b) Jan en Hester gaan naar Griekenland.
Ik dacht dat jullie ___ ?
(c) Uw vriendin gaat naar de bioscoop.
Ik dacht dat je ___ ?

4 Formulate sentences with **zou** meaning: *would/should*. Here is an example.
Het is beter dat niet te doen.
Het zou beter zijn dat niet te doen. *It would be better not to do that.*

(a) Het is onhandig om met de auto de stad in te gaan.
Het ___
(b) Je moet het aan Erik vragen.
Je ___

(c) De kinderen moeten gezonder gaan eten.
De kinderen ____

| **onhandig** *inconvenient* |

5 Read the newspaper article below and fill in the gaps with one of these prepositions. Note that some are used more than once.

| in om van naar op met bij uit over na |

Ik ga bij Japie wonen
... half twee 's nachts trof de politie ... Almere een tienjarige jongen aan in een bushokje. Hij zat stil ... een hoekje ... een deken ... zich heen, en had een tas ... een knuffelbeest, een pyama en z'n spaarpot ... zich.

De jongen wilde niets zeggen, en werd meegenomen en ... het politiebureau ... bed gestopt. Men kon bij politiekorpsen ... de omgeving geen inlichtingen ... een vermist jongetje krijgen. ... enige tijd bleek hij toch te willen praten: hij kwam ... Alkmaar, had ruzie met z'n ouders gekregen en de trein ... Amsterdam genomen. Daar was hij overgestapt ... de bus ... Almere.

De ruzie was gelukkig niet zo erg en de ouders waren bereid om midden ... de nacht ... Alkmaar ... Almere te rijden ... de jongen weer op te halen. (juli 1984)

(adapted from: Man laat zich oor aanlijmen
by Erik van Muiswinkel and
Thecla Bakker)

aantreffen *to come across*	**meenemen** *to take with*
het bushokje *the bus shelter*	**het politiekorps** *the police force*
stil *quiet*	**inlichtingen** *information*
de deken *the blanket*	**blijken** *to appear*
heen *around*	**vermist** *missing*
het knuffelbeest *the cuddly toy*	**de ruzie** *the argument*
de spaarpot *the piggy bank*	**midden** *middle*
de jongen *the boy*	**ophalen** *to come and get*

6 Complete the sentences below with one of the two options given in brackets.

(a) De computer (waarmee/met wie) ik werk is vrij oud.
(b) Dit is het computerprogramma (waarmee/met wie) ik altijd werk.
(c) De vergadering (waar/wie) ik naartoe ben geweest duurde lang.
(d) Mijn collega (met wie/waarmee) je hebt gesproken gaat morgen op vakantie.
(e) De zaak (waarover/over wie) ik heb verteld is bijna afgerond.
(f) Het jaarverslag (waaraan/ aan wie) we bezig zijn, wordt het eind van deze maand gepubliceerd.
(g) De zakenrelatie (met wie/waarmee) ik uit eten ben geweest, heeft het contract getekend.
(h) Het verslag (waarvoor/voor wie) we gegevens verzamelen, moet volgende week klaar zijn.

| **het jaarverslag** *the annual report* | **verzamelen** *to collect* |
| **gepubliceerd** *published* | |

7 Answer the questions with *yes* and use **er** in combination with a preposition.

Decide whether the **er** should be separated from the preposition. Here are some examples.

Ga je met de computer werken?
– Ja, ik ga ermee werken.
Ga je morgen met de computer werken?
– Ja, ik ga er morgen mee werken.

(a) Luister je naar de radio?
(b) Ben je aan dit werk toegekomen?
(c) Rijd je vaak met die grote auto?
(d) Heb je onder de auto gekeken?
(e) Kun je bij de bovenste plank? (*Can you reach the top shelf?*)
(f) Heb je met die pen geschreven?
(g) Heb je goed naar deze cijfers gekeken?

8 Answer all the questions in **7** above with **nee**. Here is an example.

Ga je met de computer werken?
– Nee, ik ga er niet mee werken.

Leestekst

Het milieu en de milieuvervuiling zijn een belangrijk probleem voor de moderne samenleving. In Nederland heeft de overheid een heleboel maatregelen genomen om de milieuvervuiling tegen te gaan.

In veel gemeenten, bij voorbeeld, moeten de mensen hun afval gescheiden houden, zodat de stadsreinigingsdienst het afval apart kan ophalen. Iedereen krijgt een speciale vuilnisemmer voor biologisch afval en een zogenaamde 'chemobox' voor klein chemisch afval, zoals batterijen, verf enz. Alleen voorwerpen zoals plastic zakjes enz. mogen in de gewone vuilniszak. Glas gaat naar de glasbak, kranten- en papier naar de papierbak en die zijn overal te vinden.

De overheid neemt ook maatregelen om lucht- en bodemvervuiling tegen te gaan. Zij probeert het gebruik van openbaar vervoer te bevorderen en legt beperkingen op aan fabrieken. Vervuiling van het rivierwater, vooral in de Rijn, is een probleem dat Nederland in samenwerking met de buurlanden probeert op te lossen.

het milieu *the environment*	**de vuilnisemmer** *the rubbish bucket*
de milieuvervuiling *the pollution*	**de verf** *the paint*
de samenleving *the society*	**het voorwerp** *the object*
de overheid *the government*	**de zak** *the bag*
de maatregel *the measure*	**de glasbak** *the bottle bank*
tegengaan *to combat*	**de papierbak** *the paper bank*
het afval *the rubbish*	**de bodem** *the soil*
gescheiden *separate*	**bevorderen** *to promote*
stadsreinigingsdienst *municipal cleansing department*	**de beperking** *the restriction*
	de fabriek *the factory*

1   What problem is the Dutch government trying to combat with a number of measures?
2   What are people asked to do in many towns?
3   What two special receptacles do they receive?
4   Why is it easy to use paper and bottle banks?
5   Why is the government trying to promote the use of public transport?
6   What does it do to factories?
7   How is The Netherlands trying to solve the problem of pollution in the river Rhine?

15
DAT BEN IK MET JE EENS

I agree with you

In this unit you will learn how to

- express approximations in relation to time
- express agreement and disagreement

——————— Gesprek ———————

David and Helen go to a reception at his firm and meet some of his colleagues.

David Hallo, Hans. Leuk dat je kon komen. Ben je er al lang?

Hans Nou, we zijn rond half zeven aangekomen.

David Neem me niet kwalijk dat ik een beetje te laat ben. We zijn eigenlijk te laat van huis vertrokken. Mijn baas was zeker precies op tijd! Mag ik mijn vrouw voorstellen? Helen, dit is Hans de Ligt, Hans dit is Helen Thompson.

Hans Aangenaam. En dit is mijn vrouw Josine de Ligt-Van Vliet.

Josine	Hallo. Jullie zijn dus net gekomen. Helen, Hans heeft me verteld dat je Engels bent. Woon je al lang hier?
Helen	Nee, niet lang, slechts een paar maanden.
Josine	Maar je spreekt al goed Nederlands.
Helen	Dank je wel. Maar ik ben al bijna een jaar geleden begonnen met Nederlands. En daarvóór had ik op school Frans en Duits gehad.
Josine	Ja, maar een klein jaar in Nederland is toch niet zo veel. Waarom heb je Nederlands geleerd, eigenlijk? Blijven jullie lang hier?
Helen	Dat weten we nog niet. Maar ik vind dat je de taal moet leren spreken, anders heb je problemen in de winkels en zo en je hebt geen contact met de buren.
Josine	Ja, je hebt gelijk. Ik heb ruim twee jaar in Duitsland gewoond en ik heb mijn Duits gebruikt. Anders word je eenzaam en je hebt er geen idee van wat er reilt en zeilt in het land. Maar ik had vier jaar Duits op school gehad en mijn Duits was redelijk goed. Bovendien als werkende vrouw had ik veel contacten. Maar niemand leert Nederlands en de taal is zo moeilijk. En bovendien spreekt iedereen in Nederland Engels.
Helen	Nou, dat ben ik niet met je eens, hoor. Het Nederlands is zeker niet moeilijker dan het Duits. Ik ben het wel met je eens over het feit dat heel veel Nederlanders goed Engels spreken, maar niet iedereen, zoals je zegt. En bovendien, als je hier komt wonen is het alleen maar beleefd om de taal te leren.
Josine	Waarom zeg je 'beleefd' ?
Helen	Nou, omdat je te gast bent hier in Nederland. De Nederlanders zijn hier thuis. Thuis moeten ze hun moedertaal kunnen praten.
Josine	Nou, Helen, ik geef me gewonnen! Heb je zin in een borreltje en wat hapjes?
Helen	Ja, goed idee, want wij moeten over ongeveer een kwartiertje weg.

aankomen *to arrive*	**niemand** *no one*
voorstellen *to introduce*	**iedereen** *everyone*
te laat *late*	**ik ben het wel met je eens over het**
aangenaam (om kennis te maken)	**feit** *I do agree with you about the*
pleased to meet you	*fact*
net *just*	**alleen maar** *only*
slechts *only*	**beleefd** *polite*
al *already*	**te gast zijn** *to be a guest*
een klein jaar *not quite a year*	**zich gewonnen geven** *to give*
je hebt gelijk *you are right*	*up/in*
ruim twee jaar *a good two years*	**het hapje** (here) *the hors-d' oeuvre;*
eenzaam *lonely*	(generally) *the snack*
wat er reilt en zeilt *what's going*	**over ongeveer een kwartiertje** *in*
on, what people are doing	*about a quarter of an hour*
dat ben ik niet met je eens *I don't*	
agree with you	

Waar of niet waar?

(a) Hans en Josine zijn precies om half zeven gekomen.

(b) Helen en David kwamen op tijd.

(c) Helen woont slechts een paar maanden in Nederland.

(d) Zij is ruim een jaar geleden begonnen met Nederlands.

(e) Josine heeft een klein jaar in Duitsland gewoond.

(f) Zij vindt Nederlands een makkelijke taal.

(g) Helen is het met haar eens dat heel veel Nederlanders Engels spreken.

(h) Helen vindt het niet nodig om Nederlands te leren.

(i) Josine heeft geen zin in een borreltje.

(j) Helen en David blijven de hele avond op het feest.

—— Wat u eigenlijk moet weten ——

Introductions   Aangenaam (om kennis te maken) is a formal way of responding to an introduction.

Notice that in The Netherlands married women take their husband's name in combination with their maiden name: this is a legal requirement. The combination is also fixed: the husband's name first, the woman's name second. Nowadays, however, many women informally simply use their own family name.

✳ The further you progress through the book, the more you will find that the **Gesprekken** use new material and constructions alongside things which have already been dealt with. The language becomes increasingly complex. You may sometimes find it necessary to look back to a previous unit to remind yourself of a construction that has already been handled.

── Belangrijke zinswendingen ──

How to:

● express approximations in regard to time

We zijn rond half zeven gekomen.	*We came at about half past six.*
We zijn precies om zeven uur gekomen.	*We came at exactly seven o'clock.*
Je bent net gekomen.	*You've just come.*
Ik ben slechts een paar maanden in Nederland.	*I've only been in The Netherlands for a few months.*
Ik ben bijna een jaar geleden begonnen.	*I started nearly a year ago.*
Een klein jaar Nederlands is niet zo veel.	*A bit less than a year of Dutch isn't very much.*
Ik heb ruim twee jaar in Nederland gewoond.	*I lived in The Netherlands for a good two years.*
Wij moeten over ongeveer een kwartiertje weg.	*We have to leave in about a quarter of an hour.*

● express agreement/disagreement

Je hebt gelijk.	*You are right.*
Ik ben het met je eens.	*I agree with you.*
Ik ben met je eens dat ...	*I agree with you that ...*
Ik ben het niet met je eens.	*I don't agree with you.*
Dat ben ik (niet) met je eens.	*I agree (don't agree) with you (about that).*
Ik ben het met je eens over het feit.	*I agree with you about the fact.*
Ik ben het met je eens dat heel	*I agree with you that most*

veel Nederlanders Engels spreken.

Dutch people speak English.

🔊 ──────── Hoe zit 't in elkaar? ────────

1 The past perfect tense

When you talk about events in the past, not everything to which you refer necessarily took place at the same time. Some past events are longer ago than others. You can indicate this by using the past perfect tense.

Ik heb twee jaar in Duitsland gewoond; daarvóór had ik Duits op school gehad.

I lived in Germany for two years; before that I had done German at school.

The period spent in Germany is in the past but more recent than the period when German was learned at school; so the past perfect is used to refer to this even earlier period.

Here are the past perfect forms of the verbs **hebben** and **zijn**.

ik had gehad	*I had had*	ik was geweest	*I had been*
jij/u had gehad	*you had had*	jij/u was geweest	*you had been*
hij/zij had gehad	*he/she had had*	hij/zij was geweest	*he/she had been*
wij hadden gehad	*we had had*	wij waren geweest	*we had been*
jullie hadden gehad	*you had had*	jullie waren geweest	*you had been*
zij hadden gehad	*they had had*	zij waren geweest	*they had been*

2 Two infinitives

In the **Gesprek** in this unit you will notice that Helen says:

Ik vind dat je de taal moet **leren spreken**.

*I think that you should **learn to speak** the language.*

As you can see, when you want to use more than one verb to complete the idea you simply use two infinitives together. If you want to have two verbal nouns it is the same;

Het **leren spreken** van Nederlands is moeilijk.

***Learning to speak** Dutch is difficult.*

3 The present participle

As you have seen the past participle is a form of the verb used with **hebben** and **zijn** to form the past perfect tense. There is also something called a present participle. Present participles in English end in *-ing* and are used to form the so-called present continuous tense e.g. *I am walking*. Never attempt to form such a tense in Dutch. Dutch is straightforward, the present tense you have is all there is.

Dutch does, however, have a present participle and you have met one example:

> Als **werkende** vrouw had
> ik veel contacten.

> *As a **working** woman I had lots
> of contacts.*

The present participle is very rare in Dutch and is usually used as an adjective or adverb. You do not need to use it, just to recognise it and to note how it is formed:

werken → werken**d**
zoeken → zoeken**d**
lopen   → lopen**d**

Oefeningen

1   Look at the pictures below and complete the sentences beneath them.

(*a*)   Wim en Marion zijn — — — voor de trein gekomen.

Vermeer, gezicht op Delft, zeventiende eeuw
(View of Delft, 17th century)

(*b*) Vermeer schilderde het gezicht op Delft — — eeuwen geleden.

(*c*) Ada gaat — — week met vakantie.

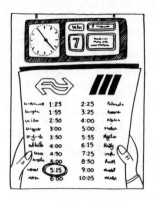

(d) De trein komt — — 20 minuten.

(e) Het is — zes uur.

| schilderen | *to paint* |

2 Lees het voorbeeld en maak de volgende zinnen op dezelfde manier compleet. (Read the example and complete the following sentences. Note that you need to put the first part of the sentence into the past perfect tense.) Here are two examples.

Jan is om half zeven opgestaan.
Toen heeft hij een kopje koffie gedronken.

Nadat Jan om half zeven was opgestaan, heeft hij een kopje koffie gedronken.

Toen is hij naar het kantoor gegaan.

Nadat hij een kopje koffie had gedronken is hij naar het kantoor gegaan.

(a) Toen heeft hij een rapport geschreven.
(b) Toen heeft hij een collega gebeld.
(c) Toen heeft hij geluncht.
(d) Toen is hij naar de supermarkt gegaan.
(e) Toen heeft hij nog een paar uur gewerkt.
(f) Toen is hij naar huis gereden.
(g) Toen heeft hij het avondeten klaargemaakt.
(h) Toen heeft hij de was gedaan.
(i) Toen heeft hij tv gekeken.
(j) Toen is hij naar bed gegaan.

opstaan *to get up*	**het avondeten** *the dinner*

3 Put the following sentences into the right order to make a conversation.

(a) Ik ben te laat van huis vertrokken.
(b) Eindelijk, maar we zijn te laat voor de film.
(c) Ik had je ruim een half uur geleden verwacht.
(d) Goed, maar je bent er nu.
(e) Ja, ik ben net gekomen.
(f) Ik ook, maar ik heb slechts een paar minuten op de bus moeten wachten.
(g) Suze, ik heb je overal gezocht.
(h) Maar ik heb een klein half uur op de trein gewacht.

eindelijk *at last*	**overal** *everywhere*
verwachten *to expect*	

4   Hoe kan je het anders zeggen?

(*a*)   Ik ben net gekomen.
  (i)   Ik ben een beetje te laat gekomen.
  (ii)   Ik ben er al lang.
  (iii)   Ik ben een paar minuten geleden gekomen.

(*b*)   Ik ben al bijna een jaar geleden begonnen met Nederlands.
  (i)   Ik leer ruim een jaar Nederlands.
  (ii)   Ik heb Nederlands op school.
  (iii)   Ik leer al een klein jaar Nederlands.

(*c*)   Weet jij wat er allemaal reilt en zeilt in Londen?
  (i)   Weet jij wat er in Londen te doen is?
  (ii)   Weet jij of je in Londen kan zeilen?
  (iii)   Weet je wat het probleem in Londen is?

(*d*)   De meeste Nederlanders spreken goed Engels.
  (i)   Alle Nederlanders spreken goed Engels.
  (ii)   Een meerderheid van de Nederlanders spreekt goed Engels.
  (iii)   Iedereen in Nederland spreekt goed Engels.

(*e*)   Je hebt gelijk.
  (i)   Dat is niet waar.
  (ii)   Ik geef me gewonnen.
  (iii)   Je lijkt op je moeder.

(*f*)   Mijn Duits is redelijk goed.
  (i)   Ik spreek vloeiend Duits.
  (ii)   Ik heb een prettige tijd in Duitsland gehad.
  (iii)   Mijn Duits is niet slecht.

(*g*)   Heb je zin in een borreltje?
  (i)   Wil je iets drinken?
  (ii)   Wat denk je van het feest?
  (iii)   Heb je honger?

(*h*)   Wij moeten over ongeveer een kwartiertje weg.
  (i)   Wij moeten om kwart over zeven vertrekken.

  (ii)   Wij moeten ongeveer een kwartiertje langs die weg lopen.
  (iii)   We kunnen nog slechts 10 à 15 minuten blijven.

| **zeilsporten** *to sail as a sport* | **de meerderheid** *the majority* |

Leestekst

Nederland en België zijn al vanaf 1957 en sinds het Verdrag van Roma lidstaten van de Europese Gemeenschap, nu de Europese Unie. Na de Tweede Wereldoorlog wilden de landen van West-Europa een nauwere samenwerking tot stand brengen op het gebied van de economie en vooral de zware industrie, kolen en staal, om de kans op een nieuwe oorlog uit te sluiten. Voor landen zoals Nederland en België, die op handel zijn aangewezen, was het ook belangrijk voor de welvaart van hun bevolking om deel te nemen aan een zo groot mogelijk vrijhandelgebied.

De economie zowel van Nederland als België heeft sinds de Tweede Wereldoorlog een enorme vlucht genomen, mede dankzij hun lidmaatschap van de EU. De havens van Rotterdam en Antwerpen hadden al voor de Tweede Wereldoorlog een opleving gekend, maar met de groei van de handel in ruwe olie na de oorlog kregen ze allebei een economische betekenis voor West-Europa die ze in drie eeuwen niet hadden gekend.

De twee landen hebben een gunstige ligging op de vervoerroutes van Europa en zijn daarom een geliefde vestigingsplaats voor allerlei bedrijven. Bovendien heeft Brussel de functie van Europese hoofdstad gekregen. Het regeringsbeleid van beide landen heeft als doel zoveel mogelijk van de gelegenheden die een verenigd Europa biedt te profiteren. Goed opgeleide arbeidskrachten, een modern uitgerust netwerk van verkeer en vervoer, een stabiel monetair beleid: dit zijn allemaal aspekten van het streven van opeenvolgende regeringen in Nederland en België om de positie van hun land binnen de EU, en daardoor in de wereld daarbuiten, te versterken.

het verdrag *the treaty*	**mede dankzij** *partly as a result of*
de gemeenschap *the community*	**het lidmaatschap** *the membership*
nauw *close*	**de opleving** *the revival*
de samenwerking *the cooperation*	**gunstig** *favourable*
tot stand brengen *to bring about*	**de ligging** *the position*
het gebied *the area*	**geliefd** *favoured*
zwaar *heavy*	**de vestigingsplaats** *the location*
de kolen (pl) *the coal*	*for establishment*
het staal *the steel*	**de gelegenheid** *the opportunity*
uitsluiten *to exclude*	**aanbieden** *to offer*
op handel zijn aangewezen *to be*	**uitgerust** *equipped*
dependent on trade	**het streven** *the effort*
de welvaart *the prosperity*	**opeenvolgend** *successive*
deelnemen *to participate*	**daarbuiten** *beyond*
de vrijhandel *the free trade*	**versterken** *to strengthen*
de economie heeft een enorme	**de unie** *the union*
vlucht genomen *the economy*	
has expanded rapidly	

1 When did The Netherlands and Belgium join the EU?
2 What was the aim in establishing the EU?
3 Why were The Netherlands and Belgium particularly keen to join?
4 What has happened to the economies of The Netherlands and Belgium since the war?
5 Why have the ports of Rotterdam and Antwerp become so important?
6 What has happened as a result of the geographical position of the two countries?
7 What is the aim of government policy in the two countries?
8 Name three things they have done in this respect.

16

WAT IS ER AAN DE HAND?

What's wrong?

In this unit you will learn

- phrases and vocabulary related to illness and going to the doctor

Gesprek

Helen takes the two children to the doctor.

In de spreekkamer bij de huisarts.

Helen   Dag Dokter Visser.

Dokter Visser   Dag mevrouw Thompson. Wat kan ik voor u doen?

Helen   Nou het gaat eigenlijk om de kinderen.

Dokter Visser   Wat is er met ze aan de hand?

Helen   Thomas heeft een hele grote bult op z'n voorhoofd. Ik heb niet eerder kunnen komen omdat we net zijn teruggekomen van vakantie. Maar ik dacht eigenlijk eerst ook dat het niet zoveel voorstelde. Maar gisteren had hij hoofdpijn en ik begon me zorgen te maken.

Dokter Visser   Hoe heb je dat voor elkaar gekregen, jongeman?

Thomas   Ik was aan het voetballen en ik keek niet uit en toen viel ik op de grond.

Dokter Visser   Laat me eens kijken. Doet dit zeer?

Thomas   Au, ja dat doet pijn.

Dokter Visser	Heb je last van duizeligheid?
Thomas	Nee dokter.
Dokter Visser	Ik denk dat het wel meevalt. Ik hoef hem niet door te verwijzen naar de specialist. U moet het wel in de gaten houden. Als hij last krijgt van duizeligheid of als de hoofdpijn erger wordt, dan moet u terugkomen met hem. Dan kunnen we een röntgenfoto laten maken.
Helen	Dank u wel dokter. Zou u ook nog even naar Lucy kunnen kijken?
Dokter Visser	Ja, natuurlijk. Wat is er aan de hand?
Helen	Ze heeft zo'n rare uitslag.
Dokter Visser	Heeft ze koorts?
Helen	Nee, alleen een beetje verhoging. Maar ze voelt zich niet zo lekker.
Dokter Visser	Jeukt het?
Lucy	Een beetje.
Dokter Visser	Zo te zien heeft ze waterpokken. Het is erg besmettelijk. Deze week moet ze thuis blijven. Ik hoef geen recept uit te schrijven, want het gaat vanzelf over.

de spreekkamer *the surgery/ consulting room*
de huisarts *the general practitioner*
het gaat om ... *it is about ...*
wat is er (met ze) aan de hand? *what's wrong (with them)?*
de bult *the bump*
het voorhoofd *the forehead*
terugkomen *to come back*
het stelt niet zoveel voor *it doesn't seem very serious/important*
de hoofdpijn *the headache*
zich zorgen maken *to be worried*
Hoe heb je dat voor elkaar gekregen, jongeman? *How did you manage that, young man?*
ik was aan het voetballen *I was playing football*
ik keek niet uit (infinitive: uitkijken) *I didn't look where I was going*
doet dit zeer/pijn? *does this hurt?*
(**het zeer** = *sore, ache*)

heb je last van duizeligheid? *do you get dizzy spells?* (Lit. Are you troubled by ...)
het valt (wel) mee *it's not that bad*
doorverwijzen naar de specialist *to refer to a consultant*
in de gaten houden *to keep an eye on*
erger worden *to become worse*
de röntgenfoto *the X-ray*
de rare uitslag *the odd/funny rash*
de koorts *the fever*
de verhoging *the slight temperature*
zich niet lekker voelen *to feel unwell*
jeuken *to itch*
de waterpokken *chicken pox*
besmettelijk *infectious*
recept uitschrijven *to give a prescription* (Lit. write out)
het gaat vanzelf over *it'll disappear/heal by itself*

Waar of niet waar?

(a) Helen gaat naar de dokter omdat er iets met de kinderen aan de hand is.

(b) Thomas is gevallen toen hij voetbal speelde.

(c) Thomas viel omdat hij niet goed uitkeek.

(d) De bult op zijn voorhoofd doet geen pijn.

(e) De dokter vindt dat hij Thomas naar een specialist moet doorverwijzen.

(f) Helen dacht eerst dat de bult niet zo erg was, maar later maakte ze zich zorgen.

(g) Lucy heeft alleen een beetje last van waterpokken.

(h) Lucy krijgt een recept van de dokter.

—— Wat u eigenlijk moet weten ——

Health insurance   In 1994 there were plans for the Dutch health service to undergo a major overhaul with regard to the system of health insurance (**ziektekostenverzekering**). Changes will gradually be introduced to form the new system. With this new system it is compulsory for all people, living in The Netherlands, to be insured through a **basisverzekering**. This insurance will cover 95 per cent of all health care provisions. It is also possible to take a private insurance against the remaining 5 per cent, which is not covered by the **basisverzekering**.

The **basisverzekering** needs to be paid for with two different kinds of premium. The largest proportion is means-tested, so people with a higher income pay a higher premium than people with a lower income. This particular premium is paid through taxation. In addition to the means-tested premium there is also a normal fixed premium, which is not related to age, income or illness. The rate of this fixed premium may vary between insurance companies.

✳ This dialogue contains a lot of phrases and idiomatic expressions, which are useful to know and can be used in all sorts of different contexts, such as **Wat is er aan de hand?, Het gaat om... , het valt wel mee,** etc.

It may be a good idea to learn these phrases. In the exercise section at the end of this unit there will be an exercise to practise these expressions.

You probably noticed that this dialogue contained the reflexive verbs, **zich voelen** and **zich zorgen maken**. If you have forgotten which pronouns to use with these verbs then check the section on reflexive verbs again in Unit 11.

—— Belangrijke zinswendingen ——

There are several ways to talk about aches, pains and problems. Look at the illustration to identify the different parts of the body.

- For most parts of the body you can use these following two patterns.

  Ik heb pijn in mijn ... (Lit. I have pain in my ...)
  Ik heb pijn in mijn buik/maag. *I've got a pain in my stomach.*
  Ik heb pijn in mijn keel. *I've got a sore throat.*
  Ik heb pijn in mijn *I've got ear ache/*
   oor/rug/hoofd. *backache/headache.*

  Mijn ... doet pijn/zeer. (Lit. My ... does pain/ache.)
  Mijn rug/buik doet pijn/zeer. *I've got backache/stomach ache.*
  Mijn voet/arm doet pijn/zeer. *I've got a pain in my foot/*
   in my arm.

  Mijn hoofd doet pijn/zeer. *I've got a headache.*

In the plural it would be:
  Mijn ogen doen pijn/zeer. *My eyes ache/are sore.*
  Mijn oren/benen doen pijn/zeer. *My ears/legs ache.*

In this pattern you can either use **pijn** or **zeer**. There is no difference between them. But in the first pattern described you can only use the word **pijn**.

- And two further ways of describing pain:

  Ik heb ... pijn. (Lit. I have ... pain.)
  Ik heb hoofdpijn. *I have a headache.*
  Ik heb buikpijn. *I have stomach ache.*
  Ik heb oorpijn. *I have ear ache.*
  Ik heb keelpijn. *I have a sore throat.*
  Ik heb kiespijn. *I have toothache.*

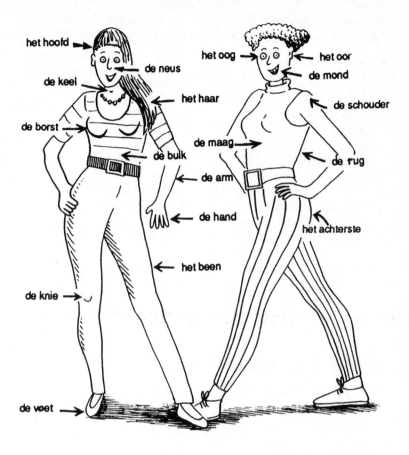

These phrases are used very regularly, but only with the parts of the body listed here; ik heb voetpijn for instance, sounds very odd.

Ik heb last van mijn ...   (Lit. I have trouble with my ...)
Ik heb last van mijn buik.   *My stomach is giving me trouble.*
Ik heb last van mijn longen.   *My lungs are giving me trouble.*
Ik heb last van duizeligheid.   *I'm having dizzy spells*
Ik heb last van mijn been.   *My leg is playing up.*

This pattern is not really used to indicate acute pain, but to convey the fact that you are suffering either regularly or intermittently from any of these conditions. For instance you cannot say: Ik heb last van mijn hoofd, but you can say: **Ik heb vaak last van hoofdpijn**.

● More expressions on health.

Ik ben gezond.	*I'm healthy.*
Ik ben ziek.	*I'm ill.*
Ik ben misselijk.	*I feel sick.*
Ik voel me niet zo lekker.	*I'm not feeling very well.*
Ik ben verkouden.	*I have a cold.*
Ik heb griep.	*I've got the flu.*
Ik moet veel hoesten.	*I'm coughing a lot.*
Ik heb een oorontsteking.	*I've got an ear infection.*
Hij heeft een longontsteking.	*He has got pneumonia.*
Ik heb een keelontsteking.	*I've got a throat infection.*
but: Mijn oog is ontstoken.	*I've got an eye infection.*

──── Hoe zit 't in elkaar? ────

1 Zijn + aan het + infinitive

Ik ben aan het voetballen.	*I am playing football.*
Ik was aan het voetballen.	*I was playing football.*
Hij is aan het werken.	*He is working.*
De kinderen zijn aan het spelen.	*The children are playing.*
Ik ben aan het lezen.	*I am reading.*

The pattern 'a form of the verb **zijn** + **aan het** + infinitive' is used in Dutch to indicate that an action is or was in progress.

This pattern needs to be translated into English with the *-ing* form of the verb.

2 More on the present perfect tense

Ik heb niet eerder kunnen komen.	*I couldn't have come any earlier.*

This sentence, from the Gesprek in this unit uses the perfect tense; but where is the past participle? you may ask. When you use a modal verb (e.g. **mogen, moeten, willen, zullen, kunnen**) in the perfect tense in combination with an infinitive, you do not use the past participle (the **ge**-word) but an infinitive. So you get two infinitives in the same sentence.

Ik heb mijn hele leven hard moeten werken.	*I've had to work hard all my life.*
Ik heb altijd willen schilderen.	*I've always wanted to paint.*
Jan heeft die baan niet kunnen aannemen.	*Jan wasn't able to accept that job.*
Jullie hebben altijd hard moeten werken, hè?	*You always had to work hard, didn't you?*
Had hij dit maar mogen meemaken.	*If only he had lived to see this* (**meemaken** = *to experience*).

Oefeningen

1 Which answer is most appropriate?

(a) You are at the doctor's because you have hurt your knee playing football. She touches it and asks if it hurts. What do you say?
- (i) Ik heb last van mijn been.
- (ii) Dat doet pijn.
- (iii) Ik was voetbal aan het spelen.

(b) The doctor tells you, to your surprise, that you have an extensive injury and that you have to go to hospital (**het ziekenhuis**) for an X-ray.
- (i) Ik dacht dat het niet zoveel voorstelde.
- (ii) Hoe heeft u dat voor elkaar gekregen?
- (iii) Ik wil een röntgenfoto laten maken.

(c) You go to see the doctor because you think you have pneumonia. She listens to your chest and says that your lungs are clear. What is your reaction?

   (i)   Ik dacht dat het vanzelf over ging.

   (ii) Dat valt mee.

   (iii) Ik heb longontsteking, nietwaar?

(d) You go to the doctor because you are getting headaches. What do you say?

   (i)   Ik heb vaak hoofdpijn.

   (ii) Ik heb last van mijn hoofd.

   (iii) Mijn hoofd doet zeer.

2 Look at the picture and identify the activities that the people are doing. **Example:** De man is met de hond aan het wandelen.

3 Put these sentences in the perfect tense. Here are two examples.

Ik kon dat verslag nog niet lezen, want ik heb eerst dat andere werk afgerond.

Ik heb dat verslag nog niet kunnen lezen, want ik heb eerst dat andere werk afgerond.

(*a*) Ik moest de trein van tien over zes nemen.
(*b*) Ik wilde altijd naar India gaan.
(*c*) Joop moest lang studeren om zijn diploma te halen.
(*d*) Kon je niet naar de dokter gaan?
(*e*) Ik moest Nederlands leren, anders had ik hier geen baan gekregen.

4 There are seven people waiting in the doctor's surgery. When they see the doctor, how would each of them describe their complaints to him? Make up complete sentences, as if you were answering the doctor's question: **Wat kan ik voor u doen?** Here is an example. **Ik heb pijn in mijn rug**. (Note that there are sometimes several ways of saying it.)

(*a*) trouble with dizzy spells
(*b*) aching legs
(*c*) a painful foot
(*d*) a sore throat
(*e*) an infected eye
(*f*) feeling sick
(*g*) having to cough a lot

5 This is an extract from a letter sent by Petra to her friend Lisette. (See vocabulary overleaf.)

Ik ben gisteren naar de dokter geweest omdat ik de laatste tijd vaak last heb van hoofdpijn. De dokter vroeg of ik ook andere klachten had. Je weet, dat ik vaak heel slecht slaap. Ze zei dat mijn bloeddruk een beetje te hoog was en ze vroeg of ik me ergens zorgen over maakte. Ik vertelde dat ik het erg druk had op mijn werk. Ze zei toen dat ik het wat rustiger moet aandoen en dat ik me moet leren ontspannen. Ze wilde me liever geen medicijnen geven. Ik zei dat ik van plan was om een yogacursus te gaan volgen. Eigenlijk vind ik het wel goed, dat ze me geen medicijnen gaf, vind je ook niet?

> **vroeg (vragen)** *asked (ask)*
> **of** (in this context) *if*
> **de klacht** *the complaint*
> **de bloeddruk** *the blood pressure*
> **ik heb het druk** *I'm busy*
> **het rustig(er) aandoen** *take it easy (easier)*
>
> **ontspannen** *to relax/do relaxation*
> **ik ben van plan om ...** *I'm planning to ...*
> **het medicijn** *the medecine*

Read the extract from Petra's letter and imagine that you are Petra visiting the doctor. Provide simple answers to the doctor's questions and comments. Think about the answers first, then you can act it out or use the cassette for this exercise.

(*a*) Wat kan ik voor u doen?
(*b*) Heeft u ook andere klachten?
(*c*) Maakt u zich ergens zorgen over?
(*d*) Uw bloeddruk is een beetje te hoog. U moet zich eigenlijk leren te ontspannen.

6 You are going to the doctor because you feel sick, have a slight temperature and you are coughing a lot. Answer the doctor. Act the dialogue out or use the cassette.

Dokter Wat kan ik voor u doen?
Tell her you are coughing a lot.
Dokter Heeft u ook andere klachten?
Tell her you have got a slight temperature.
Dokter En hoe voelt u zich?
Tell her you are not feeling very well and that you feel sick.
Dokter Eet u normaal?
Tell her you cannot eat anything.
Dokter (listening to your chest) U hebt geen longontsteking. Het is waarschijnlijk de griep.

Leestekst

Elk land heeft zo zijn eigen cultuurpatroon en herkenbaar volkskarakter, hoewel dit natuurlijk altijd een beetje een generalisatie is.

Er bestaan immers grote verschillen tussen mensen onderling en tussen verschillende bevolkingsgroepen. De mensen die in de Randstad wonen zijn bijvoorbeeld in het algemeen vrij verbaal, assertief en 'eigenwijs'. Dit laatste woord is moeilijk te vertalen, maar het betekent zoiets als doen wat je wilt, zonder naar raad van anderen te luisteren. Er wordt in de Randstad in het algemeen ook wat progressiever gedacht over onderwerpen als abortus, homofilie en dergelijke.

De mensen buiten de Randstad zijn vaak wat rustiger en wat vriendelijker en ook erg hartelijk. Het is trouwens belangrijk om deze mensen geen 'Hollanders' te noemen, want Holland is striktgenomen alleen de provincies Noord- en Zuid-Holland.

Men kan het volkskarakter van de Nederlanders ook onderscheiden in dat van de 'noorderlingen' en de 'zuiderlingen'. Er wordt vaak beweerd dat de Nederlanders ten noorden van de grote rivieren nuchter en hardwerkend zijn. Zij zijn van oudsher voor een groot deel protestant (calvinistisch). De voornamelijk katholieke zuiderlingen weten daarentegen van het leven te genieten. Zij houden van lekker eten, bier en feesten (getuige het jaarlijkse carnaval, dat alleen in het zuiden gevierd wordt).

Het onderscheid is op geen stukken na zo duidelijk als het vroeger was. Het calvinisme is verdwenen, maar heeft wel zijn sporen nagelaten.

Wat alle Nederlanders misschien gemeen hebben is hun liefde voor vrijheid in denken en doen. Nederlanders uiten ook bijzonder graag hun eigen mening.

het cultuurpatroon *the cultural pattern*	**het onderwerp** *the subject/topic*
herkenbaar *recognisable*	**homofilie** *homosexuality*
volkskarakter *character of a people*	**vriendelijk** *friendly*
immers *after all*	**noemen** *to call*
het verschil *the difference*	**striktgenomen** *strictly speaking*
onderling *between*	**onderscheiden** *to divide*
bevolkingsgroepen *sections of the population*	**noorderlingen** *northerners*
verbaal *verbal*	**voornamelijk** *principally*
vertalen *to translate*	**zuiderlingen** *southerners*
het betekent zoiets als *it means something like*	**er wordt vaak beweerd** *it is ofen said*
	de rivier *the river*

van oudsher *traditionally*	**heeft zijn sporen nagelaten** *left its*
nuchter *sensible*	*traces*
getuige *witness*	**gemeen hebben** *to have in*
het onderscheid *the difference*	*common*
op geen stukken na zo duidelijk	**de liefde** *the love*
by no means so obvious	**de vrijheid** *the freedom*
verdwenen (verdwijnen)	**hun eigen mening uiten** *to voice*
disappeared (disappear)	*their own opinion*

1   What are the pitfalls of describing a national character?
2   What are, broadly speaking, the differences between people living in the Randstad and those living outside?
3   To whom, strictly speaking, does the term 'Hollanders' refer?
4   What are, broadly speaking, the differences between those living in the north and those living in the south of The Netherlands?
5   Which festival is celebrated primarily in the south?
6   What geographical dividing line between north and south has been mentioned here?
7   What do Dutch people have in common?

17

MOET IK REISCHEQUES — MEENEMEN? —

Should I take traveller's cheques?

In this unit you will learn how to

- ask for advice
- draw money from the bank
- go to the post office

Gesprek

Helen and David go to the bank to arrange money for a holiday.

Bankmedewerker   Goedemiddag, mevrouw, meneer. Waar kan ik u mee helpen?

Helen   Goedemiddag. We gaan met vakantie naar Italië en ik wou graag uw advies vragen over geld en dergelijke.

Bankmedewerker   Dat kan, mevrouw. Heeft u al een hotel geboekt?

David   Nee, dat is niet nodig.

Bankmedewerker   Hoe bedoelt u, meneer?

David	We willen een kleine rondreis maken door Noord-Italië en we willen liever niet aan één plaats gebonden zijn.
Bankmedewerker	Dat kan ik me best voorstellen, meneer, maar in uw plaats zou ik toch een hotelkamer reserveren in de verschillende steden waar u wilt verblijven. Anders loopt u het risico geen verblijfplaats te kunnen vinden.
Helen	Pardon, meneer, wat zegt u? Kunt u wat langzamer spreken alstublieft, want we zijn Engels?
Bankmedewerker	Neemt u me niet kwalijk, mevrouw. Dat had ik niet begrepen. Jazeker. Ik denk dat het een goed idee is om een hotelkamer te reserveren in iedere stad die u gaat bezoeken. Het is erg druk om deze tijd van het jaar en hotels zijn vaak volgeboekt. Het is dus wenselijk om een reservering te maken.
David	Moeten we eerst naar een reisbureau, dan?
Bankmedewerker	Nee, meneer, dat kunnen we hier voor u regelen, als u dat goed vindt.
Helen	Doe maar, David, want naar een reisbureau lopen kost anders maar tijd.
Bankmedewerker	Goed. Voor de hotelreserveringen moet ik u doorverwijzen naar een van mijn collega's. Maar eerst die geldzaak.
Helen	O, ja. Ik wou graag weten hoeveel geld we ongeveer nodig hebben voor drie weken in Italië. En kunnen we beter ons Nederlands geld hier wisselen of reischeques meenemen en in Italië geld wisselen?
Bankmedewerker	Volgens mij kunt u beter uw Eurocheques meenemen, mevrouw. Italië is toch lid van de EU en de Eurocheques kunt u gewoon bij een bank verzilveren of in de winkels en restaurants als betaalmiddel gebruiken.
David	Nou, dat is een goed idee en veel veiliger neem ik aan.
Bankmedewerker	Zonder twijfel, meneer, en ook goedkoper. Maar over veiligheid gesproken – heeft u aan

	een reisverzekering gedacht? Als u de auto meeneemt is het wel aan te raden.
David	Nou, we hadden er niet aan gedacht. Goed dat we er langs zijn gekomen, hè? Hartelijk bedankt voor uw advies.
Bankmedewerker	Tot uw dienst, meneer, en ik wens u allebei een prettige vakantie.

het advies   *the advice*
en dergelijke   *and so forth*
bedoelen   *to mean*
de rondreis   *the tour*
gebonden   *tied, fixed*
dat kan ik me best voorstellen
  I can well imagine that
in uw plaats   *if I were you*
verblijven   *to stay*
het risico   *the risk*
de verblijfplaats   *the place to stay*
begrijpen   *to understand*
bezoeken   *to visit*
wenselijk   *desirable*
regelen   *to organise*

de geldzaak   *the money matter(s)*
  (singular in Dutch)
de reischeques   *the traveller's cheques*
verzilveren   *to cash*
het betaalmiddel   *the means of payment*
veilig   *secure*
de twijfel   *the doubt*
de veiligheid   *the security*
de reisverzekering   *the travel insurance*
aanraden   *to advise*
tot uw dienst   *at your service*

Waar of niet waar?

(a) Helen gaat voor zaken naar Italië.

(b) David en Helen willen in één plaats blijven.

(c) De bankmedewerker vindt het niet nodig om hotelkamers te reserveren.

(d) Helen heeft hem de eerste keer niet begrepen.

(e) De bankmedewerker kan zelf een hotelkamer voor David en Helen reserveren.

(f) Helen weet precies hoeveel geld ze nodig heeft voor haar vakantie.

(g) Helen kan haar Eurocheques alleen bij de bank gebruiken.

(h) Het is misschien veiliger en goedkoper om Eurocheques te gebruiken.

(i) David en Helen hadden al besloten om een reisverzekering af te sluiten.

(j) De bankmedewerker vindt het ook wenselijk.

voor zaken gaan   *to go on business*

—— Wat u eigenlijk moet weten ——

Personal finance   Banks in The Netherlands are normally open from 9.30 am to 4.30 pm Monday to Friday. They have cash-dispensing facilities for those with a card. The banks issue Eurocheques to all their customers with cheque facilities for use both inside and outside the country: there is no fuss and bother with two chequebooks and cards, and the card number is short!! Each cheque is guaranteed to a maximum of *f* 300 but several cheques can be written to cover a single transaction. The granting of full cheque facilities is somewhat more restrictive than is the case for British banks, and more Dutch people use Girobank than the British.

The post office is used for money transactions and the Girobank offers a wide range of financial facilities as do the other banks. You can also buy your **strippenkaart** there. Do not forget that **strippenkaarten** are much cheaper **in de voorverkoop** (*bought in advance*) than they are on the tram or bus.

The use of credit cards is less common in The Netherlands than in Britain, particularly in shops. However, in hotels and at car hire firms all major credit cards are widely accepted.

As in this country the banks offer a wide range of facilities beyond account holding. Property and health insurance, travel arrangements and mortgage lending are just some of the examples.

If you say you do not understand something and the person you are speaking to hears you are an English speaker they will probably start speaking in English, particularly in the Randstad. At the start, and depending on the complexity of the situation, you may well be advised to give way to this – after all, it is rather more important to see your account is properly sorted out than to make a point about speaking Dutch! However, you will gradually have to start standing your ground and making clear, politely but firmly, that you can cope in Dutch and prefer to do so, otherwise you will get stuck in an English-speaking ghetto – and then the Dutch speakers will start complaining about your lack of effort!

—— Belangrijke zinswendingen ——

How to:

- say you do not understand

Hoe bedoelt u/bedoel je?	*What do you mean?*
Wat zegt u/zeg je?	*What did you say?*
Kunt u/kun je wat langzamer spreken?	*Could you speak more slowly?*
Ik begrijp u/je niet.	*I don't understand you.*

- offer/ask for advice

Ik wou graag uw/jouw advies vragen over geld.	*I'd like to ask you about money.*
Kunt u/kun je me zeggen waar ik de bank kan vinden?	*Could you tell me where I can find the bank?*
Ik wou graag weten hoeveel geld ik nodig heb.	*I should like to know how much money I need.*
Zou u/zou je me kunnen zeggen waar ik de Warmoesstraat kan vinden?	*Could you tell me where the Warmoesstraat is?*
Moeten we eerst naar een reisbureau?	*Do we have to go to a travel agent's first?*
In uw/jouw plaats zou ik (toch) een hotelkamer reserveren.	*If I were you I'd (still) book a room.*
Het is wenselijk om een reservering te maken.	*It is desirable to book.*
Doe maar, want naar een reisbureau lopen kost anders maar tijd.	*Do it, otherwise going to a travel agent's will just waste time.*
Volgens mij kunt u/kun je beter uw Eurocheques meenemen.	*In my opinion it would be better to take your Eurocheques.*

—— Hoe zit 't in elkaar? ——

Another note on tenses

In this unit you have encountered an alternative form of the past tense of **willen** – **ik wou**. This alternative is used in the singular past of **willen** but not in the plural. So:

ik wou	but	wij wilden
jij wou		jullie wilden
hij/zij wou		zij wilden

Oefeningen

1 Look at the situations described below and then make up a question asking for advice in Dutch and give a reply.

Ellie asks Margriet if she should go to the travel agent. Margriet says she should, otherwise she may not get a place to stay.

Joop asks the assistant in the bank if he can ask his advice about hotel reservations. The assistant says that he must refer him to his colleague.

Ina asks at the bank if she should take traveller's cheques on holiday. The assistant says in his opinion it would be better to take Eurocheques.

Jaap says he is thinking of going on holiday to Italy in July. Theo says if he were Jaap he would go in September.

2 Look at the table and advise the people below which hotel to choose according to the information they give you.

Hotel	Europahotel	Strandhotel	Badhuishotel
Aantal Bedden	22	250	500
Prijs per nacht	f 120	f 95	f 160
Gebouwd	1885	1936	1975
Ligging	Stadscentrum	5 minuten van de Zeekant	Direkt aan zee
Comfort	***	**	****

Here is an example.

Ik zoek een luxe hotel, dichtbij het strand met alle voor-
zieningen op de kamer.
Ik raad u aan een kamer in het Badhuishotel te kiezen./ In uw
plaats zou ik een kamer in het Badhuishotel kiezen.

Arie Kunt u me helpen? Ik zoek een tamelijk goedkoop
hotel niet te ver van het strand.

Corrie Vind je dat ik een hotelkamer in het Europahotel
moet reserveren? Ik wil een hotelkamer met douche/wc en niet te
ver van het strand.

Jaap Mevrouw, ik wou graag uw advies vragen. Ik wil een
hotelkamer reserveren? Ik reis voor zaken en ik zoek een hotel
waar ik mijn zakenrelaties kan ontvangen.

Ruthie Welk hotel moet ik kiezen, vind je? Ik zoek een
tamelijk comfortabel en sfeervol hotel, niet direkt aan zee.

| **de voorziening** *the facility* | **sfeervol** *with character* |

Gesprek

In het postkantoor

Lies goes to the post office to buy stamps and get some money.

Medewerkster	Goedenochtend, mevrouw. Wat kan ik voor u doen?
Lies	Mag ik twee zegels van tachtig cent en drie van één gulden alstublieft?
Medewerkster	Jazeker, mevrouw. Dat is vier gulden zestig alstublieft Anders nog iets?
Lies	Ja, graag. Hoeveel kost het om dit pakje naar Duitsland te sturen?
Medewerkster	Even kijken. Dat is tien gulden vijftig alstublieft Anders nog iets?

Lies	Ja een strippenkaart graag en ik wou graag geld opnemen.
Medewerkster	Een grote of een kleine strippenkaart, mevrouw?
Lies	Een grote graag.
Medewerkster	Alstublieft, mevrouw. Voor geldopname moet u naar het derde loket links.
Lies	Dank u wel.
2e Medewerkster	Goedenochtend, mevrouw.
Lies	Goedenochtend. Kan ik een cheque wisselen?
2e Medewerkster	Heeft u uw pasje bij u mevrouw?
Lies	Ja. Mag ik f 500?
2e Medewerkster	Ja dan moet u twee cheques uitschrijven, mevrouw. Kunt u ook uw pasnummer op de achterzijde schrijven?
Lies	Alstublieft.
2e Medewerkster	Uw geld, mevrouw en graag tot ziens.
Lies	Dank u wel.

een zegel van tachtig cent *an eighty cent stamp*	**de geldopname** *taking out money*
het pakje *the parcel*	**wisselen** *to cash*
sturen *to send*	**pasje** *card*
geld opnemen *to take out money*	**de achterzijde** *the reverse*

Waar of niet waar?

(a) Lies wil vier zegels van vijftig cent kopen.
(b) Zij wil een pakje naar de Verenigde Staten sturen.
(c) Zij kan geld aan hetzelfde loket opnemen.
(d) Zij heeft geen pasje bij zich.
(e) Zij mag één cheque voor f 500 uitschrijven.

hetzelfde *the same*

3 Look at each of the situations described below and phrase a suitable question in Dutch.

(a) You want to know how much it costs to send a parcel to the U.S.

(b) You want a large tram ticket.

(c) You want to take money out of your account.

(d) You want to buy four 85 cent stamps and a two-guilder stamp.

(e) You want to cash a cheque for *f* 300.

4 Now make up a suitable response for each of your questions in exercise **3** in Dutch. Possible replies are given in the key.

5 Fill in the gaps, using the words in the box, in the text below. Remember you may need to change the form of the verb.

Huib en Tonja gaan ___ vakantie ___ Zwitserland. Zij willen graag advies vragen ___ geld. Huib ___ het niet nodig om een hotel te boeken, ___ zij willen niet ___ één plaats blijven. Maar de bankmedewerker ___ hen ___ om toch een hotelkamer te reserveren ___ ze anders het risico ___ geen verblijfplaats te kunnen vinden. Zij vragen ___ zij reischeques moeten meenemen. Hij zegt, '___ uw plaats ___ ik Eurocheques meenemen.'

> aan   raden   over   lopen   zouden   met   want   vinden   in
> omdat   op   naar   of

6 Find the correct response for each of the cues (a) – (e). A cue followed by (+) requires a positive answer; a cue followed by (-) requires a negative answer.

(a) Ik wou graag uw advies vragen. (+)

(b) Moet ik een hotelkamer boeken? (-)

(c) Zullen we de hotelreserveringen hier regelen? (+)

(d) Moet ik reischeques meenemen? (-)

(e) Heeft u al een reisverzekering afgesloten? (-)

(i) Volgens mij kunt u beter Eurocheques meenemen.

(ii) Nee, we hadden er niet aan gedacht.

(iii) In uw plaats zou ik het niet doen.

(iv) Doe maar, want het spaart tijd.

(v) Ja meneer, wat kan ik voor u doen?

> **sparen** *to save*

📖 ——————————— **Leestekst** ———————————

Taal en cultuur

Nederlands is de moedertaal van de Nederlanders en van de Vlamingen in België. Net als elke andere taal kent ook het Nederlands veel dialecten, waarvan sommigen bijna niet te verstaan zijn voor buitenstaanders. Maar elke Nederlander of Vlaming die dialect spreekt, heeft op school het Standaard Nederlands geleerd, het zogenaamde ABN (Algemeen Beschaafd Nederlands). De Friezen in Friesland spreken behalve Nederlands ook Fries. Het Fries wordt als een eigen taal beschouwd en is geen dialect van het Nederlands. Het is in Friesland zelfs een verplicht vak op de lagere school.

In Nederland bestaat een verschil tussen schrijftaal en spreektaal. De schrijftaal is wat officiëler dan de gesproken taal en moet grammaticaal correct zijn. Met de gesproken taal nemen de Nederlanders het niet altijd zo nauw. De Nederlanders zijn erg naar buiten gericht en dit is ook in de taal terug te vinden. Er worden in het Nederlands steeds meer buitenlandse (voornamelijk Engelse) woorden opgenomen. Maar er is tegelijkertijd een tendens om weer 'gewoon' Nederlands te spreken. Steeds meer mensen raken bewust van het feit dat de Nederlandse taal niet verwaarloosd mag worden. In 1980 is de Nederlandse Taalunie opgericht, een Belgisch-Nederlandse organisatie op het gebied van de Nederlandse taal en literatuur.

De Nederlandse literatuur heeft veel beroemde schrijvers voortgebracht. Joost van den Vondel, P.C. Hooft en Constantijn Huygens uit de 17e eeuw waren schrijvers van wereldformaat. Multatuli schreef in de 19e eeuw de befaamde *Max Havelaar*, die op indringende wijze de toestanden van het Nederlandse koloniale beleid aan de kaak stelde.

Er is nog steeds erg veel schrijvers- en dichterstalent in Nederland en België: W.F. Hermans, Gerard Reve, Hugo Claus, Harry Mulish en Cees Nooteboom om er maar enkelen te noemen. Enkele boeken zijn in het Engels vertaald, maar veel boeken zijn alleen nog maar in het Nederlands te krijgen. Alleen dit zou al reden genoeg moeten zijn voor literatuurliefhebbers om de Nederlandse taal te leren.

Nederland slaat in het algemeen geen slecht figuur op cultuurgebied.

De schilders uit de 17e eeuw (b.v. Rembrandt en Vermeer) hoeven we nauwelijks te noemen, net zo min als van Gogh. Maar ook Piet Mondriaan en Gerrit Rietveld, kunstenaars van de Stijl-beweging uit het begin van deze eeuw, en Karel Appel van de Cobra-groep uit de jaren vijftig genieten grote faam. De meeste kunstenaars echter worden niet bekend buiten de grenzen van Nederland, hoewel dat niet per definitie een reflectie is van de kwaliteit van hun werk.

De overheid verleent subsidie aan veel kunstenaars en wil de beeldende kunsten integreren in de dagelijkse omgeving. Er zijn dan ook veel kunstwerken te zien in het stedelijk straatbeeld.

Tijdens het Holland Festival, dat elke zomer plaatsvindt op verschillende plaatsen, worden veel verschillende concerten en toneelvoorstellingen gegeven. Een uitstekende gelegenheid om te zien wat Nederland te bieden heeft op cultuurgebied.

---

de Vlaming *person from Flanders, Belgium*	**de toestand** *the condition*
kennen *to know*	**aan de kaak stellen** *to denounce*
verstaan *to understand*	**vertalen** *to translate*
de buitenstaander *the outsider*	**de ... liefhebber** *the lover of ...*
Fries *Frisian*	**geen slecht figuur slaan** *have a good profile*
beschouwen *to consider*	**nauwelijks** *hardly*
verplicht *obligatory*	**de beweging** *the movement*
zij nemen het niet zo nauw *they are not that fussy*	**faam genieten** *to be well known*
voornamelijk *mainly*	**de grens** *the border*
tegelijkertijd *simultaneous*	**subsidie verlenen** *to subsidise*
de tendens *the trend*	**de kunstenaar** *the artist*
bewust raken *to become aware*	**de beeldende kunsten** *the visual arts*
verwaarloosd *neglected*	**het stedelijk straatbeeld** *the city street scene*
beroemd *famous*	
indringend *poignant*	

---

1 What languages do people in Friesland speak?
2 What is the difference between written and spoken Dutch?
3 What simultaneous trends are there in the Dutch language?
4 What is the Nederlandse Taalunie?
5 Explain in what cultural areas The Netherlands keep a good profile.
6 Why are there so many sculptures in the Dutch towns and cities?

18
DAT SPIJT ME
— VERSCHRIKKELIJK —
I'm very sorry

In this unit you will learn how to

- express support and sympathy
- write some basic letters

Gesprek

Employees at the firm where Hans and David work have just heard that as part of the cut-backs there will be some compulsory redundancies. David is being transferred back to his old job in England. He phones Hans to tell him the news.

David Hans, ik heb net gehoord dat ik per 1 januari hier moet vertrekken. Ik word weer overgeplaatst naar Engeland.

Hans Dat spijt me verschrikkelijk David. Ik wist dat er mensen zouden worden overgeplaatst, maar ik had nooit gedacht dat jij erbij zou zijn. We zullen je kennis en ervaring erg missen.

David Dank je wel, Hans. Maar ja, het bedrijf moet fuseren, dus er moeten mensen weg, werd me verteld. En dat zie ik ook wel in. Het is alleen vervelend als het jou treft. Ik heb veel voor de afdeling gedaan en ik heb er het laatste jaar met plezier gewerkt.

Hans Er moeten de laatste tijd zoveel bedrijven fuseren. Het was wel te verwachten. Wat ga je nu doen? Ga je inderdaad terug naar Engeland?

David Nou, eigenlijk wil ik liever hier blijven. De kinderen zijn net ingeburgerd op hun nieuwe school. Helen heeft net een leuke baan, en om je de waarheid te vertellen heb ik het hier erg naar mijn zin. Ik wil hier naar een baan in Nederland solliciteren.

Hans Ik ben blij dat te horen. Ik heb trouwens net toevallig gezien dat er een paar leuke advertenties in het NRC staan. Ik zal ze vanmiddag even brengen.

David Dat zou ik erg op prijs stellen, Hans. Eerlijk gezegd trekt een nieuwe baan me ook wel aan. We werden hier niet zo goed betaald, vond ik. Hoeveel vacatures heb je gezien?

Hans Gisteren stonden er minstens drie in de krant. Weten je zakenrelaties al dat je weggaat?

David Nog niet, maar ze zullen binnenkort geïnformeerd worden door het bedrijf.

Hans Nogmaals David, ik vind het erg jammer dat je bij ons bedrijf weggaat, en ik wens je alle succes met je sollicitaties.

David Bedankt, Hans.

Hans Tot straks en sterkte, hè.

---

ik word overgeplaatst *I'm being transferred*
Dat spijt me verschrikkelijk *I'm very sorry*
het bedrijf moet fuseren *the company will merge*
het is vervelend als het jou treft *it is not very nice when you are the victim*
inzien *to understand*
ingeburgerd *settled*
toevallig *by coincidence*

het NRC *a newspaper*
dat zou ik op prijs stellen *I would appreciate that*
eerlijk gezegd trekt een nieuwe baan me wel aan *to tell you the truth a new job appeals to me*
we werden niet zo goed betaald, vond ik *we weren't paid that well, I thought*
nogmaals *again*
ik vind het jammer *it's a shame*
sterkte *take heart*

Waar of niet waar?

(*a*) David moet weg bij het kantoor in Nederland waar hij werkt.

(*b*) Hans had nooit gedacht dat David een van de mensen was die weg zou moeten.

(c)   David begrijpt wel dat sommige mensen weg moeten.
(d)   David wil een nieuwe baan in Nederland gaan zoeken.
(e)   Hans heeft geen vacatures voor David gezien.
(f)   David was heel tevreden met zijn salaris.
(g)   Het bedrijf heeft Davids zakenrelaties nog niet geïnformeerd over het feit dat hij weggaat.
(h)   Hans wenst David veel succes met het solliciteren.

—— **Wat u eigenlijk moet weten** ——

Newspapers   Job vacancies for middle and higher positions are mainly advertised in the Saturday editions of the national newspapers. **De Volkskrant** and **het NRC Handelsblad** especially have many job ads. Job vacancies for academically trained personnel are also found in a weekly publication called **Intermediair**, which incidentally is not available in the shops; you have to take out a subscription.

Job vacancies for lower positions are mainly advertised in local newspapers, some of which have a fairly large circulation: **De Haagsche Courant/Het Binnenhof**, **De Gelderlander**, **De Limburger**, **Utrechts Nieuwsblad**, **Haarlems Dagblad** and so on. There are ten national newspapers (daily except Sundays) in The Netherlands.

The largest are **de Telegraaf** and **het Algemeen Dagblad**, which are conservative and have a style of reporting that is keen on sensation.

De Volkskrant, **het NRC Handelsblad** (often referred to as **het NRC**), **Het Parool** and **Trouw** are quality newspapers, each with a distinct philosophy. **De Volkskrant** is the most progressive of these newspapers. **Het NRC** is an objective newspaper with many opinion articles. They report more extensively than other papers on business and economic news. **Het Parool**, though a national paper, contains many articles relating to Amsterdam, but also many human-interest stories. And lastly **Trouw**, a serious paper with a Christian orientation, is moderately progressive.

Sterkte/succes/het spijt me   These are three standard expressions that are used to express support and regret. **Sterkte** (Lit. I wish you strength) is used to wish someone the best in difficult situations, such as when someone has to do an exam, have an operation, but also to express support after someone has just lost a relative. It is a bit more personal than the formal **gecondoleerd** (*my condolences*).

Succes is used where the English say *good luck*. You could either use the word on its own, or in a sentence: **ik wens je veel succes**.

Het spijt me is used in the same way as the English *I am sorry*. It can be used to express regret and support to someone, but it is also the standard phrase for apologising.

Hoe zit 't in elkaar?

1 The passive

We worden niet zo goed betaald.
Er moeten mensen weg, werd me verteld.
De zakenrelaties zullen binnenkort geïnformeerd worden.

These sentences are written in the so-called passive voice. This is a grammar term which really means what it says. The person or thing that the sentence is about is passive, i.e. is not doing anything. But something is being done to him/her/it instead.

Compare these sentences:

Active

Mark opereert.	*Mark is operating* (i.e. he is the doctor).
Jelke schrijft de brief.	*Jelke writes the letter.*
Wij wassen de auto's.	*We're washing the cars* (i.e. We're performing the action).

Passive

Mark wordt geopereerd.	*Mark is being operated on* (i.e. he is the patient).
De brief wordt geschreven.	*The letter is being written.*
De auto's worden gewassen.	*The cars are being washed* (i.e. the cars are undergoing the action).

It is still possible to indicate *what* or *who* has done something in a passive sentence. In English, you do this with the word *by*: *The letter is written by Jelke*.

In Dutch you show who has performed the action by using the word **door**: De brief wordt **door** Jelke geschreven.

Notice that, once again, in Dutch the past participle goes to the end of the sentence. Here are some more examples:

Mark **wordt** geopereerd **door** de doktor.   *Mark is operated on by the doctor.*

De auto's **worden door** ons gewassen.   *The cars are washed by us.*

All of the above are examples of the present tense of the passive. You will see that the way you form this tense in Dutch is to use the verb **worden** (*to become*) and a past participle (the **ge**-word).

Here are all the forms of the present passive:

ik word geopereerd	*I am operated on*
jij wordt gekozen	*you are chosen*
u wordt uitgenodigd	*you* (formal) *are invited*
hij wordt gewassen	*he is washed*
wij worden slecht betaald	*we are badly paid*
jullie worden goed verzorgd	*you are well cared for*
zij worden bekritiseerd	*they are criticised*

To form the simple past tense of the passive you use the simple past of **worden**. The past participle will always remain the same.

Mark **werd** geopereerd.   *Mark was being operated on.*

De auto's **werden** gewassen.   *The cars were being washed.*

Here are all the forms of the verb **worden** in the simple past tense:

ik werd geopereerd	*I was operated on*
jij werd gekozen	*you were chosen*
u werd uitgenodigd	*you were invited*
hij werd gewassen	*he was washed*
wij werden slecht betaald	*we were badly paid*
jullie werden goed verzorgd	*you were well cared for*
zij werden bekritiseerd	*they were criticised*

If you wish to form the present perfect tense of the passive you have to switch from the verb **worden** to the verb **zijn**, in Dutch.

Look at these examples:

Active

Mark **heeft** geopereerd.	*Mark has operated.*
Jelke **heeft** de brief geschreven.	*Jelke has written the letter.*
Wij **hebben** de auto's gewassen.	*We have washed the cars.*

Passive

Mark **is** geopereerd.	*Mark has been operated on.*
De brief **is** door Jelke geschreven.	*The letter has been written by Jelke.*
De auto's **zijn** gewassen.	*The cars have been washed.*

Similarly, if you wish to say that something has been done, you use the simple past of **zijn:**

De brief **was** door Jelke geschreven.	The letter **had been** written by Jelke.

You will see that the present and past perfect passive tenses in Dutch present the possibility of confusion for English speakers so do take care.

If you want to convey a passive message relating to something that is still to happen, then you use a form of the verb **zullen** + past participle + **worden** as an infinitive.

Veel mensen zullen overgeplaatst worden (*or* worden overgeplaatst).	*A lot of people will be transferred.*
Ik zal morgen geopereerd worden (*or* worden geopereerd).	*I shall be operated on tomorrow.*

2 Er

In this section you will learn the intricacies of the little word **er**. This word is peculiar to Dutch. It has five different functions. One of them you met in Unit 14. The following is a list of the other four functions.

(*a*) **Er** is used to substitute an expression of place:

Hoe lang woon je al in Nederland?	*How long have you been living in the Netherlands?*
Ik woon er al twee jaar.	*I've been living there for two years already.*

Ik heb er met plezier gewerkt.   *I enjoyed working there.*

Er in this context can never come first in a sentence.

(*b*) In combination with a preposition (see Unit 14);

Ik dacht niet dat jij erbij zou zijn.   *I didn't think you'd be there.*

(*c*) The use of the word **er** corresponds here with the use of *there is/there are* in English. Remember that the verbs **zitten**, **staan** and **liggen** are often translated with *to be*:

Er zijn veel buitenlandse bedrijven in Nederland.	*There are many foreign companies in the Netherlands.*
Staan er leuke advertenties in het NRC?	*Are there nice advertisements in the NRC?*
Er moeten de laatste tijd veel bedrijven fuseren.	*Many companies are being being merged lately.*

(*d*) **Er** is used when talking about a certain number of something:

Heb je genoeg kwartjes voor de telefoon? Ik heb er drie.	*Have you got enough 'kwartjes' for the telephone. I have three (of them).*
Ik heb er minstens drie gezien.	*I saw at least three (of them).*

—————— Brieven schrijven ——————

There are different ways of addressing people in a letter, depending on your relationship with them and whether the letter is formal or informal.

Here are some of the most common examples:

Informal letters and/or formal personal letters

- **addressing people**

  Beste Katy   *Dear Katy*

  Lieve Ank   *Dear Ank* (only for people who you are close to)

  Beste mevrouw Ott   *Dear Mrs Ott*

  Beste mijnheer Witte   *Dear Mr Witte*

- **closing lines**

  met hartelijke groeten   (Lit. with heartfelt greetings) *best wishes*

  groetjes   short for **met hartelijke groeten** (quite informal, only for people you know well)

  liefs   *love* (only for people you are close to)

  met vriendelijke groeten   *with best regards* (fairly formal)

Formal letters

- **addressing people**

  Geachte heer   *Dear Sir*

  Geachte mevrouw   *Dear Madam*

  Geachte mevrouw Smit   *Dear Mrs Smit*

  Geachte heer Dees   *Dear Mr Dees* (in formal letters you address a man as **heer**)

- **closing lines**

  Hoogachtend   (Lit. with high respect) equivalent of *Yours sincerely / Yours faithfully*

  met vriendelijke groeten   *with best regards* (less formal)

Congratulations/get better soon/happy Christmas

Van harte gefeliciteerd/ Gefeliciteerd   *Congratulations*

Gefeliciteerd met je verjaardag.   *Congratulations on your birthday.*

Gefeliciteerd met jullie nieuwe baby.   *Congratulations on your new baby.*

Gefeliciteerd met jullie huwelijk.	*Congratulations on your marriage / wedding.*
Gefeliciteerd met jullie huwelijksfeest.	*Congratulations on your wedding anniversary.*
Gefeliciteerd met het behalen van je rijbewijs.	*Congratulations on getting your driving licence.*
Ik wens je/jullie een fijne/ prettige dag.	(Lit. I wish you a nice day) *I hope you have a good day.*
Van harte beterschap!	*Get better soon!*
Ik hoop dat je gauw beter wordt.	*I hope you get better soon.*
Prettige kerstdagen en een gelukkig nieuw jaar.	*A happy* (Lit. pleasant) *Christmas and a happy new year.*

Remember that the names of the months and days in Dutch are written in the lower case, e.g. 23 december, 1993. Do not start a formal letter with **ik**.

———————————— **Oefeningen** ————————————

1   This is a card from Karin to her friend Marion who has had an accident. Study it, then write a similar one using the information given opposite:

Lieve Marion

Ik hoorde van Willem dat je
een auto-ongeluk hebt gehad en
dat je nu in het ziekenhuis ligt
met een gebroken been. Gelukkig
hoef je niet geopereerd te worden.
Ik zal je gauw komen opzoeken.
Ik wens je heel veel sterkte de
komende dagen en van harte
beterschap.

Liefs
Karin

het auto-ongeluk *car accident*	**gelukkig** *fortunately*
een gebroken been *a broken leg*	

Your colleague Linda is in hospital. You are writing a card from
everyone in the department. Tell her that you (plural) heard from
Paul that she has had an accident and that she will be operated
on tomorrow. Tell her that you miss her and that you will come
and visit her on Saturday. Tell her to take heart and you hope
she will be better soon. You need the verb **missen** (*miss*). You
sign off with **je collega's**.

2   The training organiser at your company (Klaas Klimp) has just had a baby. He is not a close friend but you are on good terms with him and his wife Pia. You want to send them a card of congratulations. How do you begin? And what do you write?

3   The parents of your friend Lex Ramaker are celebrating their wedding anniversary. Send them a card of congratulations and tell them you hope they have a good day.

4   Your best friend Chris has passed his driving test. Send him a card.

5   Answer the questions with **er**, using the information between brackets. Here is an example.

> Hoe laat ben je thuis? (om half zeven)
> Ik ben er om half zeven.

(*a*)   Werk je al lang op dit kantoor? (drie jaar)
(*b*)   Hoe vaak kom je in het Stedelijk Museum? (niet zo vaak)
(*c*)   Wat doe je op je cursus houtbewerking? (een kast maken)
(*d*)   Ben je wel eens naar de Deltawerken geweest? (één keer)

An example for the second part of this exercise.
> Hoeveel kinderen heeft Madelon? (twee)
> Ze heeft er twee.

(*e*)   Hoeveel kwartjes heb je voor de telefoon? (drie)
(*f*)   Heb je veel planten in huis? (een heleboel)
(*g*)   Heb jij een fiets? (zelfs twee)
(*h*)   Heb je ook twee auto's? (geen één)

houtbewerking	*woodwork*	**zelfs**	*even*

6   Nico en Niesje willen op vakantie naar Schotland. Zij gaan met de auto en hun caravan. Wat moet er gedaan worden?
Make a list in complete sentences of all the things that need to be done. For example.

> De buren vragen om de planten water te geven.
> De buren moeten gevraagd worden om de planten water te geven.
>
> De paspoorten niet vergeten.
> De paspoorten moeten niet vergeten worden.

(a) Het geld wisselen.
(b) De caravan uit de garage halen.
(c) Het campinggidsje (*camping guide*) kopen.
(d) De boot van Rotterdam naar Hull boeken.
(e) De reisverzekering afsluiten.
(f) Het Engelse woordenboek meenemen.

7 You have been asked to appear on Dutch television as part of a cookery programme called: *My favourite Dutch recipe!* Unfortunately you cannot attend on the day of filming. So you quickly write down the instructions for a friend who kindly said that she would stand in for you. Make as much use of the passive as possible and include the words **eerst**, **dan**, **daarna** (*after that*), **ten slotte** (*finally*). Here are some starting points to guide you.

Eerst worden de boter, bloem, suiker en zout tot een bal gekneed. De appels worden dan geschild en in kleine ...

Nederlandse appeltaart

(diameter springvorm ongeveer 30 cm)

ingrediënten
350 gram bloem
250 gram boter
175 gram suiker
mespuntje zout

vulsel: 6 à 8 goudreinetten
100 gram suiker
2 theelepels kaneel
50 gram rozijnen

1 Kneed boter, bloem, suiker en zout tot een bal.
2 Schil de appels en snij ze in kleine stukjes.
3 Besmeer de vorm met boter en bekleed met ruim de helft van het deeg.
4 Vul de deegbodem met verschillende laagjes appel en strooi er wat kaneel en rozijnen over.
5 Maak van de rest van het deeg smalle reepjes en leg deze kruiselings op het vulsel.
6 Meng een klein beetje melk met wat suiker en strijk over het deeg.
7 Bak de taart voor ruim een uur in de oven bij een temperatuur van ongeveer 175 graden.

Eet smakelijk!

de springvorm	*the baking tin*	**besmeren**	*to rub*
het mespuntje zout	*the pinch of salt*	**bekleden**	*to line*
		het deeg	*the dough*
de goudreinetten	type of cooking apple	**de laag**	*the layer*
		de reep	*the strip*
de rozijn	*the raisin*	**kruiselings**	*crosswise*
kneden	*to knead*	**mengen**	*to mix*
de bloem	*the flour*	**strijken**	*to apply/paint*
schillen	*to peel*		

Leestekst

David received these replies to his application:

de heer Thompson
Meidoornstraat 18
1328 NL Voorschoten

Geachte heer Thompson

Wij danken u voor uw brief d.d. 25 november jl. en nodigen u graag uit voor een gesprek op woensdag 29 november a.s. om 3 uur. Graag ontvangen wij van u een bevestiging dat u op het genoemde tijdstip aanwezig kunt zijn.

Hoogachtend,

Mars
mevrouw Mars
(personeelszaken)

de heer Thompson
Meidoornstraat 18
1328 NL Voorschoten

Geachte heer Thompson

Naar aanleiding van uw sollicitatie kunnen we u tot ons genoegen meedelen dat we u willen aanstellen als verkoopmanager voor ons bedrijf.

Wij zijn van mening dat u uitermate geschikt bent voor deze functie, met name vanwege uw kennis van de Nederlandse taal.

Wij verheugen ons op een goede samenwerking.

Hoogachtend,

Voskuil

de heer Voskuil
directeur Protech

---

graag ontvangen wij *we would like to receive*	**aanstellen** *to appoint*
a.s. (aanstaande) *next*	**wij zijn van mening** *we feel* (Lit. it is our opinion)
de bevestiging *the acknowledgement*	**dat u uitermate geschikt bent voor** *that you are very suitable for*
het genoemde tijdstip *the time mentioned above*	**de functie** *the position, job*
aanwezig kunnen zijn *to be able to attend*	**uitermate** *exceptionally*
naar aanleiding van *following*	**met name vanwege** *specifically on account of*
tot ons genoegen *we are pleased*	**de kennis** *the subject*
meedelen *to inform*	**zich verheugen op** *to look forward to*

Waar of niet waar?

1 David is niet uitgenodigd voor een sollicitatiegesprek.
2 David moet op 25 november voor een sollicitatiegesprek komen.
3 David heeft de nieuwe baan gekregen omdat hij zo goed Nederlands spreekt.

✳ Learning a language is not just a matter of reproducing phrases: you have to apply phrases to different situations and adapt them to your different language needs. You are now at the end of this book and you have learned many different language functions as well as many different structures. These should enable you to produce meaningful sentences in many different situations. However, it is important not to try to translate English thoughts into Dutch, because the structure of your English thoughts may be too complicated for your current knowledge of Dutch. Try to think in the language that you are speaking and stay within your limits. That way you will not feel frustrated if you cannot utter complicated sentences. Many very complex thoughts could be conveyed by simple sentences.

You deserve congratulations for having come this far. Now keep up your knowledge of Dutch by reading (books, magazines, newspapers, etc.) and if possible, listening to the radio and watching Dutch television.

KEY TO
THE EXERCISES

Unit 1

Vragen 1 (*a*) Waar. (*b*) David
Thompson komt uit Schotland. (*c*) Saskia
Groeneveld komt uit Utrecht. (*d*) Theo
Groeneveld komt uit België. (*e*) Waar. 2
Welk antwoord past? (*a*) i; (*b*) ii; (*c*) ii; (*d*) iii.
Oefeningen 1 (*a*) Mijn naam is
Johanna Brinkman. (*b*) Ik kom uit
Nederland, uit Arnhem. (*c*) Mijn naam is
Lucy Brown. Ik kom uit de Verenigde
Staten, uit Washington. (*d*) Mijn naam is
Dieter Klein. Ik kom uit Duitsland, uit
Bonn. (*e*) Mijn naam is Wim de Koning.
Ik kom uit België, uit Antwerpen. (*f*)
Mijn naam is Françoise Legrand. Ik kom
uit Frankrijk, uit Parijs. 2 (*a*) Mijn
naam is Frans Jansen. (*b*) Is jouw naam
Ada Rietveld? (*c*) Is zijn naam Pieter? (*d*)
Jouw naam is Margriet van Gelder, niet
waar? (*e*) Is jouw naam Gerrit? 3 (*a*)
iii; (*b*) iv; (*c*) i; (*d*) ii. 4 (*c*), (*d*), (*b*), (*a*).
5 (*a*) Mijn man heet Hans. (*b*) Ik kom
uit Amsterdam. (*c*) Nee, dat is in
Nederland. (*d*) Ja, hij komt uit Utrecht.
Gesprek 1 Waar. 2 Zij komt uit
Leeds. 3 Waar. 4 Breda is in
Nederland.
Leestekst 1 Amsterdam is the
capital. 2 It is an important cultural
and economic centre and tourists go
there to see the canals and old streets. 3
The parliament meets in The Hague. 4
The queen of The Netherlands lives in
The Hague.

Unit 2

Vragen 1 (*a*) Waar. (*b*) Ingrid den
Bosch is getrouwd. (*c*) Waar. (*d*) Ingrid
spreekt vrij goed Frans en vloeiend Duits.
(*e*) David spreekt vloeiend Engels.
2 (*a*) iii; (*b*) ii; (*c*) ii.

Oefeningen 1 (*a*) Hij is Engelsman.
(*b*) Zij is Duitse. (*c*) Hij heeft twee
kinderen. (*d*) Hij spreekt Engels en
Nederlands. (*e*) Zij spreekt Duits, Frans
en Nederlands. 2 Mijn naam is Kevin
Wilson./ Ik ben Amerikaans./ Ik ben
gescheiden./ Ik spreek een beetje
Nederlands./ Ja, ik spreek vloeiend
Engels./ Ik spreek vrij goed Frans. 3 (*a*)
Dit is Wilma Miller. Zij is Duits(e). Zij is
getrouwd en heeft drie kinderen. Zij
spreekt Nederlands en natuurlijk Duits.
(*b*) Dit is Brad McLain. Hij is
Amerikaan. Hij is niet getrouwd en
heeft geen kinderen. Hij spreekt Duits en
natuurlijk Engels. (*c*) Dit is Chantal
Bouquet. Zij is Française/Frans. Zij is
getrouwd en heeft vier kinderen. Zij
spreekt alleen Frans.

Unit 3

Vragen 1 (*a*) Waar. (*b*) De kamers in
Davids huis zijn tamelijk groot. (*c*) De
tuin is groot. (*d*) Waar. (*e*) Waar. (*f*) De
kinderen kunnen fietsen in de buurt. (*g*)
Waar. 2 (*a*) Ja, David is tevreden met
zijn nieuwe huis. (*b*) Er zijn drie kamers
boven. (*c*) Ja, het huis ligt mooi. (*d*) Ja,
het huis staat in een rustige straat. (*e*)
Nee de huur is vrij laag. *More
numbers*: 3244529, 7284930, 8140617,
2744268, 5167054.
Oefeningen 1 (*a*) De woning heeft 2
slaapkamers. (*b*) Er is een bad en een
douche. (*c*) De woonkamer is 53 m². (*d*)
Er is een balkon. (*e*) Nee, de hal is 18 m².
(*f*) Ja, de oppervlakte van de woning is
160 m². 2 Hoe bevalt het nieuwe huis?
/ Hoe groot is het huis? / Hoeveel kamers
heeft je huis? / Ligt het huis mooi? /
Betaal je een hoge huur? 3 Ik woon

in Apeldoorn, in de Hoogstraat op nummer 283./ Er zijn 4 kamers/ het heeft 4 kamers./ Ja, ik ben tevreden met mijn nieuwe huis. Er is een comfortabele woonkamer./ Ja, het ligt vlakbij de Veluwe. **4** (a) iv; (b) iii; (c) ii; (d) v; (e) i. **5** (a) Ik woon in Rotterdam. Ik heb een vierkamerwoning. Er is een mooie achtertuin. Het huis ligt vlakbij de dieren-tuin. (b) Ik woon in Haarlem. Ik heb een driekamerwoning. Er zijn twee grote balkons. Het huis ligt vlakbij de duinen. (c) Ik woon in Groningen. Ik heb een vijfkamerwoning. Er is een mooie open keuken. Het huis ligt vlakbij het centrum. (d) Ik woon in Apeldoorn. Ik heb een vierkamerwoning. Er is een comfortabele woonkamer. Het huis ligt vlakbij de Veluwe. (e) Ik woon in Purmerend. Ik heb een tweekamerwoning. Er is een grote slaapkamer. Het huis ligt vlakbij Amsterdam. **6** (a) A renovated upstairs flat. (b) It has an open fire; large living room; open kitchen; luxury bathroom and three bedrooms and a spacious balcony. (c) It is 150 square metres.

Leestekst **1** Yes there are a lot of houses being built. **2** At least half. **3** In some cases there is a subsidy for renting or buying. **4** Modern houses such as the buildings on pillars in Heerlen and Rotterdam.

Unit 4

Vragen **1** (a) De school is niet ver weg. (b) Bij het kruispunt moet Helen linksaf. (c) Waar. (d) Waar. (e) De winkelstraat is de tweede straat links. **2** (a) Hij is niet ver weg. (b) Helen zoekt de school en de winkels. (c) Ja, de winkelstraat is ver weg. Het is een eind lopen. (d) Bij het stoplicht moet zij rechtsaf.

Oefeningen **1** (a) U moet hier rechtdoor lopen en bij het stoplicht linksaf. Het museum is aan de rechterkant/aan uw rechterhand. (b)

U moet hier rechtdoor lopen en bij de tweede straat linksaf. De markt is aan uw linkerhand/aan de linkerkant. (c) Ja, u moet bij de eerste straat rechtsaf. Het hotel is aan de linkerkant/uw linkerhand. (d) U moet bij de eerste straat rechts en het park is aan de rechterkant/uw rechterhand. (e) U moet rechtdoor tot het stoplicht en daar rechtsaf. Het gemeentehuis is aan de rechterkant op de hoek van de straat. (f) Dat is niet ver weg. Het postkantoor is hier aan de rechterkant/aan je rechterhand. (g) Je moet hier rechtdoor. Het restaurant is aan je rechterhand/de rechterkant. (h) U moet hier rechtdoor en bij de eerste straat rechtsaf. Daar slaat/gaat u linksaf en de bank is aan de linkerkant. **2** (a) Ik zoek de school/Weet u de weg naar de school? (b) De school is aan de rechterkant. (c) Dank u wel. (d) Niets te danken. (e) De winkelstraat is een eind lopen. (f) Bij het stoplicht slaat u linksaf. **3** (a) Hij, (b) Het, (c) Hij, (d) Hij, (e) Hij, (f) Het. **4** (a) U moet hier rechtdoor lopen en het park is de tweede straat links. (b) Pardon mevrouw, ik zoek het museum/Weet u de weg naar het museum? (c) Nou, dat is een eind lopen, mevrouw. (d) Hallo Ria, mag ik je iets vragen? Waar is de school? (e) Bij het stoplicht gaat u rechtsaf en het hotel is aan de linkerkant/aan uw linkerhand. **5** (a) het hotel, (b) het station, (c) de kerk, (d) het restaurant, (e) het museum, (f) de bank.

Leestekst **1** 15 million people; **2** The western part of the country; **3** Amsterdam, Rotterdam, The Hague, Utrecht; **4** The Randstad; **5** Big companies, such as Shell; **6** It has the largest harbour in the world; **7** Many people work as civil servants; **8** For leisure; **9** Het groene hart, *the green heart*; **10** Because Philips' headquarters is there.

Unit 5

Waar of niet waar? (a) Helen koopt

rundergehakt bij de slager. (*b*) Helen
koopt een ietsje meer dan 500 gram
rundergehakt. (*c*) Waar. (*d*) Waar. (*e*)
David koopt liever een ietsje meer kaas.
(*f*) David koopt een doosje eieren bij de
kruidenier. (*g*) De groenteboer heeft
vandaag geen sperziebonen. (*h*) Waar. (*i*)
David en Helen hebben sinaasappels
nodig. (*j*) David heeft geen kleingeld.
Oefeningen **1** Ik. Mag ik tweehonderdvijftig gram koffie, alstublieft?/
Ja, vierhonderd gram belegen kaas,
alstublieft./ Liever een ietsje minder./
Nee, een kilo aardappelen, alstublieft./
Nee, ik heb verder niets nodig./ Kunt u
f 100 wisselen./ Nee, het spijt me, ik heb
geen kleingeld. **2** (a) **V** – Mevrouw,
zegt u het maar./ ● Mag ik twee kilo
aardappelen, vijfhonderd gram appels en
driehonderdvijftig gram tomaten./ **V** –
Alstublieft, mevrouw. Dat wordt *f* 7.50.
(*b*) **V** – Wie is er aan de beurt?/ ● Mag
ik tweehonderdvijftig gram tomaten, een
bloemkool en drie kilo aardappelen./ **V** –
Dat wordt *f* 12.25./ ● Kunt u *f* 100
wisselen?/ **V** – Heeft u het niet kleiner?
(*c*) **V** – Wie mag ik helpen?/ ● Mag ik
vijfhonderd gram appels, vijfhonderd
gram tomaten en een kool./ **V** – Anders
nog iets?/ ● Nee, ik heb verder niets
nodig./ **V** – Dat wordt *f* 8.50. (*d*) **V** –
Wie mag ik helpen?/ Mag ik een pond
sinaasappels, honderd gram frambozen
en een bloemkool./ **V** – Was dat het?/ ●
Ja, dat was het./ **V** – *f* 13.25 bij elkaar.
3 (*a*) Ik moet vandaag met de kinderen
naar de Breestraat. (*b*) Wij hebben
vandaag geen aardappelen. (*c*) Dan neem
ik een bloemkool. (*d*) Ik moet morgen
naar de supermarkt. (*e*) Ik loop met een
vriendin naar de winkelstraat. (*f*)
Vandaag hebben wij melk en kaas nodig.
(*g*) David en Helen moeten vanmiddag
naar de school. (*h*) Vandaag koop ik
sperziebonen en aardappelen op de
markt. (*i*) De slager verkoopt vandaag
geen rundergehakt. (*j*) Vanochtend koopt
Saskia appels en frambozen bij de
groenteboer. **4** (*a*) Mevrouw Veenstra
heeft 150 gram frambozen, 500 gram

belegen kaas en twaalf eieren nodig. (*b*)
Meneer Hummelen heeft twee kilo
aardappelen, 400 gram tomaten en 600
gram vis nodig. (*c*) Mevrouw Dreesman
heeft een liter melk, 250 gram boter en
een kool nodig. (*d*) Meneer Jacobs heeft
400 gram sperziebonen, 200 gram koffie,
en een halve liter sinaasappelsap nodig.
5 (*a*) Anders nog iets? (*b*) Mag het een
ietsje minder? (*c*) Heeft u het niet
kleiner? (*d*) We hebben vandaag geen
sperziebonen. **6** naar/beurt/neemt/
geen/anders/verder/elkaar/briefje/kleiner.
Leestekst **1** Since 1945. **2** Market
gardening and freight. **3** It is exported.
4 Along the coast in the provinces of
Zeeland and South Holland. **5**
Greenhouses. **6** Thousands of visitors
come to see the flowers at Keukenhof. **7**
Rotterdam is the centre of the world
market in crude oil. **8** It is also an
important container port. **9** By road,
rail and waterway. **10** They promote
The Netherlands' share in world trade.

Unit 6

Waar of niet waar? (*a*) De damesmode
is op de tweede etage. (*b*) Helen en
Saskia nemen de roltrap. (*c*) Saskia zoekt
niets speciaals. (*d*) Helen zoekt een
groene rok. (*e*) Helen vindt de rok met
plooien niet mooi. (*f*) Waar. (*g*) Waar. (*h*)
Waar. (*i*) Saskia vindt een blouse. (*j*)
Waar.
Oefeningen **1** **Marion** Op kantoor
draagt Marion een zwarte jas, een
donkergroene rok, een beige blouse en
zwarte schoenen. In haar vrije tijd
draagt zij een lichtbruine broek, een gele
blouse, een donkergele trui en bruine
schoenen. **Truus** Op kantoor draagt
Truus een donkerblauwe jas, een rode
jurk, een witte blouse en donkerblauwe
schoenen. In haar vrije tijd draagt zij een
zwarte broek, een paarse trui en zwarte
schoenen. **Freddie** Op kantoor
draagt Freddie een blauw pak, een blauw
hemd, een donkerrode stropdas en
donkerblauwe schoenen. In zijn vrije tijd

draagt hij een groene jas, een grijze broek, een wit hemd en zwarte schoenen. **2** (*a*) Ja, maar ik vind dat leuker. Dat is het leukst. (*b*) Ja, maar ik vind die groter. Die is het grootst. (*c*) Ja, maar dat is interessanter. Dat is het interessantst. (*d*) Ja, maar ik vind die aardiger. Die is het aardigst. (*e*) Ja, maar die vind ik duurder. Die is het duurst. **3** (*a*) Ik kan pakken, winterjassen, kolberts en pantalons kopen. (*b*) Ja, de pantalons zijn voordeliger dan de winterjassen. (*c*) Nee, de kolberts zijn goedkoper dan de pakken. (*d*) De kolberts zijn het voordeligst. **4** (*a*) Wim moet naar de kelder voor boeken en tijdschriften, naar de tweede etage voor herenmode en naar de derde etage voor elektrische apparaten. (*b*) Annie moet naar de derde etage voor doeken, bestek en verlichting. (*c*) Ger moet naar de kelder voor een krant, naar de derde etage voor een kadeau en naar de tweede voor verf. (*d*) Lies moet naar de kelder voor een cd, naar de eerste etage voor damesmode en naar de kelder voor tv's. (*e*) Karel moet naar de tweede etage voor herenmode, naar de kelder voor boeken en tijdschriften en naar de derde voor serviezen. **5** (*a*) Erik zoekt een paar bruine schoenen maat 44. (*b*) Marion zoekt een paar blauwe schoenen maat 34. (*c*) Piet zoekt een paar donkerblauwe schoenen maat 45. (*d*) Ria zoekt een paar grijze schoenen maat 38. (*e*) Anouk zoekt een paar witte schoenen maat 40.

Leestekst **1** No the small ones never do. **2** A coalition government because no one party ever gets a majority. **3** The Hague. **4** The States General. **5** The Binnenhof. **6** 12. **7** Flevoland.

Unit 7

Vragen **1** (*a*) David gaat naar Wageningen. (*b*) Er is geen directe verbinding. (*c*) Waar. (*d*) Waar. (*e*) Waar. (*f*) Hij hoeft niet lang te wachten. **2** (*a*) David moet de sneltrein tot Utrecht nemen. (*b*) De trein is om half negen in

Utrecht. (*c*) Nee, hij hoeft niet lang te wachten. (*d*) Ja, er is een telefooncel op het perron. (*e*) Hij moet twee strippen afstempelen.

Oefeningen **1** (*a*) naar, welke; (*b*) over, te; (*c*) waar; (*d*) wil; (*e*) mag; (*f*) hoeft. **2** (*a*) David vertrekt van station Haarlem. (*b*) Hij gaat naar Amsterdam CS (Centraal Station). (*c*) Het kaartje kost *f* 8.50. (*d*) Het is een retourtje. **3** (*a*) Het is acht uur. (*b*) Het is half vier. (*c*) Het is tien voor half elf. (*d*) Het is kwart voor één. (*e*) Het is vijf over half zes. (*f*) Het is kwart over twee. **4** (*a*) De trein naar Den Haag HS vertrekt om 17.26. (*b*) De trein is om 18.11 in Den Haag. (*c*) U moet de trein van 17.40 nemen. (*d*) De trein naar Voorschoten vertrekt om 17.29. (*e*) U moet de trein van 17.26 nemen. (*f*) Nee, er gaat geen trein van Haarlem naar Schiphol. (*g*) Van station Amsterdam RAI. (*h*) De volgende stoptrein van Leiden naar Den Haag CS vertrekt om 18.02. **5** Mag ik een retourtje Groningen en een strippenkaart?/ Een kleine graag./ Hoe laat vertrekt de trein./ Hoeveel strippen moet ik afstempelen?/ Naar het ziekenhuis./ Moet ik overstappen?/ Kunt u me waarschuwen als we er zijn? **6** (*a*) Waar is de krantenkiosk?/ Waar kan ik kranten en tijdschriften kopen? (*b*) Waar is de fietsenstalling? Waar kan ik fietsen stallen? (*c*) Waar is de telefooncel?/ Waar kan ik opbellen? (*d*) Waar is de bushalte?/ Waar kan ik de bus nemen? (*e*) Waar is de restauratie?/ Waar kan ik iets eten en drinken? (*f*) Waar is het wisselkantoor?/ Waar kan ik geld wisselen? **7** (*b*) te; (*c*) te; (*f*) te; (*g*) te; (*h*) te; (*j*) te; *leave blank* (*a*), (*d*), (*e*), (*i*). **8** ● (*a*) 19.45, (*b*) Den Haag, (*c*) spoor 7A; ● (*a*) 12.15, (*b*) Eindhoven, (*c*) 2B; ● (*a*) 13.52, (*b*) Arnhem, (*c*) spoor 5.

Leestekst **1** Two classes. **2** A season ticket. **3** A season ticket for when you are travelling the same route everyday and a season ticket for if you're travelling at certain times (outside the rush hour). **4** If you're travelling in

groups or sometimes during holidays. **5**
There are shops, a restaurant and an
exchange office.

Unit 8

Waar of niet waar? (*a*) Waar. (*b*) Waar.
(*c*) De tentoonstelling in het Stedelijk
Museum is net afgelopen. (*d*) Waar. (*e*)
Waar. (*f*) Ze hebben hele einden
gewandeld. (*g*) Het heeft nauwelijks
geregend.
Oefeningen 1 Ja, ik heb genoten./ Ik
ben in Amsterdam geweest./ Ik ben naar
het Rijksmuseum geweest en ik heb een
toneelstuk gezien./ Ja, het is me prima
bevallen. **2** (*a*) ben/ geweest; (*b*)
hebben/ gekocht; (*c*) hebben/ gefietst; (*d*)
zijn/ gefietst; (*e*) zijn/gegaan; (*f*) hebben/
gegeten gedronken; (*g*) hebben/ geboekt;
(*h*) hebben/ getroffen; (*i*) heeft/ gelezen;
(*j*) hebben/ gepraat; (*k*) zijn/ gerend; (*l*)
hebben/ gerend; (*m*) Heeft/ verteld; (*n*)
hebben/ ontmoet; (*o*) heb/ beloofd; (*p*)
hebben/ gereisd; (*q*) Heb/ gestudeerd. **3**
(*a*) Nee, het regent niet. (*b*) Het regent.
(*c*) Nee, het is zacht. (*d*) Nee, het vriest
niet. (*e*) Het is 1 graad. (*f*) Malaga is de
warmste plaats in Europa. **4** (*a*)
Wanneer zijn Beatrix en Claus
getrouwd? (*b*) Wie heeft de Rietveldstoel
gemaakt? (*c*) Wie heeft de paalwoningen
gebouwd? (*d*) Wanneer is Nederland
Europees kampioen geworden? (*e*)
Wanneer heeft Rembrandt de
Nachtwacht geschilderd? (*f*) Wie heeft
koningin Beatrix gekust? **5** (*a*) Ik ben
naar Frankrijk geweest. Ik heb in Parijs
de Eiffeltoren bezocht. Ik heb de Seine
gezien. Ik heb ook wat wijn gekocht. Ik
heb stokbrood en Franse kaas gegeten.
(*b*) Ik ben naar Italië geweest. Ik heb in
Florence de kathedraal bezocht. Ik heb
veel oude kerken en schilderijen gezien.
Ik heb wat souvenirs gekocht. Ik heb
pizza gegeten. (*c*) Ik ben naar Amerika
geweest. Ik heb in New York de Empire
State Building bezocht. Ik heb veel
moderne architectuur gezien. Ik heb ook
een t-shirt gekocht. Ik heb bagels

gegeten.
Leestekst 1 1,835. **2** In 1953.
3 They started a big project to dam in
the water. **4** De Deltawerken. **5**
Making existing dykes higher, closing off
sea-arms, building a dam in the
Oosterschelde. **6** Building the flood
barrier in the Oosterschelde. **7** No, it
only closes when the tide is extremely
high. **8** No.

Unit 9

Waar of niet waar? (*a*) Helen wil
Hannie uitnodigen om te komen eten.
(*b*) Hannie heeft veel voor Helen gedaan.
(*c*) Waar. (*d*) Hannie heeft een jas
meegebracht. (*e*) Hannie wil een rode
wijn en Freek wil een pilsje. (*f*) Helen
heeft het recept uitgeprobeerd.
Oefeningen 1 (*a*) iv, (*b*) vii, (*c*) iii, (*d*)
ii, (*e*) i, (*f*) v, (*g*) vi. **2** (*k*), (*e*), (*c*), (*j*), (*f*),
(*a*), (*d*), (*b*), (*h*), (*i*), (*g*). **3** (*a*) Ik koop
kaartjes om naar de opera te gaan. (*b*)
Jan fietst hard om op tijd thuis te zijn.
(*c*) Ik wil naar de winkel om een fles wijn
te kopen. (*d*) Anneke koopt een krant om
hem te lezen. (*e*) We gaan naar het
postkantoor om postzegels te kopen. (*f*)
We gaan naar het VVV om informatie te
vragen. **4** (*a*) hem; (*b*) mij; (*c*)
hen/hun; (*d*) haar; (*e*) hem; (*f*) jou/je; (*g*)
ons; (*h*) jullie; (*i*) ze; (*j*) hen/hun/ze; (*k*) ze;
(*l*) hem. **5** (*a*) komen binnen; (*b*)
aangestoken; (*c*) hangen ... op; (*d*)
meegebracht; (*e*) weg ... gaan; (*f*)
weggegaan; (*g*) nadenken; (*h*) na te
denken; (*i*) weggezet.
Leestekst 1 skim the fat off; **2** you
dice them; **3** you add leeks, green or
red pepper and celery; **4** with pepper,
curry powder and salt if needed; **5** two
slices of rye bread; **6** low-fat cream
cheese with half a grated apple and
cinnamon.

Unit 10

Waar of niet waar? (*a*) Het huis van
David en Helen in Engeland had een
kleine tuin. (*b*) David vond zijn baan

eigenlijk niet zo interessant. (c) Helen was personeelschef bij een groot bedrijf. (d) Hannie werkt drie dagen per week van 10 tot 3. (e) Er is een heleboel te doen in Voorschoten. (f) Waar. (g) Waar. (h) Waar. (i) De kinderen van David en Helen kunnen fietsen. (j) Zij willen in het voorjaar een fietstocht maken.

Oefeningen 1 woonden / hadden / werkte / ging / vond / zocht / was / wilde / kregen / verkochten / kwamen. 2 Zondag stond ik vroeg op. Ik bezocht mijn ouders. Maandag bracht ik de kinderen naar school. Dinsdagavond volgde ik een avondcursus. Woensdag ging ik naar de winkels. Donderdag speelde ik squash in het sportcentrum. Vrijdag deed ik boodschappen. Zaterdagochtend kocht ik een nieuwe trui en zaterdagavond luisterde ik naar een concert. 3 (a) Dit zijn de buren die uit Engeland komen. (b) Dit is het sportcentrum dat wij gisteren hebben bezocht. (c) Dit is het meisje dat naar dezelfde school als mijn dochter gaat. (d) Dit is de fiets die ik voor mijn werk gebruik. (e) Hier is de paraplu, die je me vorige week hebt gegeven. (f) Hier is een man die in Amerika heeft gereisd. (g) Hier is je nieuwe hemd dat je bij mij hebt achtergelaten. (h) Dit is de pittige kaas die ik lekker vind. 4 Ja, ik was personeelschef/ Ik vond die baan eigenlijk niet zo interessant./ Ik had een grote driekamerwoning in het centrum van de stad./ Ik sportte veel en ik hield me bezig met de wijkvereniging./ O ja, je kon daar een heleboel doen. 5 (a) (iv) Dit is een boek dat ik interessant vind. (b) (v) De trein die om 10.30 vertrekt gaat naar Utrecht. (c) (i) Dit is het huis dat een grote tuin heeft. (d) (vii) De man die naast ons woont is een Engelman. (e) (viii) Ik ga naar de kledingzaak die in het centrum staat. (f) (ii) De tentoonstelling die ik graag wilde zien is nu afgelopen. (g) (iii) Dit is de rode rok die Juliana goed staat. (h) (vi) Mijn dochter die

gelukkig geen kinderen heeft is net gescheiden.

Leestekst 1 No only when it is cold enough and that does not happen very often. 2 210 km. 3 Very early in the morning when it is still dark. 4 About 7 hours. 5 The weather was so harsh that only 60 of the 10,000 competitors finished. 6 Hundreds of thousands.

Unit 11

Waar of niet waar? (a) Waar; (b) De kinderen zijn niet zo dol op museums. (c) Waar; (d) Hannie denkt dat de kinderen daar niet in geïnteresseerd zijn. (e) Waar; (f) De kinderen eten geen soep. (g) Hannie vindt pudding net zo lekker als ijs.

Oefeningen 1 The dialogue could read: ● Heb je zin om naar de bioscoop te gaan? – Nee, dat lijkt me niet zo leuk. Zullen we naar de dierentuin gaan? ● Nee, daar heb ik geen zin in. Wil je naar het museum gaan? – Nee, daar ben ik niet in geïnteresseerd. Laten we naar het park gaan. ● Ja, een goed idee, dat lijkt me leuk. 2 (a) geen, wel; (b) nooit; (c) niet; (d) geen, wel; (e) geen; (f) nooit. 3 (a) Ik heb nooit in Amsterdam gewoond. (b) Ik vind rode wijn niet lekker. (c) Hij heeft dat boek niet gelezen. (d) Het verhaal dat ik gelezen heb, is niet leuk. (e) Mijn moeder komt morgen niet op bezoek. (f) Ik durf niet alleen in het donker naar huis te gaan. (g) Zit niet steeds met je vriendin te praten. 4 The sentences could read: **Renate** houdt niet van rode wijn maar wel van zeer zoete witte wijn. **Kim** vindt rode soepele en fruitige wijn even lekker als witte droge wijn. Hij vindt zoete witte wijn niet lekker. **Remi** vindt aperitieven net zo lekker als zoete witte wijn. Hij houdt meer van zoete witte wijn dan van droge witte wijn. 5 (a) lijkt; (b) vind; (c) dol; (d) zich; (e) allebei; (f) anders. 6 **Marius** bestelt een omelet met spek en een vers geperste jus d'orange. **Jobje** krijgt een glas melk en een

kinderpannekoek. **Herman** bestelt een boerenomelet met salade en alcoholvrij bier. **Saskia** wil een Franse uiensoep, Franse cider en een Franse koffie toe. **7** Nee, ik hou niet van pannenkoeken. Ik heb liever iets met een slaatje erbij./ Nee ik heb geen zin in een pannekoek./ Ja, dat lijkt me lekker./ Ik heb wel zin in bier, maar ik durf geen alcohol te nemen./ Ik vind Franse cider lekker. Zullen we bestellen?
Leestekst **1** Between France in the S. and The Netherlands in the N. **2** No it is smaller. **3** Three. **4** The king is the head of state. **5** Belgium is a federal state. **6** Matters such as education and culture. **7** It has grown very fast. **8** It is the capital of the E.U.

Unit 12

Waar of niet waar? (a) Helen heeft geen heimwee naar Engeland. (b) Waar. (c) Er zijn verschillende mogelijkheden om dat te doen. (d) Saskia vindt dat Helen het beste naar een uitzendbureau kan gaan. (e) Waar. (f) Helen wil graag een vaste baan. (g) Solliciteren op eigen initiatief is moeilijk. (h) Waar. (i) Helen denkt dat een werknemer in tijdelijke dienst weinig rechten heeft. (j) Helen is niet helemaal overtuigd.
Oefeningen **1** (a) Ik denk dat Helen heimwee naar Engeland heeft. (b) Ik weet niet hoe Helen een baan moet zoeken. (c) Ik denk dat werk zoeken via een uitzendbureau de beste oplossing is. (d) Ik weet niet wat de vereiste diploma's zijn. (e) Ik denk dat Helen een vaste betrekking wil. (f) Ik denk dat Helen beter af is bij een uitzendbureau. (g) Ik geloof dat Helen op een personeelsafdeling kan werken. (h) Ja, ik geloof dat een tijdelijke werkkracht weinig rechten heeft. (i) Nee, ik denk dat Helen niet helemaal overtuigd is. (j) Ja, ik denk dat ze toch gaat informeren. **2** (a) Sporting-Baronet is een speciaalzaak in sportief/klassieke dames- en herenkleding. (b) Ze hebben een

talentvolle verkoopster nodig. (c) Je moet een schriftelijke sollicitatie en een pasfoto aan Sporting-Baronet sturen. **3** Er zijn verschillende mogelijkheden./ Naar een uitzendbureau gaan lijkt me de beste oplossing./ Ja, het is hun vak. Zij weten hoe je een cv moet opstellen en wat de vereiste diploma's zijn./ Zij kunnen belangrijke tips geven over belasting./ Het nadeel is dat je geen vaste betrekking hebt./ Ja, het is moeilijk om op eigen houtje te solliciteren. **4** (a) De winkel ligt in het centrum. (b) Hij moet bestellingen en tilwerk doen. (c) Hij moet (niet meer dan) 25 jaar zijn. (d) De verkoper moet 40 uur per week werken. (e) De medewerkers moeten in hun eigen woonplaats of omgeving werken. (f) Zij moeten vraaggesprekken houden. (g) Nee, het is een aantrekkelijke bijverdienste. **5** (a) ii; (b) iii; (c) i; (d) v; (e) iv.
Leestekst **1** 6 months. **2** The employment agencies and the Ministry of Social Affairs and Employment. **3** They can't be sacked from one day to the next. **4** They can simply give up the job from one day to the next. **5** This causes the employer uncertainty over work that often needs to be done quickly. **6** S/he has health insurance and disability insurance. **7** Yes. **8** They must have worked 26 weeks in the 12 months before they are unemployed.

Unit 13

Waar of niet waar? (a) Helen weet niet hoe zij naar een baan moet solliciteren. (b) Waar. (c) Helen heeft haar eerste kinderjaren in Frankrijk doorgebracht. (d) Waar. (e) Zij is wel voor haar eindexamen geslaagd. (f) Na haar studietijd werd zij aangenomen als medewerkster op de personeelsafdeling. (g) Helen krijgt geen diploma als zij haar avondcursus goed heeft doorlopen. (h) Het is niet verplicht om een examen in het Nederlands af te leggen. (i) Helen moet wél meteen beginnen met solliciteren. (*j*) Waar.

Oefeningen 1 Ingrid Brinkman is 31 jaar. Zij is in Zutphen in Overijssel geboren. Zij is Nederlandse. Zij ging van haar vierde tot en met haar zesde jaar naar de kleuterschool in Zutphen, van haar zesde tot en met haar twaalfde jaar naar de basisschool in Deventer en van haar twaalfde tot en met haar achttiende jaar naar de middelbare school in Utrecht. Zij heeft 7 vakken gestudeerd en is voor het eindexamen VWO geslaagd. Toen zij achttien jaar oud was ging ze aan de universiteit van Utrecht studeren met Engelse taal- en letterkunde als studierichting. Zij is in 1986 cum laude afgestudeerd. Van 1986 tot 1989 heeft zij als medewerkster op de afdeling buitenlandse betrekkingen van de ABN gewerkt. Van 1989 tot heden werkt zij als bureauchef op de afdeling buitenlandse betrekkingen. 2 (*a*) De hond moet studiefinanciering krijgen. (*b*) Omdat hij dan binnenkort cum laude kan afstuderen. (*c*) Zij moeten donateur worden. (*d*) Zij moeten minimaal *f* 10 op gironummer 27 54 00 storten. 3 (*a*) Mijn vriendin is moe want zij heeft hard gewerkt. (*b*) De zon schijnt wanneer het mooi weer is. (*c*) Ik ging naar school toen ik vijf jaar oud was. (*d*) Zullen we die nieuwe film zien of zijn de kaartjes uitverkocht? (*e*) Ik moet voor mijn eindexamen slagen omdat ik aan de universiteit wil studeren. (*f*) Je moet Nederlands spreken voordat je een baan in Nederland gaat zoeken. (*g*) Zij kon niet meegaan hoewel ze de film graag wilde zien. (*h*) Hij zoekt een goed betaalde baan maar hij heeft niets gevonden. (*i*) Hij blijft zoeken totdat hij iets naar zijn wens vindt. (*j*) Je moet naar de tentoonstelling gaan als je de tijd hebt. 4 voordat; hoewel; toen; omdat; want; maar; totdat; zodat; terwijl; als.

Gesprek (*a*) Waar. (*b*) Anneke van Riel is bankmedewerkster. (*c*) Zij is tevreden met haar baan. (*d*) Zij wilde Engels studeren. (*e*) Waar. (*f*) Zij

verdient niet zoveel geld. (*g*) Waar. (*h*) Later kan zij in het buitenland gaan werken.

Leestekst 1 It is at the mouth of three large rivers on the North Sea coast. 2 Below sea level. 3 With windmills and electric pumps. 4 They have reclaimed land from the sea. 5 The Zuiderzeewerken in the present day Ijsselmeer. 6 The Enclosing Dam was built. 7 Flat and abounding in water with pasture land and grey sky. 8 Because of its famous landscape painters.

Unit 14

Waar of niet waar? (*a*) Waar. (*b*) Hans heeft de man met wie hij dat contract wil tekenen niet opgebeld. (*c*) Waar. (*d*) Waar. (*e*) Het verslag waaraan Hans en David hebben gewerkt is nog niet klaar. (*f*) Waar. (*g*) Waar.

Oefeningen 1 (*a*) Met Theo Bakker. Zou ik meneer Winkelman kunnen spreken? (or Kan ik even met meneer Winkelman spreken?) (*b*) Met Desiree van Manen. Kunt u me doorverbinden met toestel 153? (or Mag ik toestel 153?) (*c*) Met (your name). Kan ik even met meneer Smit spreken? (or Zou ik meneer Smit kunnen spreken?)/ Het toestel is in gesprek. (*d*) Met Marga Kruishout. Is Bernadette er?/ Ogenblikje (or Momentje). 2 (*a*) Zou je een kopje koffie voor mij willen meenemen? (*b*) Zou je de telefoon willen opnemen? (*c*) Zou ik uw pen kunnen lenen? 3 (*a*) Ik dacht dat jij de gegevens zou opzoeken? (*b*) Ik dacht dat jullie naar Griekenland zouden gaan? (*c*) Ik dacht dat je naar de bioscoop zou gaan? 4 (*a*) Het zou onhandig zijn om met de auto de stad in te gaan. (*b*) Je zou het aan Erik moeten vragen. (*c*) De kinderen zouden gezonder moeten gaan eten. 5 om; in; in; met; om; met; bij; op; in; uit; over; na; uit; naar; op; naar; in; van; naar; om. 6 (*a*) waarmee; (*b*) waarmee; (*c*) waar; (*d*) met wie; (*e*) waarover; (*f*) waaraan; (*g*) met wie; (*h*)

waarvoor. **7** (a) Ja, ik luister ernaar.
(b) Ja, ik ben eraan toegekomen. (c) Ja,
ik rijd er vaak mee. (d) Ja, ik heb
eronder gekeken. (e) Ja, ik kan erbij. (f)
Ja, ik heb ermee geschreven. (g) Ja, ik
heb er goed naar gekeken. **8** (a) Nee,
ik luister er niet naar. (b) Nee, ik ben er
niet aan toegekomen. (c) Nee, ik rijd er
niet vaak mee. (d) Nee, ik heb er niet
onder gekeken. (e) Nee, ik kan er niet bij.
(f) Nee, ik heb er niet mee geschreven.
(g) Nee, ik heb er niet goed naar
gekeken.
Leestekst 1 Pollution. **2** Separate
their rubbish into different types. **3** A
'chemobox' for small chemical rubbish
such as batteries and paint, and a bucket
for biodegradable rubbish. **4** Because
they are in many convenient locations. **5**
To reduce pollution. **6** It places
restrictions on them. **7** In cooperating
with its neighbours.

Unit 15

Waar of niet waar? (a) Hans en
Josine zijn rond half zeven gekomen. (b)
Helen en David kwamen een beetje te
laat. (c) Waar. (d) Zij is een klein jaar
geleden begonnen met Nederlands. (e)
Josine heeft ruim drie jaar in Duitsland
gewoond. (f) Zij vindt Nederlands een
moeilijke taal. (g) Waar. (h) Helen vindt
het wel nodig om Nederlands te leren. (i)
Josine heeft wel zin in een borreltje. (j)
Helen en David moeten over een
kwartiertje weg.
Oefeningen 1 (a) Wim en Marion zijn
net te laat voor de trein gekomen. (b)
Vermeer schilderde het gezicht op Delft
ongeveer drie eeuwen geleden. (c) Ada
gaat een kleine week met vakantie. (d)
De trein komt over precies 20 minuten.
(e) Het is bijna zes uur. **2** (a) Nadat
hij naar kantoor was gegaan heeft hij
een rapport geschreven. (b) Nadat hij een
rapport had geschreven heeft hij een
collega gebeld. (c) Nadat hij een collega
had gebeld heeft hij geluncht. (d) Nadat
hij had geluncht is hij naar de

supermarkt gegaan. (e) Nadat hij naar
de supermarkt was gegaan heeft hij nog
een paar uur gewerkt. (f) Nadat hij een
paar uur had gewerkt is hij naar huis
gereden. (g) Nadat hij naar huis was
gereden heeft hij het avondeten
klaargemaakt. (h) Nadat hij het eten had
klaargemaakt heeft hij de was gedaan.
(i) Nadat hij de was had gedaan heeft hij
t.v. gekeken. (j) Nadat hij t.v. had
gekeken is hij naar bed gegaan. **3** (g)
(e) (c) (a) (f) (h) (d) (b) **4** (a) iii; (b) iii;
(c) i; (d) ii; (e) ii; (f) iii; (g) i; (h) iii.
Leestekst 1 In 1957, when the
Treaty of Rome was signed. **2** To bring
closer cooperation in economic matters,
especially heavy industry, coal and steel,
to prevent a new war. **3** Because they
are dependent on trade and wished to
take as much advantage as possible of a
large free-trade area. **4** They have
developed rapidly. **5** Because of the
development of trade in crude oil and
because they have a favourable location
for European freight. **6** They have
become a favoured place where all sorts
of businesses base themselves. **7** To
take as much advantage as possible of
the economic benefits of the EU. **8** They
have created a well-educated workforce,
a modern well-equipped traffic and
transport network and a stable monetary
policy.

Unit 16

Waar of niet waar? (a) Waar. (b) Waar.
(c) Waar. (d) Het doet wel zeer. (e) De
dokter vindt dat hij Thomas niet hoeft
door te verwijzen naar de specialist. (f)
Waar. (g) Waar. (h) Lucy krijgt geen
recept.
Oefeningen 1 (a) ii; (b) i; (c) ii; (d) i.
2 (a) Een jongen is voetbal aan het
spelen. (b) Een jongen is een boek aan
het lezen. (c) Een man is met zijn hond
aan het wandelen. (d) Een vrouw is aan
het fietsen. (e) Een hond is aan het
rennen. (f) Een meisje is aan het zingen.
(g) Een meisje is aan het dansen. (h) Een

kat is een vogeltje aan het opeten. **3** (*a*) Ik heb de trein van tien over zes moeten nemen. (*b*) Ik heb altijd naar India willen gaan. (*c*) Joop heeft lang moeten studeren om zijn diploma te halen. (*d*) Heb je niet naar de dokter kunnen gaan? (*e*) Ik heb Nederlands moeten leren, anders had ik hier geen baan kunnen krijgen. **4** (*a*) Ik heb last van duizeligheid. (*b*) Mijn benen doen zeer (*or* pijn). (*c*) Mijn voet doet zeer (*or* pijn). (*d*) Ik heb keelpijn. (*e*) Mijn oog is ontstoken. (*f*) Ik ben misselijk. (*g*) Ik moet veel hoesten. **5** (*a*) Ik heb vaak last van hoofdpijn. (*b*) Ik slaap vaak heel slecht. (*c*) Ik heb het erg druk op mijn werk. (*d*) Ik ben van plan om een yogacursus te (gaan) volgen. **6** Ik moet veel hoesten./ Ik heb een beetje verhoging./ Ik voel me niet zo lekker. Ik ben misselijk./ Ik kan niets eten.

Leestekst 1 It is bound to be a generalisation. There are many differences between individuals and groups within the population of a society. **2** In general people living in the Randstad are fairly verbal, assertive and '**eigenwijs**'. The people living outside the Randstad are often quieter, friendlier and warm-hearted. **3** The people living in the provinces of North- and South-Holland. **4** People in the north are traditionally protestant, hard-working, calvinistic and have a common-sense approach to life. People living in the south of The Netherlands know how to enjoy the good things in life. **5** The annual carnival. **6** The big rivers. **7** Their love of freedom of expression. They also like to make their opinions known.

Unit 17

Waar of niet waar? (*a*) Helen gaat met vakantie naar Italië. (*b*) David en Helen willen een rondreis maken. (*c*) De bankmedewerker vindt het wel nodig om hotelkamers te reserveren. (*d*) Waar. (*e*) De bankmedewerker moet David en Helen doorverwijzen naar een van zijn

collega's. (*f*) Helen weet niet precies hoeveel geld ze nodig heeft voor haar vakantie. (*g*) Helen kan haar Eurocheques ook in winkels en restaurants gebruiken. (*h*) Waar. (*i*) David en Helen hadden er niet aan gedacht. (*j*) Waar.

Oefeningen 1 Ellie Moet ik naar een reisbureau gaan?/ Margriet: In jouw plaats zou ik wel naar een reisbureau gaan anders loop je het risico geen verblijfplaats te kunnen vinden. **Joop** Meneer, ik wou graag uw advies vragen over hotelreserveringen./ Bankmedewerker: Voor hotelreserveringen moet ik u doorverwijzen naar een van mijn collega's, meneer. **Ina** Moet ik reischeques meenemen op vakantie?/ Bankmedewerker: Volgens mij kunt u beter uw Eurocheques meenemen, mevrouw. **Jaap** Ik wil in juli met vakantie naar Italië, denk ik./ Theo: In jouw plaats zou ik in september gaan. **2 Arie** Ik raad u aan een kamer in het Strandhotel te reserveren, meneer. **Corrie** Nee, het Europahotel staat in het centrum van de stad. Je kunt beter een kamer in het Badhuishotel reserveren. **Jaap** In uw plaats zou ik een kamer in het Badhuishotel reserveren, meneer. **Ruthie** Dan moet je volgens mij een kamer in het Europahotel reserveren.

Waar of niet waar? (*a*) Lies wil twee zegels van tachtig cent en drie van één gulden kopen. (*b*) Zij wil een pakje naar Duitsland sturen. (*c*) Voor geldopname moet zij naar het derde loket links. (*d*) Zij heeft haar pasje bij haar. (*e*) Zij moet twee cheques uitschrijven. **3** (*a*) Hoeveel kost het om dit pakje naar de Verenigde Staten te sturen? (*b*) Mag ik een grote strippenkaart? (*c*) Mag ik een cheque wisselen? (*d*) Mag ik vier zegels van 85 cent en één zegel van twee gulden? (*e*) Mag ik een cheque voor *f* 300 verzilveren? **4** (*a*) Even kijken. Dat is *f* 15.50 alstublieft. (*b*) Jazeker mevrouw. Dat is *f* 25. (*c*) Voor geldopname moet u

naar het vierde loket rechts. (*d*) Jazeker.
Dat is *f* 5.40 alstublieft. (*e*) Heeft u uw
pasje bij u? **5** met; naar; over; vindt;
want; op; raadt; aan; omdat; lopen; of; in;
zou. **6** (*a*) v; (*b*) iii; (*c*) iv; (*d*) i; (*e*) ii.
Leestekst 1 Dutch and Friesian; **2**
Written Dutch is more formal than
spoken Dutch and should be
grammatically correct; **3** On the one
hand more foreign words are
incorporated in the language; on the
other hand people are becoming
concerned and want to speak true
normal Dutch; **4** A Dutch/Belgian
organisation promoting Dutch language
and literature; **5** In the past there have
been many famous writers and painters,
today there are still many talented
artists although less famous ones; **6**
The Dutch authorities support the
integration of art into daily life and
subsidise many artists.

Unit 18

Waar of niet waar? (*a*), (*b*), (*c*) and (*d*)
Waar. (*e*) Hans heeft een paar vakatures
voor David gezien. (*f*) David was niet
tevreden met zijn salaris. (*g*) and (*h*)
Waar.
Oefeningen 1 Beste Linda/ We
hoorden van Paul dat je een ongeluk
hebt gehad en dat je morgen geopereerd
zal worden. We missen je en we zullen je
zaterdag komen opzoeken. We wensen je
heel veel sterkte en we hopen dat je
gauw beter wordt./ Groetjes (*or* met
hartelijke groeten)/ je collega's. **2**
Beste Pia en Klaas/ Gefeliciteerd met
jullie nieuwe baby./ groetjes. **3** Beste
mijnheer en mevrouw Ramaker/
Gefeliciteerd met uw huwelijksfeest. Ik
wens u een prettige dag. met hartelijke
groeten (*or* met vriendelijke groeten./ **4**
Lieve Chris/ Gefeliciteerd met het
behalen van je rijbewijs/ liefs./ **5** (*a*)
Ik werk er al drie jaar. (*b*) Ik kom er niet
zo vaak. (*c*) Ik maak er een kast. (*d*) Ik
ben er één keer geweest. (*e*) Ik heb er
drie. (*f*) Ik heb er een heleboel. (*g*) Ik heb

er zelfs twee. (*h*) Ik heb er geen één. **6**
(*a*) Het geld moet gewisseld worden. (*b*)
De caravan moet uit de garage gehaald
worden. (*c*) Het campinggidsje moet
gekocht worden. (*d*) De boot van
Rotterdam naar Hull moet geboekt
worden. (*e*) De reisverzekering moet
afgesloten worden. (*f*) Het Engels
woordenboek moet meegenomen worden.
7 2 De appels worden dan geschild en
worden in kleine stukjes gesneden. 3
Dan wordt de vorm met boter besmeerd
en wordt met ruim de helft van het deeg
bekleed. 4 Daarna wordt de deegbodem
met verschillende laagjes appel gevuld
en worden er rozijnen en wat kaneel over
gestrooid. 5 Daarna worden van de rest
van het deeg smalle reepjes gemaakt en
deze worden kruiselings op het vulsel
gelegd. 6 Dan wordt een klein beetje
melk met wat suiker gemengd en over
het deeg gestreken. 7 Ten slotte wordt
de taart voor ruim een uur in de oven bij
een temperatuur van 175 graden
gebakken.
Leestekst 1 David is wel
uitgenodigd voor een sollicitatiegesprek.
2 David moet op 29 november voor een
sollicitatiegesprek komen. **3** Waar.

- REVISION QUESTIONS -

Herhalingsoefeningen 1 (units 1 – 9)

Choose the correct form of the verb to complete the following sentences. The answers are on page 270.

1 Maria (*a*) gaat/(*b*) ga/(*c*) gaan/ zaterdag naar een tentoonstelling in Rotterdam.

2 Haar man (*a*) blijf/(*b*) blijven/(*c*) blijft/ thuis.

3 (a) Hebt/(*b*) Heb/(c) Heeft/ jij zin om mee te gaan?

4 Dan (*a*) kunnen/(*b*) kan/ (*c*) kunt/ ik helaas niet.

5 U (*a*) is/(*b*) bent/(*c*) zijn/ de manager, niet waar?

6 Wat (*a*) vindt/(*b*) vind/ (*c*) vinden/ je van deze jas?

7 Ik vind die (*a*) rood/ (*b*) rode jas mooi.

8 (*a*) Oud/(*b*) Oude/ brood is niet lekker, vind ik.

9 Ik woon in een (*a*) groot/ (*b*) grote stad, maar ik heb een (*c*) klein/ (*d*) kleine/ huis.

10 Henk (*a*) is/(*b*) bent/(*c*) heeft/ op vakantie naar Frankrijk geweest.

11 Henk en Iene (*a*) hebben)/(*b*) bent/(*c*) zijn daar twee weken gebleven.

12 Henk (*a*) is/(*b*) heeft/(*c*) hebben/daar veel gefietst.

13 (*a*) Hebt/(*b*) Ben/(*c*) Heb/ je al kaartjes geboekt?

14 Is de trein al (*a*) vertrokken/(*b*) vertrekken/(*c*) vertrekt/?

15 Nee, hij vertrekt om (19.25) (*a*) vijfentwintig voor zeven/(*b*) vijf voor half acht/(*c*) vijf voor half zeven/.

16 (*a*) Heeft/(*b*) Bent/(*c*) Is/ de opera al begonnen?

17 Nee, (*a*) hij/(*b*) zij/(*c*) het/ begint om 19.40 (*d*) twintig over zeven/(*e*) twintig voor half acht/(*f*) tien over half acht/.

18 (*a*) Probeer/(*b*) Doe/(*c*) Wil/ niet te laat te komen.

19 Je (*a*) mag/(*b*) moet/(*c*) hoeft/ niet op het feest te komen.

20 Het postkantoor is aan de (*a*) linkerhand/(*b*) linkerkant/(*c*) links/ van de straat.

21 De winkelstraat is rechtdoor tot het stoplicht en dan (*a*) recht/(*b*) rechts/(*c*) rechterkant.

22 Voor het station moet u hier (*a*) recht/(*b*) rechts/(*c*) rechtdoor/ lopen.

23 You are at a party in England and you have just met a woman from the Netherlands with whom you start a conversation. She asks you to tell her about yourself and you say that you come from Scotland and that you live in London. You say you have been to the Netherlands and that you liked it there and that you cycled a lot.

24 You are in Amsterdam and a woman approaches you and asks if you know where the Rijksmuseum is. You say that it is a long way on foot. She has to walk straight on to the traffic lights, cross over and go left. There she can take the tram, line 16. She will not have to change trams.

Herhalingsoefeningen 2 (units 10 – 18)

Select the correct pronoun, article or preposition as appropriate in the following.

1 Ik heb (*a*) mijn/(*b*) me/(*c*) zijn/ rijexamen niet gehaald. Daar schaam ik (*d*) mijn/(*e*) me/(*f*) zich/ wel een beetje voor.

2 We moeten (*a*) zich/(*b*) ons/(*c*) onze/ haasten anders komen we te laat bij (*d*) onze/(*e*) ons/(*f*) zich/ vrienden.

3 De kinderen hebben (*a*) hun/(*b*) jullie/(*c*) zich/ prima vermaakt op (*d*) hun/(*e*) hen/(*f*) zich/ feest.

4 Geef de papieren maar aan (*a*) mijn/(*b*) mij/(*c*)ik/, dan kan ik (*d*) hen/(*e*) hun/(*f*) ze/ uittypen.

5 Waar is (*a*) jouw/(*b*) jou/(*c*) jij/ boek gebleven? Ik kan (*d*) het/(*e*) hem/(*f*) hen/ niet vinden.

6 Ik zoek een baan (*a*) want/(*b*) omdat/(*c*) daarom/ ik werkloos ben.

7 Ik probeer altijd Nederlands te spreken, (*a*) hoewel/(*b*) omdat/(*c*) zodat/ de meeste Nederlanders goed Engels spreken.

8 Je moet veel verse groente eten (*a*) terwijl/(*b*) toen/(*c*) als/ je gezond wilt blijven.

9 (*a*) Zoals/(*b*) Toen/(*c*) Wanneer ik klein was, gingen we altijd op vakantie naar de Veluwe.

10 Wil je me hiermee helpen, (*a*) hoewel/(*b*) wanneer/(*c*) voordat/je tijd hebt.

11 Using a word from this box complete each of the following.

zou	zouden	zal	zullen	wou	wilden

(*a*) Ik _____ dat niet doen, als ik jou was.

(*b*) Jan _____ niet naar de universiteit moeten gaan. Hij _____ het heel moeilijk vinden.

(*c*) _____ we vanavond bij Herma op bezoek gaan, of heb je daar geen zin in?

(*d*) Ik _____ u iets vragen.

(*e*) _____ u iets langzamer kunnen spreken?

(*f*) We _____ eens naar het theater moeten gaan. Ik _____ meteen opbellen om kaartjes te boeken.

(*g*) Ria ligt in het ziekenhuis. _____ we haar een kaartje sturen?

(*h*) Goed, maar eigenlijk _____ we haar moeten opzoeken en een bloemetje mee moeten brengen.

(*i*) We _____ graag een verzekering afsluiten.

12 Fill in the gaps in these passive sentences with the right form of worden or werden.

(*a*) Het _____ reizigers naar het buitenland aangeraden om een goede verzekering af te sluiten.

(*b*) Tegenwoordig ____ er veel gebruik gemaakt van computers in het onderwijs.

(*c*) Nog niet zo lang geleden ____ er nog maar weinig computers gebruikt.

(*d*) Er ____ de laatste tijd veel minder gerookt, gelukkig maar!

(*e*) Het nieuwe stadhuis ____ vorige week door de koningin geopend.

(*f*) Hoeveel sigaretten ____ er jaarlijks verkocht?

13 Imagine you have read a personal advertisement in a Dutch newspaper placed by Bernadette, aged 35, who wants a companion to travel to Italy with her for a three-week holiday.

Respond to the advertisement by letter. Say that you saw the advertisement in the Volkskrant and that you would like to go to Italy. Say that you are 39, not married and have no children. You are very interested in art. You find the old paintings and churches of Italy very beautiful. You also love walking and enjoy good food and wine. You think it is a good idea to visit several towns in Italy and would like to leave in May because the summer is too hot in Italy. You ask if you can visit her in Haarlem to talk about it.

—— Key to the revision questions ——

Herhalingsoefeningen 1 (units 1 – 9)

1 (a); **2** (c); **3** (b); **4** (b); **5** (b); **6** (b); **7** -(b); **8** (a); **9** (b) (c); **10** (a); **11** (c); **12** (b); **13** (c); **14** (a); **15** (b); **16** (c); **17** (a) (f); **18** (a); **19** (c); **20** (b); **21** (b); **22** (c); **23** Ik kom uit Schotland en ik woon in Londen. Ik ben in Nederland geweest en het is me prima bevallen/ik heb daar genoten. Ik heb veel gefietst. **24** Dat is een eind lopen, mevrouw. U moet rechtdoor tot het stoplicht, dan oversteken en naar links. Daar kunt u de trein nemen, lijn 16. U hoeft niet over te stappen.

Herhalingsoefeningen 2 (units 10–18)

1 (a) (e); **2** (b) (d); **3** (c) (d); **4** (b) (f); **5** (a) (d); **6** (b); **7** (a); **8** (c); **9** (b); **10** (b); **11** (a) zou; (b) zou, zal; (c) zullen; (d) wou; (e) zou; (f) zouden, zal; (g) zullen; (h) zouden; (i) wilden; **12** (a) wordt; (b) wordt; (c) werden; (d) wordt; (e) werd; (f) worden. **13** The letter could read: Beste Bernadette Ik zag je advertentie in de Volkskrant en ik zou graag naar Italië willen gaan. Ik ben 39. Ik ben niet getrouwd en ik heb geen kinderen. Ik ben erg geïnteresseerd in kunst. Ik vind de oude schilderijen en kerken in Italië erg mooi. Ik hou van wandelen, lekker eten en wijn drinken. Het is een goed idee om verschillende steden in Italië te bezoeken Ik vertrek liever in mei, want in de zomer is het te warm in Italië. Kan ik bij je op bezoek komen in Haarlem om er over te praten? met hartelijke groeten.

APPENDIX

Strong and irregular verbs

Strong verbs

Here is a list of the simple past tense and past participle of some of the most frequently used verbs. The list has been grouped to show you that there are patterns in the formation of strong past tenses. However, the pattern of vowel changes shown here does not mean that all infinitives with these vowel forms will have a strong past tense. Where a verb uses the auxiliary **zijn** for the present perfect, this is indicated.

Group 1

ij in the infinitive becomes long **e** in the past

blijven	bleef, bleven	is gebleven	*to stay*
kijken	keek, keken	gekeken	*to look*
krijgen	kreeg, kregen	gekregen	*to get*
lijken	leek, leken	geleken	*to look like*
rijden	reed, reden	is gereden	*to ride, travel*
schrijven	schreef, schreven	geschreven	*to write*

Group 2

ie in the infinitive becomes long **o** in the past

bieden	bood, boden	geboden	*to offer*
kiezen	koos, kozen	gekozen	*to choose*
vliegen	vloog, vlogen	is gevlogen	*to fly*

Note these two verbs where **z** in the infinitive becomes **r** in the past.

| **verliezen** | verloor, verloren | verloren | *to lose* |
| **vriezen** | vroor, vroren | gevroren | *to freeze* |

Group 3

ui in the infinitive becomes long **o** in the past

besluiten	besloot, besloten	besloten	*to decide*
ruiken	rook, roken	geroken	*to smell*
sluiten	sloot, sloten	gesloten	*to shut*

Group 4

i in the infinitive becomes short **o** in the past

drinken	dronk, dronken	gedronken	*to drink*
beginnen	begon, begonnen	is begonnen	*to begin*
vinden	vond, vonden	gevonden	*to find*

Group 5

Short **e** in the infinitive becomes short **o** in the past.

gelden	gold, golden	gegolden	*to be valid*
treffen	trof, troffen	getroffen	*to come across, be lucky*
zwemmen	zwom, zwommen	is gezwommen	*to swim*

Group 6

Long **e** in the infinitive becomes short **a** in the simple past singular; long **a** in the simple past plural and long **o** in the past participle.

nemen	nam, namen	genomen	*to take*
breken	brak, braken	gebroken	*to break*
spreken	sprak, spraken	gesproken	*to speak*

Note also the irregular form:

| **komen** | k**w**am, k**w**amen | is gekomen | *to come* |

Group 7

Long **e** in the infinitive becomes short **a** in the simple past singular, long **a** in the simple past plural and the past participle is the same as the infinitive plus the prefix **ge**.

geven	gaf, gaven	gegeven	*to give*
lezen	las, lazen	gelezen	*to read*

Note that when the verb has an inseparable prefix, the past participle is the same as the infinitive.

vergeten	vergat, vergaten	is vergeten	*to forget*

Note also the irregular form:

eten	at, aten	ge**g**eten	*to eat*

Group 8

Short **i** in the infinitive becomes short **a** in the simple past singular, long **a** in the simple past plural and long **e** in the past participle.

liggen	lag, lagen	gelegen	*to lie*
zitten	zat, zaten	gezeten	*to sit*

Group 9

Various vowel sounds in the infinitive become **ie** in the simple past and the past participle is the same as the infinitive plus the prefix **ge**.

laten	liet, lieten	gelaten	*to let*
lopen	liep, liepen	is gelopen	*to walk*
roepen	riep, riepen	geroepen	*to call*
slapen	sliep, sliepen	geslapen	*to sleep*
vallen	viel, vielen	is gevallen	*to fall*

Note that when the verb has an inseparable prefix, the past participle is the same as the infinitive.

bevallen	beviel, bevielen	is bevallen	*to please*

Note also the irregular form:

houden	hield, hielden	gehouden	*to hold*

Group 10

Short **e** in the infinitive becomes **ie** in the simple past and short **o** in the past participle.

helpen	hielp, hielpen	geholpen	*to help*
sterven	stierf, stierven	is gestorven	*to die*
werpen	wierp, wierpen	geworpen	*to throw*

Note also this verb:

scheppen	schiep, schiepen	geschapen	*to create*

Group 11

Long **a** in the infinitive becomes **oe** in the simple past and long **a** in the past participle.

dragen	droeg, droegen	gedragen	*to wear, carry*
varen	voer, voeren	is gevaren	*to sail*

Note also the irregular form:

slaan	sloeg, sloegen	geslagen	*to hit*

Irregular verbs

The following verbs are irregular and cannot be categorised:

bakken	bakte, bakten	gebakken	*to bake*
bewegen	bewoog, bewogen	bewogen	*to move*
brengen	bracht, brachten	gebracht	*to bring*
denken	dacht, dachten	gedacht	*to think*
doen	deed, deden	gedaan	*to do*
gaan	ging, gingen	is gegaan	*to go*
hangen	hing, hingen	gehangen	*to hang*
hebben	had, hadden	gehad	*to have*
heten	heette, heetten	geheten	*to be called*
kopen	kocht, kochten	gekocht	*to buy*
kunnen	kon, konden	gekund	*to be able*
lachen	lachte, lachten	gelachen	*to laugh*
moeten	moest, moesten	gemoeten	*to have to*
mogen	mocht, mochten	gemogen	*to be permitted to*
scheiden	scheidde, scheidden	gescheiden	*to separate*
scheren	schoor, schoren	geschoren	*to shave*
staan	stond, stonden	gestaan	*to stand*
vangen	ving, vingen	gevangen	*to catch*
vragen	vroeg vroegen	gevraagd	*to ask*
wassen	waste, wasten	gewassen	*to wash*
wegen	woog, wogen	gewogen	*to weigh*
weten	wist, wisten	geweten	*to know*

worden	werd, werden	is geworden	*to become*
zien	zag, zagen	gezien	*to see*
zijn	was, waren	is geweest	*to be*
zoeken	zocht, zochten	gezocht	*to look for*

DUTCH–ENGLISH GLOSSARY

aan *to, on, at*
aanbieden *to offer*
de aandacht *attention*
aandoen *to put on*
aangenaam *pleased (to meet you)*
aangeven *to hand*
de aangifte *application*
aankleden *to dress*
aankomen *to arrive*
aannemen *to assume*
aanpakken *to approach, tackle*
aanraden *to advise*
aanstaande *coming / next*
aansteken *to light*
aantreffen *to come across*
aantrekkelijk *attractive*
aanwijzen *to direct*
de aardappel *potato*
de aardbei *strawberry*
aardig *nice*
de aardrijkskunde *geography*
achter *behind*
achteraan/achterin *at the back*
achterlaten *to leave behind*
de achternaam *surname*
de achtertuin *the back garden*
actief *active*
het adres *address*
de adreswijziging *change of address*
de advertentie *advertisement*
het advies *advice*
de advocaat *barrister, advocaat*
de afdeling *department*
afgelopen *last (time), finished*
afkrijgen *to finish (in time)*
afleggen *to go a distance*
afmaken *to finish*
afronden *to wind up*

de afspraak *appointment*
afspreken *to arrange*
afstempelen *to date stamp, validate*
afstuderen *to graduate*
afwassen *to wash up*
het akkoord *agreement*
alcoholisch *alcoholic*
algemeen *general*
al *already*
allebei *both*
alleen *only, alone*
allemaal *all*
allerlei *all kinds of*
alles *everything*
als *if*
altijd *always*
alvast *already*
zich amuseren *to amuse oneself*
ander *other*
anderhalf *one and a half*
anders *otherwise, different*
het antiek *antique*
het antwoord *answer*
antwoorden *to answer*
het apparaat *apparatus*
de appel *apple*
de appeltaart *apple pie*
het arbeidsbureau *job centre*
de arbeidskracht *employee*
arbeidsongeschikt *disabled*
arbeidsovereenkomst *employment
   contract*
de arbeidsvergunning *work permit*
de asbak *ashtray*
de assistent *assistant*
de automaat *vending machine*
de avond *evening*
de avondcursus *evening class*

het avondeten *evening meal*
de azijn *vinegar*
de baan *job*
de badkamer *bathroom*
de bagage *luggage*
de balie *reception*
het balkon *balcony*
het bankje *small bench*
de bankmedewerker *bank employee*
de basisschool *primary school*
beantwoorden *to answer*
bedankt *thanks*
bedoelen *to mean*
het bedrijf *company*
het been *leg*
het beestje *small animal*
het beetje *bit*
de begane grond *ground floor*
beginnen *to start*
begrijpen *to understand*
behalve *unless, apart form*
behoren *to belong*
beide *both*
bekend *well known*
bekijken *to look at, consider*
belangrijk *important*
de belasting *tax*
beleefd *polite*
belegen *mature (as in cheese)*
het beleid *policy*
bellen *to phone*
beloven *to promise*
beneden *downstairs, beneath*
beoordelen *to urge*
bereid *prepared*
het beroep *profession*
de beslissing *decision*
besluiten *decide*
besmettelijk *infectious*
het bestaan *existence*
besteden *to spread*
bestellen *to order*
de bestelling *the order*
bestemd *meant / intended*
het betaalmiddel *the means of payment*
betalen *to pay*
de betekenis *the meaning*
beter *better*
betreffen *to concern*

de beurt *turn*
de bevolking *population*
de bewolking *clouds*
bewolkt *cloudy*
de bezienswaardigheid *tourist attraction*
bezig *busy*
bezoeken *to visit*
bieden *to offer*
de biefstuk *steak*
bij *at, by*
bijna *nearly*
de bijverdienste *additional income*
bijzonder *special*
binnen *inside*
binnenkomen *to come inside*
binnenkort *soon*
de bioscoop *cinema*
blauw *blue*
blij *happy, glad*
blijken *to seem, appear*
blijven *to stay*
de bloeddruk *blood pressure*
de bloem *flower*
de bloemenkiosk *flower stall*
de bloemkool *cauliflower*
het boek *book*
boeken *to book*
de boodschappen *shopping*
de boodschappenlijst *shopping list*
de boom *tree*
het bord *plate, sign*
de borrel *drink, party*
de boter *butter*
bouwen *to build*
boven *upstairs, above*
bovendien *besides*
bovenop *on top, above*
de bovenwoning *the upstairs flat*
branden *to burn*
brengen *to bring*
het briefje *note*
de broek *trousers*
het brood *bread*
het broodje *roll*
bruin *brown*
de buik *stomach*
de buikpijn *stomach ache*
buiten *outside*
het buitenland *foreign country*

de bult *bump*
de bureauchef *manager*
de buschauffeur *bus driver*
de bushalte *bus stop*
het bushokje *bus shelter*
de buur *neighbour*
de buurman *neighbour (male)*
de buurt *local area*
het buurthuis *community centre*
de carrière *career*
de cassière *check out girl*
het centrum *centre*
het cijfer *mark, number*
de collega *colleague*
comfortabel *comfortable*
compleet *complete*
het computerprogramma *computer program*
het concert *concert*
contact *contact*
de cursus *course*
daar *there*
daardoor *because of*
daarentegen *however*
daarna *after that*
daarom *because of*
de dag *day*
de dagtaak *daily work*
de damesmode *ladies' fashion*
dan *then*
danken *to thank*
dankzij *thanks to*
dat *that*
het deel *part*
deelnemen *to take part*
de deken *blanket*
denken *to think*
dergelijk *similar*
deze *these, this*
dezelfde *same*
dicht *close, closed*
dichtbij *closely*
de dienst *service*
de dierentuin *zoo*
dik *fat*
het ding *thing*
direkt *direct*
dit *this*
de dochter *daughter*

het doel *aim, object goal*
doen *to do*
de dokter *doctor*
dol op *keen on, wild about*
de donateur *donor*
donker *dark*
dood *dead*
door *through*
doorbrengen *to spend* (time)
doorhalen *delete*
doorlezen *to read through*
doorlopen *to walk on*
doorverbinden *to connect* (telephone)
doorverwijzen *to refer to*
doorzetten *to persevere*
de doos *box*
draaien *to show* (a film)
dragen *to carry, wear*
de drank *drink*
drinken *to drink*
droog *dry*
druk *busy*
het dubbeltje *10 cent coin*
het duin *dune*
de duizeligheid *dizziness*
duren *to last*
durven *to dare*
dus *so*
duur *expensive*
echt *really*
de economie *economy, economics*
economisch *economical*
een *a, an*
eens *once*
eenzaam *lonely*
eerder *before*
eergisteren *the day before yesterday*
de eeuw *century*
het ei *egg*
eigen *own*
eigenlijk *actually*
het eind *end, fair distance*
eindelijk *finally*
het eindexamen *final exam*
de eis *requirement*
elektrisch *electric*
elkaar *one another*
en *and*
enig *some, lovely*

het enkeltje *single* (ticket)
enorm *huge*
de enquête *survey*
enzovoort *and so on*
erg *very bad*
ergens *somewhere*
erkennen *to recognise, admit*
de ervaring *experience*
etage *flat*
eten *to eat*
de etenswaren *food*
het etentje *dinner* (party)
europees *european*
exact *exact*
het examen *exam*
exclusief *exclusive*
het feest *party*
het feit *fact*
de fiets *bicycle*
fietsen *to cycle*
de fietsenstalling *bicycle shed*
de fietstocht *cycle ride, trip*
fijn *nice*
de film *film*
financieel *financially*
het flensje *pancake*
de fles *bottle*
de foto *photograph*
fotograferen *to take photographs*
de framboos *raspberry*
de functie *position*
gaan *to go*
de gast *guest*
het gat *hole*
gauw *quick*
gebakken *fried, roast*
gebeuren *to happen*
het gebied *area*
de geboortedatum *date of birth*
geboren worden *to be born*
het gebouw *building*
het gebruik *use, usage*
gebruiken *to use*
de gedachte *thought*
geel *yellow*
geen *not a . . ., none*
het gegeven *detail*
het geheim *secret*
geïnteresseerd *interested*

gek *crazy, mad*
de geldzaak *money matter*
geleden *ago*
de gelegenheid *occasion, possibility*
de geleidehond *guide dog*
geliefd *popular*
gelijk *right, same*
geloven *to believe*
gelukkig *happy*
de gemeenschap *community, society*
de gemeente *municipality, council*
het gemeentehuis *the council offices*
genieten *to enjoy*
genoeg *enough*
gepensioneerd *retired*
gepubliceerd *published*
het gerecht *dish*
gescheiden *divorced*
de geschiedenis *history*
geschikt *suitable*
gesloten *closed*
het gesprek *conversation, dialogue*
het geval *case*
de gevangenis *prison*
geven *to give*
het gewicht *weight*
gewoon *usual, normal*
het gezang *singing*
gezellig *cosy*
het gezicht *sight, face*
gezond *healthy*
de gids *guide* (book)
gisteren *yesterday*
het glas *glass*
goed *good*
goedemiddag *good afternoon*
goedemorgen *good morning*
goedenavond *good evening*
goedkoop *cheap*
de graad *degree*
graag *please*
de gracht *canal*
de griep *influenza* (flu)
grijs *grey*
de groei *growth*
groen *green*
de groente *vegetables*
de groenteboer *greengrocer*
de groentesoep *vegetable soup*

de groentewinkel *greengrocers*
de groep *group*
de grond *ground*
groot *big*
de gulden *guilder*
gunstig *favourably*
het haar *hour*
de haard *open fire*
haasten *to hurry*
de hak *heel* (of shoe)
de hal *hallway*
halen *to fetch*
hallo *hello*
de hals *neck*
de handel *trade*
de handschoen *glove*
hangen *to hang*
het hapje *snack*
de haring *herring*
hartelijk *affectionate, warm*
hebben *to have*
heden *presently, now*
heel *very*
heerlijk *wonderful*
heet *hot*
het heimwee *homesickness*
helaas *unfortunately*
heleboel *a lot*
helemaal *completely*
de helft *half*
helpen *to help*
het hemd *shirt*
het hemelbed *four-poster bed*
de herenkleding *mens' fashion*
de herfst *autumn*
herhalen *to repeat*
herinneren *to remember*
herkennen *to recognise*
het *it, the*
heten *to be called*
hetzelfde *same*
heus *really*
hier *here*
hij *he*
historisch *historic*
de hoek *corner*
hoesten *to cough*
hoeveel *how much, how many*
hoeven *not having to*

hoewel *although*
de hond *dog*
honger *hunger*
het hoofd *head*
het hoofdgerecht *main dish*
het hoofdkantoor *head office*
de hoofdpijn *headache*
de hoofdstad *capital city*
hoog *high*
het hoogseizoen *peak season*
horen *to hear, belong* (to)
de hotelkamer *hotel room*
de hotelreservering *hotel booking*
houden *to keep*
het huis *house*
de huisarts *general practitioner*
hun *their, them*
huren *to rent*
de huur *rent*
het idee *idea*
ieder *every*
iedereen *everyone*
iemand *someone*
iets *something*
het ijs *ice, ice-cream*
immers *after all*
in *in*
inclusief *inclusive*
inderdaad *indeed*
de industrie *industry*
ineens *suddenly*
de informatie *information*
informeren *to inform*
de ingang *entrance*
het initiatief *initiative*
de inlichting *information*
de instantie *authority*
interessant *interesting*
zich interesseren *to be interested*
de introduktie *introduction*
invullen *to fill in*
het jaar *year*
het jaarverslag *annual report*
jammer *pity* (wat jammer = what a pity)
jarig *celebrating a birthday*
de jas *coat*
jazeker *certainly*
de jeugd *youth*
jeuken *to itch*

jij *you*
jong *young*
de jongen *boy*
jou *you*
jouw *your*
juist *right, just, exactly*
jullie *you* (plural)
de jurk *dress*
de kaars *candle*
de kaart *map, card*
het kaartje *ticket, small map*
de kaas *cheese*
de kaaswinkel *cheese shop*
de kabeljauw *cod*
de kalender *calendar*
de kalfslever *calfs' liver*
de kamer *room*
het kammetje *small comb*
de kans *chance*
de kant *side*
het kantoor *office*
de kapstok *coat hooks*
de kassa *cash desk*
de kast *cupboard*
de kat *cat*
de keelontsteking *throat infection*
de keelpijn *sore throat*
de keer *time, turn*
de kelder *cellar*
het kenmerk *characteristic*
de kennis *acquaintance, knowledge*
de kennismaking *getting to know*
 (someone)
kennen *to know*
keren *to turn*
de kerk *church*
de ketjap *soy sauce*
de keuken *kitchen*
de keukenkast *kitchen cupboard*
de kies *tooth*
de kiespijn *toothache*
kiezen *to choose*
kijken *to look*
de, het kilogram *kilogram*
het kind *child*
het kindergerecht *children's menu*
de kinderjaren *childhood*
de kindermode *children's fashion*
de kindertijd *days of one's youth*

de kip *chicken*
klaar *finished, ready*
klaarmaken *to finish, prepare* (for)
de klacht *complaint*
de klant *customer, client*
klassiek *classical*
kleden *to dress*
klein *small, little*
het kleingeld *small change*
de kledingzaak *fashion shop*
de kleur *colour*
de kleuterschool *nursery school*
de klok *clock*
kloppen *to knock*
dat klopt *that's right*
knippen *to cut*
het knuffelbeest *cuddly toy*
de koffie *coffee*
het kolbert *men's jacket*
komen *to come*
de koning *king*
de koningin *queen*
de konversatie *conversation*
de kool *cabbage*
de koopavond *late-night shopping*
de koopwoning *house* (owner-occupied)
de koorts *fever*
de kop *head, cup*
kopen *to buy*
het kopje *cup*
het korfbal *basketball*
kort *short*
de korting *discount*
de kost *cost*
kosten *to cost*
koud *cold*
de krant *newspaper*
de krantenkiosk *newspaper stand*
krijgen *to get*
de kruidenier *grocer's*
het kruispunt *crossroads*
kuchen *to cough*
kunnen *to be able*
de kunst *art*
de kust *coast*
kwaad *angry, cross*
het kwart *quarter, a fourth*
het kwartiertje *quarter of an hour*
het kwartje *25 cent coin*

laag *low*
laat *late*
het lamsvlees *lambsmeat*
het land *country*
lang *long*
langdurig *lengthy*
langs *along*
langskomen *to visit, pop in*
langzaam *slow, slowly*
laten *to let, have something done*
de leeftijd *age, era*
leeg *empty*
de leestekst *reading text*
leggen *to put*
lekker *nice*
lelijk *ugly*
lenen *to borrow*
de lente *spring* (season)
de leraar *teacher*
leren *learn*
de les *lesson*
lesgeven *to teach*
letterkunde *literature*
leuk *nice*
leunen *to learn*
leven *to live*
lezen *to read*
de lezer *reader*
licht *light*
het lidmaatschap *membership*
de lidstaat *member state*
liever *preferably, rather*
liggen *to lie*
de ligging *position* (geographically)
lijken *to seem, appear, look like*
de lijn *line, dieting*
de linkerhand *left hand*
de linkerkant *left-hand side*
linksaf *to the left*
de liter *litre*
het loket *ticket*
lokettist *booking-clerk*
de long *lung*
de longontsteking *pneumonia*
lopen *to walk*
de lucifer *match*(es)
luisteren *to listen*
lunchen *to have lunch*
luxe *luxury*

de maag *stomach*
de maagpijn *stomachache*
de maaltijd *meal*
de maand *month*
maar *but*
de maat *size, measure*
mager *thin*
maken *to make*
makkelijk *easy*
de maan *moon*
de man *man*
de manier *manner*
de markt *market*
het marktonderzoek *market research*
matig *moderate*
mede *also*
de medewerker *employee*
het medicijn *medicine*
meebrengen *to bring along*
meegaan *to go along*
meekomen *to come along*
meemaken *to experience*
meenemen *to go along*
meer *more*
de meerderheid *majority*
meest *most*
meestal *mostly*
het meisje *girl*
de melk *milk*
de meneer *gentleman, Mr, sir*
menig *many, many a*
het mens *person* (plural: people)
de menukaart *menu*
met *with*
meteen *straight away*
mevrouw *madam, Mrs*
de middag *afternoon*
middelbaar *middle, intermediate*
het midden *middle*
mij *me*
mijn *my*
minder *less*
minimaal *minimal*
het minst *least*
minstens *at least*
de minuut *minute*
misschien *maybe*
misselijk *sick*
modern *modern*

moe *tired*
de moeder *mother*
de moedertaal *mother tongue*
moeilijk *difficult*
moeten *to have to, must*
mogelijk *possibly*
de mogelijkheid *possibility*
mogen *to be allowed to, may*
het moment *moment*
de mond *mouth*
monetair *monetary*
mooi *beautiful*
morgen *tomorrow*
morgenavond *tomorrow evening*
de mouw *sleeve*
de munt *coin*
het museum *museum*
de muts *cap, hat*
de muziek *music*
na *after*
de naam *name*
naar *to*
naartoe *to*
naast *next*
de nacht *night*
nadat *after*
het nadeel *disadvantage*
nadenken *to think* (about)
het nagerecht *desert*
het najaar *autumn* (season)
namelijk *namely*
nationaal *national*
de nationaliteit *nationality*
het natuurijs *natural ice*
natuurlijk *naturally, of course*
de natuurvoeding *health foods*
nauw *narrow, close*
nauwelijks *hardly*
nee *no*
neerzetten *to put down*
nemen *to take*
nergens *nowhere*
het netwerk *network*
niemand *nobody*
niet *not*
niets *nothing*
nietwaar *is*(n't) *it? have*(n't) *you?*
nieuw *new*
nieuwsgierig *curious*

nodig *necessary*
nog *yet*
nooit *never*
noord *north*
nou *well, now*
nul *zero*
het nummer *number*
de ober *waiter*
de ochtend *morning*
de oefening *exercise*
het ogenblik *moment*
de olie *oil*
omdat *because*
de omgeving *environment, local area*
ommezijde *overleaf*
omroepbijdragen *TV licence*
onaardig *unkind, not very nice*
onafhankelijk *independent*
onder *under*
onderstaand *below*
het onderwijs *education*
de onderwijzer *teacher*
het onderzoek *research*
het ongeluk *accident*
ongeveer *approximately*
onhandig *clumsy*
ons *our*
het ontbijt *breakfast*
ontevreden *not satisfied*
ontmoeten *to meet*
ontspannen *to relax*
ontvangen *to receive*
de onvoldoende *failure* (exam)
het onweer *thunderstorm*
het onweert *there's a thunderstorm*
het oog *eye*
ooit *ever*
ook *also*
het oor *ear*
de oorlog *war*
de oorontsteking *ear infection*
de oorpijn *earache*
opbellen *to phone*
opbouwen *to build up*
opeenvolgend *successive*
openbaar *public*
openen *to open*
opeten *to eat* (up)
opfleuren *to brighten* (up)

ophalen *to pick up*
ophangen *to hang* (up)
de opklaring *sunny spells*
opleiden *to educate*
de opleiding *schooling, training*
de oplossing *solution*
de oppervlakte *surface* (area)
opstaan *to get up*
opstellen *to set up*
opzoeken *to look up*
oranje *orange*
oud *old*
de ouder *parent*
over *over*
overal *everywhere*
het overhemd *shirt*
overkant *other side*
overmorgen *day after tomorrow*
overstappen *to change* (trains, buses)
overtuigen *to convince*
paar *pair, few*
paars *purple*
het pak *suit, pack*(age)
de pannekoek *pancake*
het pannekoekenhuis *pancake restaurant*
de pantalon *trousers*
de paraplu *umbrella*
de pasfoto *passport photo*
het pasje *identity card*
de paskamer *fitting room*
passen *to fit*
de patat *chips*
het perron *platform*
het personeel *personnel, staff*
de personeelsafdeling *personnel department*
de personeelschef *personnel manager*
persoonlijk *personal, personally*
de pijn *pain, ache*
de pijp *pipe*
de, het pils *lager*
de plaats *place*
plaatsen *to place*
plaatsvinden *to take place*
de plattegrond *map, ground plan*
het plezier *pleasure*
de plooi *pleat*
plotseling *suddenly*
de poes *cat*

de politie *police*
het politiebureau *police station*
de positie *position*
het postkantoor *post office*
de postzegel *stamp*
praten *to talk*
precies *precise, precisely*
de premie *premium*
presteren *to achieve*
prettig *pleasant, nice*
de prijs *price*
privé *private*
proberen *to try*
het probleem *problem*
proeven *to taste*
profiteren *to profit* (from, by)
de promotie *promotion*
de provincie *province*
het prul *trash*
de raad *council, advice*
het raam *window*
raar *strange*
de rand *edge*
reageren *to react, respond*
het recept *recipe, prescription*
recht *straight*
rechtdoor *straight, ahead*
de rechterhand (on your) *right hand*
de rechterkant *right-hand side*
rechts (to the) *right*
rechtsaf (to the) *right*
de reclame *advertising*
redelijk *reasonable, reasonably*
de reden *rescue*
de regel *rule*
regelen *to arrange*
regelmatig *regularly*
de regen *rain*
regenachtig *rainy*
de regenbui *rain* (shower)
regenen *to rain*
de regenjas *raincoat*
de regering *government*
het regeringsbeleid *government policy*
de reis *trip*
het reisbureau *travel agent*
de reischeque *travellers' cheque*
de reisverzekering *travel insurance*
reizen *to travel*

rennen *to run*
repareren *to repair*
reservatie *reservation, booking*
reserveren *to reserve, book*
reservering *reservation, booking*
de restauratie *restaurant* (at a station)
het retour *return*
riant *spacious*
richten *to direct*
rijden *to ride, drive*
de rijksoverheid *central government*
de rijksuniversiteit *state university*
de rijst *rice*
het rijtuig *carriage*
het risico *risk*
robuust *robust*
roepen *to call*
de rok *shirt*
roken *to smoke*
de roltrap *escalator*
rond *round, around*
rondkijken *to look around*
de rondreis *tour*
de rondvaart *boat trip* (round trip)
rood *red*
rottig *rotten, nasty*
de röntgenfoto *X-ray*
ruim *spacious, ample*
het rundergehakt *minced beef*
het rundvlees *beef*
rustig *quiet*
de ruzie *argument*
het salaris *salary*
samen *together*
samenwerken *to cooperate*
de samenwerking *cooperation*
de saus *sauce*
de schaakclub *chess club*
schaatsen *to skate*
schaken *to play chess*
schakering *gradation, schade* (of colour)
zich schamen *to be embarrassed*
scheiden *to divorce*
de schelvis *haddock*
schijnen *to seem, appear, shine* (the sun)
de schilder *painter*
schilderen *to paint*
het schilderij *painting*
schitterend *brilliant*

de schoen *shoe*
de schoenwinkel *shoe shop*
de schol *plaice*
de school *school*
schoon *clean*
schoonmaken *to clean*
schriftelijk *written*
schrijven *to write*
schrobben *to scrub*
de secretaresse *secretary*
sfeervol *atmospheric*
de sinaasappel *orange*
het sinaasappelsap *orange juice*
sinds *since*
de sla *lettuce*
de slaapkamer *bedroom*
slagen *to pass* (exam)
de slager *butcher*
slapen *to sleep*
slecht *bad*
slechts *only*
de sleutel *key*
sluiten *to close*
de smaak *taste*
smal *narrow*
snappen *to understand*
sneeuwen *to snow*
snel *quick*
snijden *to cut*
sociaal *social*
de soep *soup*
soepel *supple, flexible*
de sollicitant *applicant*
de sollicitatie *job application*
solliciteren *to apply for a job*
sommige *some*
soms *sometimes*
het souterrain *basement*
de spaarpot *piggy bank*
sparen *to save* (money)
speciaal *special, especially*
de spek *bacon*
spelen *to play*
de sperzieboon *green bean*
de spijkerbroek *jeans*
de spijt *regret*
het spitsuur *rush-hour*
spoed *haste, rush*
het sportcentrum *sports centre*

sporten *to do sport, take exercise*
sportief *sporty*
de spreekkamer *surgery*
spreken *to speak*
het spul *gear, things*
staal *steel*
staan *to stand, be*
stabiel *stable*
de stad *city, town*
het stadhuis *town hall*
sterk *strong*
sterven *to die*
steunen *to support*
stevig *sturdy*
stil *quiet*
de stoel *chair*
het stokbrood *French bread*
het stoplicht *traffic lights*
stoppen *to stop*
storten *to deposit* (money)
de straat *street*
de straf *punishment*
straffen *to punish*
strak *tight*
straks *soon, later*
streven *to strive*
de strippenkaart *bus / tram ticket*
strooien *to sprinkle*
de stropdas *tie*
studeren *to study*
de studierichting *discipline, subject*
  (study)
de studietijd *years of study*
de stuiver *5 cent coin*
het stuk *piece*
sturen *to send*
de suiker *sugar*
de supermarkt *supermarket*
de taal *language*
de tabel *chart, table*
de tafel *table*
de taille *waist*
de talenkennis *knowledge of languages*
talentvol *talented*
tamelijk *reasonably, fairly*
de tand *tooth*
de tas *bag*
technisch *technical*
tegen *against*

tegenover *across, opposite*
tegenwoordig *nowadays, present*
tekenen *to draw, sign*
de tekening *drawing*
de tekst *text*
telefonisch *by telephone*
de telefoon *telephone*
de telefooncel *telephone box*
de televisie *television*
de temperatuur *temperature*
tennissen *to play tennis*
tenslotte *finally*
de tentoonstelling *exhibition*
terecht (at) *the right place, rightly*
het terras *patio, street, café*
terug *back, again*
terugbellen *to phone back*
terugkeren *to return*
terwijl *while*
tevreden *satisfied*
het theater *theatre*
thuis *at home*
het tientje *10 gilder note*
de tijd *time*
tijdelijk *temporary*
tijdens *during*
het tijdschrift *magazine*
toch *nevertheless, still, yet*
de tocht *tour*
toekomen(aan) *to get round to*
de toelichting *explanation*
toestaan *to allow*
toen *then, when*
toenemen *increase*
de toepassing *application*
de toerist *tourist*
het toestel *extension, apparatus*
het toetje *desert*
de tomaat *tomato*
het toneelstuk *play*
tot *until, to, as far as*
totaal *total, totally*
totdat *until*
de trein *train*
trouwen *to many*
trouwens *besides, anyway*
de trui *pullover, jumper*
de tuin *garden*
tussen *in between*

de twijfel *doubt*
uit *out*
uiteindelijk *finally, ultimate*
de uitgang *exit*
uitkijken *to look out*
uitnodigen *to invite*
uitoefenen *to practise*
uitproberen *to try out*
uitrusten *to rest*
de uitslag *result, rash*
uitsluiten *to exclude*
uitstekend *excellent*
uitstralen *to radiate*
uittypen *to type out*
het uitzendbureau *job centre*
de universiteit *university*
het uur *hour*
vaak *often*
de vacature *the vacancy*
de vader *father*
het vak *subject, profession*
de vakantie *holiday*
de vakopleiding *vocational training*
vallen *to fall, drop*
van *of, from*
vanaf *from*
vandaag *today*
vanzelf *automatically*
het varkensvlees *pork*
vast *definite, for certain, for the time being*
veel *many*
de vegetariër *vegetarian*
vegetarisch *vegetarian*
veilig *safe*
de veiligheid *safety*
ver *far*
zich verbazen *to be amazed*
verbeteren *to improve*
verblijfplaats *dwelling*
verblijven *to stay*
verbouwen *to renovate*
verdelen *to divide*
verdienen *to earn*
het verdrag *treaty*
vereist *required*
verenigd *united*
de vergadering *meeting*
vergeten *to forget*

zich vergissen *to be mistaken*
het verhaal *story*
verhuizen *to move house*
het verkeer *traffic*
verkeerd *wrong*
verkopen *to sell*
de verkoper *salesman*
zich verkouden *to have a cold*
verliezen *to lose*
zich vermaken *to enjoy oneself*
vermelden *to mention*
vermist *missing*
vermoeiend *tiring*
de verpleegster *nurse*
verplicht *obligatory*
verschillend *different*
het verslag *report*
verstaan *to understand*
verstandig *sensible*
versterken *to strengthen*
vertellen *to tell*
vertrekken *to leave*
zich vervelen *to be bored*
vervelend *annoying*
het vervoer *transport*
verwachten *to expect*
verwachting *forecast, expectation*
verwijzen *to refer*
verzamelen *to collect*
de verzekering *insurance*
verzilveren *to cash*
verzoeken *to request*
verzorgend *caring*
de vestingingsplaats *place of business*
het vestje *cardigan, waistcoat*
vierkant *square*
vinden *to find*
de vis *fish*
vlakbij *close by*
het vlees *meat*
vliegen *to fly*
het vliegtuig *plane*
vloeiend *fluent*
de vlucht *flight*
zich voelen *feel*
de voet *feet*
de voetbal *football*
de voetbalclub *football club*
voetballen *to play football*

vol *full*
voldoende *sufficient, pass* (exam)
volgeboekt *booked up*
volgen *to follow*
volgend *next*
volgens *according to*
het volleybal *volleyball*
voluit *in full*
volwassen *adult*
voor *for, before*
vooraan *at the front*
vooral *especially*
het voorbeeld *example*
voorbereiden *to prepare*
voorbij *past, by*
voordat *before*
het voordeel *advantage*
voordelig *inexpensive*
het voorgerecht *starter, hors d'oeuvre*
het voorhoofd *forehead*
het voorjaar *spring*
voorname *first name*
het voorstel *proposal*
voorstellen *to propose*
de voorstelling *show*
voorzien *to anticipate*
de voorziening *provision*
vorig *last*
de vraag *question*
het vraaggesprek *interview*
vragen *to ask*
vreemd *strange*
de vriend *friend* (male)
de vriendin *friend* (female)
vriezen *to freeze*
vrij *free, quite, rather*
het vrijhandelsgebied *free-trade zone*
vroeg *early*
vroeger *previous, in the past*
de vrouw *woman*
vullen *to fill*
waaien *to blow* (wind)
waar *where*
waarom *why*
waarover *what . . . about*
waarschuwen *to warn*
waarvoor *what . . . for*
wachten *to wait*
de wafel *waffle*

wandelen *to walk*
wanneer *when*
het warenhuis *department store*
warm *warm*
wassen *to wash*
wat *what*
de waterpokken *chickenpox*
de week *week*
het weer *weather*
de weerkaart *weather map*
de weersverwachting *weather forecast*
de weg *way, road*
weggaan *to go away*
de wegwijzer *signpost*
wegzetten *to put away*
weigeren *to refuse*
weinig *little, not much*
wel *well, quite*
welk *which, what*
de welvaart *prosperity*
wennen *to get used to*
de wens *wish, desire*
wenselijk *desirable*
de wereld *world*
de wereldoorlog *world war*
het werk *work*
werken *to work*
de werkervaring *work experience*
de werkgever *employer*
de werkkracht *employee, worker*
werkloos *unemployed*
de werkloosheid *unemployment*
de werknemer *employee*
de werksfeer *work climate*
het werkstuk *project*
weten *to know, manage*
wetenschappelijk *scientific*
wie *who*
wij *we*
de wijkvereniging *residents' association*
de wijn *wine*
willen *to want*
de winkel *shop*
het winkelcentrum *shopping centre*
het winkelmandje *shopping basket*
het winkelwagentje *shopping trolley*
winnen *to win*
de winterjas *winter coat*
de wiskunde *mathematics*

wisselen *to change*
het wisselgeld (small) *change*
het wisselkantoor *bureau de change*
wit *white*
wonen *to live*
de woning *house, flat*
de woonkamer *living room*
de woonplaats *dwelling*
de woonvergunning *resident's permit*
het woord *word*
de woordvolgorde *word order*
worden *to become*
de zaak *business*
zacht *soft*
de zakenrelatie *business relationship*
de zakenwereld *business world*
zakken *to fail* (exam)
de zee *sea*
zeer *very, ache*
zeggen *say*
zeker *certain, certainly*
zekerheid *certainty*
zelf *self*
zelfstandigheid *independence*
de zelfstudie *self-access study*
zetten *to set, put*
zich *oneself*
ziek *ill*
het ziekenhuis *hospital*
de ziektekostenverzekering *health
  insurance*
zien *to see*
zij *she, they*
zijn *to be*
de zin *sense*
de zinswending *phrase, turn of speech*
zitten *to sit, be*
zoals *such as*
zodat *so that*
zodra *as soon as*
zoeken *to look for*
zoet *sweet*
zogenaamd *so called*
zoiets *something like*
de zomer *summer*
de zon *sun*
zonder *without*
de zool *sole*
de zoon *son*

zorgen *to take care* (of, for)
zout *salt, salty*
zoveel *so much, so many*
zowel *both, as well as*
zo'n *such* (a)
het/de zuivel *dairy produce*
zullen *shall, will*
zuur *sour*
zwaar *heavy*
zwart *black*

— GRAMMATICAL INDEX —

Other related titles

AFRIKAANS

H. van Schalkwyk

A completely up-to-date book for all those who seek to communicate Afrikaans. It has been written for students with no previous experience of the language, and especially those who wish to study at home.

The grammar, syntax and vocabulary of Afrikaans are introduced in carefully graded stages, and are fully illustrated with examples and exercises. Spoken Afrikaans is also given close attention, with examples of everyday conversations, and a detailed section on pronunciation.

By working through the exercises and examples in this book, the students will gain a good basic knowledge of Afrikaans as it is spoken every day.

Other related titles

TEACH YOURSELF

GERMAN

Paul Coggle and Heiner Schenke

This is a complete course in understanding, speaking and writing German. If you have never learnt German before, or if your German needs brushing up, *Teach Yourself German* will give you a thorough grounding in the basics and will take you onto a level where you can communicate with confidence.

The very successful original *Teach Yourself German* has been completely revised and updated, with stimulating new dialogues and lots of up-to-the-minute authentic material. Paul Coggle and Heiner Schenke explain everything clearly along the way and give you plenty of opportunities to practise what you have learnt, making this course both fun and easy to work through. You can work at your own pace, arranging your learning to suit your needs.

The course contains:

- Graded units of dialogues, culture notes, grammar and exercises
- Pronunciation sections
- Tables of verbs
- A German–English vocabulary

By the end of the course you'll be able to communicate effectively and appreciate the culture of Germany.

Other related titles

GERMAN EXTRA!

Paul Coggle and Heiner Schenke

Teach Yourself German Extra! is the ideal way to extend your language skills if you already have some knowledge of German. Whether you've completed *Teach Yourself German* or any other beginners' German course, either by yourself or at an evening class, you will find this the perfect course for building on your existing knowledge and improving your spoken and written language.

Teach Yourself German Extra! covers a wide range of topics focusing on the kind of practical situations which you might encounter in a German-speaking country. The course is divided into graded units and features the following:

- lively dialogues
- explanations of key structures and vocabulary
- activities to practise what you have learnt
- learning tips throughout
- a practical grammar summary
- a German–English vocabulary